中央编译局文库出版工作领导小组（编委会）

主　　任：贾高建
副 主 任：俞可平　魏海生　陈和平　柴方国　杨金海
委　　员：崔友平　沈红文　杨雪冬　季正聚　陈家刚
　　　　　赖海榕　郗卫东　张文成　刘明清

中央编译局文库出版工作领导小组办公室

主　　任：薛晓源
成　　员：徐向梅　苗永姝

中央编译出版社文库编辑中心编辑小组

刘明清　薛晓源　谭　洁　董　巍　贾宇琰
冯　章　曲建文　苗永姝　邓　彤　杜永明
盛菊艳　李媛媛　薛迎春　董　妍

国家"十二五"重点图书

国际共产主义运动历史文献
第17卷

主　编　王学东
副主编　戴隆斌（常务）　童建挺

第二国际第四次（伦敦）代表大会文献（1）

本卷主编　张文红

中央编译出版社
Central Compilation & Translation Press

《国际共产主义运动历史文献》顾问委员会

贾高建　俞可平　顾锦屏　高　放　张中云　胡文建
宋洪训　顾家庆　洪肇龙　沈志华　杨光远

《国际共产主义运动历史文献》编辑委员会

主　　编：王学东
副 主 编：戴隆斌（常务）　童建挺
编　　委：（以姓氏笔画为序）
　　　　　王　瑾　吕瑞林　邢艳琦　许宝友　张文成　张文红
　　　　　陈新明　林德山　胡振良　姚　颖　彭萍萍　薛晓源

参加本卷译校工作的有

朱艳圣　张文红　童建挺　曹青林　吴琦生

参加本卷编辑出版工作的有

苗永姝　李天枢　董　巍

丛书编辑统筹

苗永姝　李媛媛　董　妍

总　序

国际共产主义运动，是由以马克思主义为指导的无产阶级政党领导的国际性的无产阶级革命运动，其宗旨是推翻资产阶级统治和一切剥削制度，建立和发展社会主义制度，进而最终实现人的彻底解放，建立共产主义社会。

国际共产主义运动迄今已有一百六十多年的历史。19世纪40年代，马克思、恩格斯在创立科学社会主义理论的同时，努力把它与当时西欧无产阶级的革命实践相结合，于1847年6月创建了第一个国际性的无产阶级政党——共产主义者同盟，亲自拟定并于1848年2月公开发表了同盟纲领《共产党宣言》。这标志着国际共产主义运动的兴起。

自从共产主义者同盟建立以来，历经第一国际（国际工人协会）、第二国际、第三国际（共产国际），国际共产主义运动由小到大、由弱到强，从西方推进到东方、从欧洲扩展到全球，终于突破资本主义链条上一个又一个薄弱环节，取得了社会主义由一国到多国的胜利。二战后社会主义阵营的建立、民族解放运动的胜利进军、社会主义国家革命与建设的重大成就，为国际共产主义运动史书写了辉煌的篇章。20世纪末，由于东欧剧变、苏联解体，国际共产主义运动遭遇了严重挫折。但是，历史并没有因此而终结。由《共产党宣言》奠基的国际共产主义运动仍在曲折中前进。各资本主义国家中的共产党、工人党仍在不断探索无产阶级取得解放的道路；中国等社会主义国家仍继续高举社会主义伟大旗帜，为完善社会主义、最终实现共产主义而不懈奋斗。

国际共产主义运动一百六十多年跌宕起伏的发展历程，积累了卷帙浩繁的文献档案，留下了丰富的历史遗产。深入发掘和充分利用这些文献档案，对于我们准确地了解和把握国际共产主义运动的发展进程及各个时期的特点，科学地研究和总结国际共产主义运动丰富且宝贵的经验教训，具有极其重要的意义。特别是无产阶级国际组织，作为国际共产主义运动的重要载体，其文献档案对于国际共产主义运动史研究更是具有特殊的重要意义。

早在1984年春，中国国际共产主义运动史学会就发起编辑出版《国际共产主义运动史文献》。当时由中共中央编译局、中国社会科学院马列主义毛泽东思想研究所和近代史研究所、中共中央党校和中国人民大学等单位共同组建了编辑委员会。编委会商定：这套文献主要收编共产主义者同盟、第一国际、第二国际、第三国际、共产党和工人党情报局这五个国际组织已发表的全部文献档案，包括历次代表大会、代表会议和其他重要会议的记录、决议和有关文件；收编材料力求齐全；凡外国有选编完整的版本者，根据外国版本翻译；凡文件散见于外国不同出版物者，尽力搜集完整，组织力量统一编译；文件完全按照原件翻译，译文力求准确，不作修改删节，以便读者根据完整、准确的第一手材料了解这些国际组织的历史。在当时代管全国哲学社会科学基金的中国社会科学院科研局的资助下，经过编辑委员会、编译工作者和中国人民大学出版社的共同努力，这套文献于1986年开始陆续出版，截至1997年共出版了21卷。

到上世纪末，文献的编辑出版工作遇到了巨大困难。首先是编委会发生了重大变故，主编林基洲、副主编王颖和校纪英相继谢世；其次是出版经费难以为继。为继续出版这套文集，中国国际共产主义运动史学会多方努力，组成以会长顾锦屏为主编的新编委会，从全国哲学社会科学规划办公室争取到一笔资助，于1999—2001年又出版了两卷。此后，因缺乏经费，编辑出版工作完全陷于停顿。

2010年，在中共中央编译局和中国国际共产主义运动史学会的鼎力支持下，中央编译出版社以这套文献申报国家出版基金项目，获得立项资助。中共中央编译局对此项目高度重视，在国家出版基金资助的基础上，给予了相应的资金支持，组建了新编委会，成立了专门机构负责文献整理和编辑工作，并将这套文献纳入"中央编译局文库"出版规划。

经新编委会研究决定，这套文献定名为《国际共产主义运动历史文献》，在其前身《国际共产主义运动史文献》的基础上重新编辑出版。通过进一步广泛搜集资料和适当改变编辑方式，新《文献》的资料更详尽、收文更齐全。例如，在原《文献》的某些卷次中，对已出版的马克思主义经典著作中译本只列目录，不收正文，而新《文献》则全部依据最新的中译本收录，以方便读者查阅。此外，《国际共产主义运动历史文献》扩大了文献资料的搜集和选材范围，采用开放式结构，规模暂定60卷，约2500万字。

中共中央编译局和中国国际共产主义运动史学会对这套文献的编辑出版工作给予了强有力的支持，中央编译出版社为这套文献的立项和出版做了大量艰苦细致的工作，文献的前两任编委会和编译工作者在十分困难的条件下为这套文献奠定了良好的基础，中国人民大学出版社为这套文献的重新编辑出版提供了帮助，在此一并表示衷心感谢。

《国际共产主义运动历史文献》
编辑委员会
2011年12月20日

编辑说明

第二国际第四次代表大会于1896年7月27日至8月1日在英国伦敦兰厄姆酒店的皇后大厅举行。大会的正式名称为国际社会主义工人和工会代表大会，由英国各个社会主义组织和工会组织联合组成的组织委员会承担大会的筹备工作。参加大会的有20个国家的589名代表。英国代表团人数最多，共295名。

大会一开始就援引1893年苏黎世代表大会的决议，再一次讨论了无政府主义者的代表资格问题，并作出不允许无政府主义者参加大会的决定，迫使无政府主义者代表全部退场。至此，第二国际内部反对无政府主义者的斗争基本取得胜利。随后，大会就关于工人阶级的经济行动和政治行动问题、农业问题、战争问题、教育问题以及国际的组织等议程进行了讨论并通过了相应的决议。关于农业问题的决议指出，资本主义经营农业的方式给农民带来日益深重的灾难，只有将土地和其他生产资料收归社会所有，把农村的无产阶级组织起来同剥削者进行斗争，才能最终消灭这些灾难。关于工人阶级的政治活动的决议涉及殖民地政策问题，决议指出了殖民政策为资产阶级的特殊利益扩大剥削范围的实质，主张一切民族享有完全的自决权，号召殖民地国家的工人阶级团结起来，为战胜国际资本主义而斗争。关于组织问题的决议提出建立国际的常设机构的要求，并任命一个委员会负责拟订具体建议。

本卷收录的内容包括三个部分：(1) 代表大会的邀请信、通告和提交大会的提案；(2) 代表大会会议记录《1896年伦敦国际社会主义工人和工会代表大会会议记录、英国和外国代表团名单及会议经费决算表》英文版；（3）附录，包括提交大会的抗议和声明以及大会组委会书记威廉·索恩撰写的《1896年伦敦国际工人代表大会全记录》。其中，《1896年伦敦国际社会主义工人和工会代表大会会议记录、英国和外国代表团名单及会议经费决算表》译自伦敦20世纪出版有限公司1896年出版的同名小册子（International Socialist Workers and Trade Union Congress［London, 1896］. Report of Proceedings, List of British and Foreign Delegates, and Balance Sheet, The Twentieth Century Press, Limited, London, 1896）；《1896年伦敦国际工人代表大会全记录》译自格拉斯哥《工人领袖》杂志社1896年出版的同名小册子（William Thorne, Full Report of the Proceedings of the International Workers' Congress［London, July and August, 1896］, The Labour Leader, Glasgow, 1896）；其他文献根据1980年日内瓦明科夫出版社出版的乔治·豪普特主编的《第二国际史料》第10卷（Géorge Haupt, Histoire de la IIe Internationale, Tome 10, Minkoff Reprint, Genève, 1980）收录的有关英文、法文、德文文献翻译。

  本卷主编依据中共中央编译局编译马克思主义经典著作的标准统一了人名、地名、组织机构名、报刊名等专用名，增加了对原书中一些名词和引语的注释。书中文献的脚注，凡未加说明的都是原文本编者所注；中文本译者或编者所加的注，均注明"——译者注"或"——编者注"。

目 录

代表大会的邀请信、通告和提交大会的提案 ········· 1
1896年伦敦国际社会主义工人和工会代表大会组织委员会
致各国工人书（一）··· 3
1896年伦敦国际社会主义工人和工会代表大会组织委员会致
各国工人书（二）··· 5
海德公园和平示威的正式安排（1896年7月26日，星期日）······ 10
提案和决议案 ··· 17
待决定是否在1896年国际工人代表大会上讨论的建议 ········· 46

伦敦国际社会主义工人和工会代表大会会议记录英文版
（1896年7月27日—8月1日）···································· 49
1896年伦敦国际社会主义工人和工会代表大会会议记录、
英国和外国代表团名单及会议经费决算表 ················· 51
编者说明 ··· 51
引 言 ··· 51
第一次会议（7月27日，星期日上午）··················· 59

第二次会议（7月28日，星期二上午） …………………… 64
　　第三次会议（7月28日，星期二下午） …………………… 70
　　第四次会议（7月29日，星期三下午） …………………… 77
　　第五次会议（7月30日，星期四上午） …………………… 90
　　第六次会议（7月30日，星期四下午） …………………… 98
　　在皇后大厅的公众集会 ……………………………………… 106
　　第七次会议（7月31日，星期五上午） …………………… 106
　　第八次会议（7月31日，星期五下午） …………………… 114
　　第九次会议（8月1日，星期六上午） ……………………… 124
　　贺信与贺电 …………………………………………………… 138
　　国际代表大会代表名单 ……………………………………… 142
　　会议经费决算表 ……………………………………………… 185

附录一　提交大会的抗议和声明 …………………………… 197
　　正式委任的法国代表团对代表大会同志的声明 …………… 199
　　致1896年伦敦国际社会主义工人和工会代表大会的
　　　英国代表团 ………………………………………………… 202
　　辩护书 ………………………………………………………… 206
　　致1896年伦敦社会主义工人和工会代表大会的抗议书 …… 209
　　致社会民主党和工会代表大会 ……………………………… 211

附录二　1896年伦敦国际工人代表大会全记录 …………… 213
　　历　史 ………………………………………………………… 215
　　代表大会的描述性报告 ……………………………………… 225
　　各委员会的报告 ……………………………………………… 243
　　各国的报告 …………………………………………………… 259

无政府主义—社会主义者代表会议 ………………………… 289
一些著名的反议会主义者 …………………………………… 294
特别的文章 …………………………………………………… 301
采　访 ………………………………………………………… 318
简短的笔记 …………………………………………………… 322
回　顾 ………………………………………………………… 323

代表大会的邀请信、通告和提交大会的提案

1896年伦敦国际社会主义工人和工会代表大会组织委员会致各国工人书(一)

同志们和工人兄弟们:

在1893年于苏黎世举行的国际社会主义工人代表大会上,英国代表团提出的下一次国际代表大会于伦敦召开的邀请获得一致接受。苏黎世代表大会决定,此次大会的日期应为1896年。

组成英国代表团的65名代表在苏黎世选出其中的10名成员,以作为组织委员会采取临时性措施并确保大不列颠和爱尔兰工联代表大会议会委员会的协助。后者的协助业已获得,我们组成了一个由6名议会委员会成员和6名在苏黎世选出的委员组成的联合委员会,承担1896年代表大会的总体组织工作。

现在,联合委员会向各国一切社会主义组织和工会发出友好的邀请,请于1896年派代表出席伦敦代表大会。大会的日期将可能在8月份。

在上一次代表大会上通过了如下决议:

"一切工会,以及承认工人组织和政治行动的必要性的社会党和团体都可以参加代表大会。"①

"所谓'政治行动'指的是,工人阶级的组织努力利用或设法夺取政治权利

---

① 参见本书第16卷第17页。——编者注

和立法机构，以促进无产阶级利益和夺取政权。"①

按照这一决议，我们的邀请书发给承认工人组织及其参与政治行动的必要性的所有工会联合会和社会主义组织。

我们恳请上述两类工人组织，立即将你们的通讯地址寄送我们，你们希望列入1896年代表大会议程的决议案和建议，请最晚于1896年1月1日寄送我们。

来信请寄：

英国伦敦巴金路144号

1896年国际社会主义工人和工会代表大会组织委员会书记**威廉·索恩**。

你们兄弟般的

组织委员会

爱德华·艾威林　威廉·英斯基普　悉尼·奥立弗　威·查·斯特德曼　亨利·布罗德赫斯特　J. M. 杰克　哈里·奎尔奇　威廉·索恩　爱德华·考威　詹姆斯·莫兹利　阿·斯密斯　本·蒂利特

书记：威廉·索恩　　司库：威廉·英斯基普

翻译：爱德华·艾威林和阿·斯密斯

---

① 参见本书第16卷第55页。由于文本不同，个别措辞稍有不同。——编者注

1896年伦敦国际社会主义工人和工会代表大会组织委员会致各国工人书（二）

亲爱的同志们和工人兄弟们：

我们十分荣幸地告诉你们，我们首次发出的邀请书已经受到全世界工人们的最热烈的欢迎。

欧洲、美洲和澳洲的主要工人阶级组织都表示将派代表出席1896年在伦敦召开的国际社会主义工人和工会代表大会。此外，我们还获悉，许多工会决定在国际代表大会召开的这周内举行各行业工会的国际代表大会。当然，尽管我们不能承担起这些非常重要的**各行业工会国际代表大会**的组织工作，但是作为一个中心机构，在沟通各国工会组织的联系方面，我们将乐意效犬马之劳。

1896年国际代表大会将于**7月27日星期一在特拉法加广场对面、靠近查灵十字街车站、位于查灵十字街的圣马丁堂召开。大会将持续5天**。

组织委员会将给**各国代表**安排好举行他们自己的会议的房间，并且还为**各国代表组成的各委员会安排专门会议场所**，供委员们在某些确定的负责人的召集下，讨论有关议程的各项提案。至于**旅馆住宿及其价格等情况**，我们将早日通告。我们乐意随时为各个组织提供诸如膳宿及价格等方面的咨询。

大不列颠和爱尔兰的工人正期待着欢迎同志们，期待着向其他阶级显示全世界的工人正在一系列的原则基础上团结起来，这些原则最终将使工人阶级在政治上和经济上获得彻底的自由。

我们的邀请书重申了1893年在苏黎世通过的关于参加代表大会条件的如下决议。我们有必要根据这个决议来签发参加1896年国际大会的邀请书。

"一切工会，以及承认工人组织和政治行动的必要性的社会党和团体都可以参加代表大会。"

"所谓'政治行动'指的是，工人阶级的组织努力利用或设法夺取政治权利和立法机构，以促进无产阶级利益和夺取政权。"

准备与会的各组织应于7月1日或此前向组织委员会呈报**该组织的名称及其代表人数**。组织委员会承认，全部都按时做到这点尚不可能，但是为了便于安排代表们的膳宿，我们迫切希望到7月1日能够大致知道代表的人数。

组织委员会将根据各组织指派的代表人数发放相应数量的**入场证**。代表若不在大厅门口出示入场证，将被禁止入内参加大会。

每个国家都须审查其代表的**委托书**，并拟出一份其委托书有效或无效的**代表名单**，连同委托书一起交给组织委员会打印。

如果对委托书有异议，则首先由大会主席团（议事规程委员会）进行裁决。对大会主席团的决定仍有异议时，则由大会最终裁决。

组织委员会将给委托书有效的代表颁发一张印有本人姓名的代表证。

组织委员会拟定了以下"**临时议事规程**"：

一、7月26日，星期日下午3:00，在海德公园举行一场露天的公众示威活动，支持国际和平。届时，将邀请外国代表发表演讲。

二、7月26日，星期日晚上8:00，组织委员会将为代表们举行欢迎会。

三、7月27日，星期一上午9:00，各国代表分别在业已安排好的单独的房间召开会议：

1. 选举本国的一位主席和书记；

2. 审查本国代表的委托书，并向组织委员会起草一份有关其代表团组成情况的报告；

3. 每个国家选出两名代表参加大会主席团（议事规程委员会）的工作；

4. 每个国家选出两名成员参加各个委员会的工作，处理议事日程表上各小组的提案。

四、所有提交讨论的决议案和议题都由大会组织委员会根据一定的标题进行分类，并由他们转交给各个委员会。

五、凡未能归类到上述标题之下的提案和议题将在主要的问题解决之后，再提交给大会——如果还有富余时间的话。

六、一位由组织委员会任命的讲英语的主席和两位由组织委员会邀请作为副主席的讲法语和德语的代表将主持本次代表大会7月27日星期一上午11:00的会议。主席致欢迎词，两位副主席致答词。大会将于下午1:00休会，剩下的半天时间由各委员会召集会议。

七、大会在星期二以及随后几天继续进行，开会的时间为上午10:00—12:30，下午2:00—5:00。

八、星期二，大会的第一项议程将是各国作关于其代表团的报告，以及委托书被大会接受或拒绝的情况。

九、然后，由各委员会作报告。

十、星期一下午及随后，各委员会分别开会，研究并讨论涉及他们的特定问题的所有决议案。每一个委员会都应就其特定问题准备一份报告和一份决议案。如果某个委员会内部意见不一致，则可以准备一份少数派报告和一份第二决议案。

十一、星期一之后，将不再接受或讨论有关议事规程或议程安排的任何修正案。

十二、每个委员会报告人的发言时限为20分钟，其他所有人的发言时限为10分钟；任何报告人都不得就同一主题作一次以上的发言。在任何时候，大会均可提出中止本议事规程的动议并由大会投票决定。

十三、对于涉及基本原则问题的决议案，将按国家进行投票表决。具体问题则采用举手方式进行表决。

十四、在接下来的几天内，各国主席的任命由组织委员会负责向大会主席团（议事规程委员会）进行推荐。

我们已经收到各国工人组织寄来的许多决议案，这些决议案的要点是：战争与仲裁，外国移民、八小时工作日、童工、总罢工、农业问题、计件工作、殖民地政策、劳资冲突。

提交议程各项决议案的截止日期为 **1896年5月1日**。此后，组织委员会将不再接受任何决议案。

因此，我们殷切希望你们尽可能早日提出你们希望安排到议事日程上的各项议案，及时决定代表的人数并进行选举。

我们的邀请得到了热烈响应，其程度甚至超出我们的乐观估计。1896年国际代表大会有望成为一次盛况空前意义重大的大会。旧的国际[①]曾于1864年在英国老圣马丁堂召开其首次大会。我们希望，1896年大会将为各国工人之间实现新的相互理解奠定坚实基础。

全世界无产者，联合起来！

谨致以兄弟般的敬礼！

[①] 指国际工人协会，即第一国际。——编者注

组织委员会

爱德华·艾威林　F.钱德勒　爱德华·考威　威廉·英斯基普　J.M.杰克　汤姆·曼　詹姆斯·莫兹利　哈里·奎尔奇　阿·斯密斯　威·查·斯特德曼　威廉·索恩　J.H.威尔逊

书记：威廉·索恩　　司库：威廉·英斯基普

翻译：爱德华·艾威林和阿·斯密斯

附注：上述建议是为了节省大会的时间。代表大会是最高权力机构，有关大会程序和议题等诸多问题将最后由它决定。

来信请寄：英国伦敦巴尔金路144号威廉·索恩。

海德公园和平示威的正式安排

(1896年7月26日，星期日)

主席：威·查·斯特德曼，伦敦郡议会
书记：赫伯特·伯罗斯

路　线

例行的游行队伍将从安本克门特出发，将在12个讲台上举行演讲。

游行队伍将于12点半在安本克门特集合，1点半准时出发去公园，途经诺森伯兰大街特拉法加广场、科克斯勃尔街、培尔路、圣詹姆斯街和皮卡迪利街，从东门进入海德公园。

讲台上的演讲将于3点半开始，并于5点钟准时结束。

一听到中央讲台（第六讲台）的鸣笛，决议将同时从所有讲台提交给会议。第一个讲台靠近大理石拱门。

一个自行车团队将构成游行队伍的一部分。除了由委员会授权的这些自行车之外，其他自行车将禁止参加。

游行队伍按照密集队形前进，8人一排。

游行队伍和整个示威活动的最高控制权在示威委员会。该委员会由工会、社会主义者和劳工组织的代表会议选举产生。委员会将佩戴红色和绿色玫瑰花结，整个示威活动的组织必须听从他们的决定。

前往公园的游行队伍

为首的是巴特西和万兹沃思乐队以及一队整装待发的蹄铁工。紧随其后的是国际代表大会的代表和自行车队。他们之后，是全国泥水匠协会。

讲台被安排成一个半圆形，从大理石拱门延伸至海德公园拐角。

代表大会组织委员会、示威委员会、接待委员会、娱乐委员会、议程委员会、印刷委员会以及代表大会的英国与外国代表。

每一个工会和组织几乎都已安排好，带来了各自的横幅和旗帜。

街区集合

威廉·索恩先生将作为整个游行队伍的总指挥。伦敦各区共有35个集合地点，相邻街区聚集起来，行进到安本克门特。每个街区都有一名街区指挥，在其命令下游行至安本克门特。街区集合的地点、时间和街区指挥者的姓名如下：

巴尔金百老汇，上午9点——J. W. 彭德雷。

坎宁镇，贝克顿路，上午10点——W. H. 哈里斯，E. 波东，W. R. 威尔逊。

波普勒，东印度码头门口，上午11点——汉顿和T. 布拉德肖。

斯特拉特福教堂，上午9点半——T. 斯密斯。

鲍教堂，上午10点15分——赫·伯罗斯。

斯特普尼，迈尔头荒场，上午11点——F. 布赖恩。

犹太人代表团，屯货区，上午10点——J. 罗思。

塔山，上午10点——S. 马什。

伍尔维奇，伍尔维奇码头普拉姆斯迪铁路桥，上午9点45分——G. W. 蒙塔古，桑普森，德雷珀和S. 威尔逊。

德特福德百老汇，上午10点半——J. G. 金和A. 卡明斯。

达利奇和佩卡姆，上运河，上午11点半——C. 埃布尔和G. W. 肯德尔。

坎贝韦尔格林，上午11点45分——W. 布拉德利。

巴特西，王首酒馆拐角，上午10点半——W. A. 罗尔夫和W. 吉尔德。

北兰贝斯和肯宁顿，邦德街，沃克斯霍尔，上午11点半——G. H. 杨和G. J. 霍奇森。

A. S. 恩吉尼尔斯，斯坦福德街，布莱克法尔，中午12点——约翰·埃利奥特。

方尖碑，布莱克法尔路，中午12点——G. 菲尔德和R. 霍奇金。

罗瑟希瑟和贝尔蒙迪希，摩尔池塘桥，上午11点——A. 哈里斯和E. 福斯特。

哈默史密斯，格罗夫，上午11点——佩里埃。

富勒姆，沃尔哈姆格林教堂，上午11点；切尔西世界尽头，上午12点——J. 沙利文。

索霍，汉顿街，摄政街，上午11点半——E. 麦克劳德。

帕丁顿，肯瑟尔镇煤气厂，上午11点，——斯皮林和福斯特。

菲茨罗伊广场，中午12点——H. 克罗塞尔。

肯特镇，威尔士王子新月，上午11点——查·A. 吉布森。

国王十字路口，圣潘克拉斯拱桥，上午11点半——G. 威尔士。

克拉肯韦尔格林，上午11点45分——H. 韦特。

沃尔瑟姆斯托，锄头街和高地街的拐角处，上午9点15分——米勒。

埃德蒙顿，天使路，上午 10 点——R. 肯尼。

霍克斯顿教堂，上午 12 点 15 分——R. 肯德尔。

斯托克纽因顿，金斯兰格林，上午 10 点半——G. 佩格和 W. 韦瑟。

自行车队在安本克门特集合，查灵十字街铁路拱门，上午 12 点 15 分——G. H. 亨歇尔。

主席和演讲者如下：

第一讲台

（靠近大理石拱门）

主席：本·库珀，伦敦郡议会（工联伦敦理事会主席）。演讲者：J. 詹金斯，面包师联合会；J. 亨特·沃茨，社会民主联盟；丹·亨尼西，泥水匠；威·乔·皮尔逊，码头工人；D. F. 费雷尔，西班牙；阿德勒博士，奥地利帝国国会。

第二讲台

主席：皮·柯伦，煤气工人联合会。演讲者：查·A. 吉布森，铜管工人；H. A. 巴克，室内装饰师和油漆匠；阿瑟·哈里斯，保护工人联盟；E. 麦克劳德，裁缝；埃·王德威尔得，比利时。

第三讲台

主席：赫伯特·伯罗斯，社会民主联盟。演讲者：W. 卡伊格尔，雪茄烟工人；玛丽·格雷，社会民主联盟；弗雷德·布罗克赫斯特，学士，独立工党；本·蒂利特，伦敦郡议会，码头工人；奥·倍倍尔，德国帝国国会；斯特森先生，加利福尼亚社会党。

第四讲台

主席：詹姆斯·麦克唐纳，工联伦敦理事会书记。演讲者：威·帕涅尔，细木工；F. 罗杰斯，装订工；J. 弗登，伦敦建筑工人联合会书记；J. 默拉里，巴恩斯利约克郡矿工协会；亨·波拉克，荷兰。

第五讲台

主席：约·爱·威廉斯，社会民主联盟。演讲者：E. 卡瑟瑞，海员与消防员协会；桑顿·斯密斯女士，社会民主联盟；J. H. 巴恩斯，伍尔维奇工会；詹·塞克斯顿，全国码头工人协会，利物浦；F. 沃尔柯夫斯基，俄国。

第六讲台

主席：威·查·斯特德曼，伦敦郡议会，造船工人。演讲者：E. J. 内维尔，独立工党；约翰·格罗，马车夫工会书记；巴里小姐，妇女工会联盟；W. 斯莫尔，苏格兰矿工联合会；格·普列汉诺夫，俄国。

第七讲台

主席：亨·迈·海德门，社会民主联盟。演讲者：W. 阿尔诺德，工联伦敦理事会；埃米·莫兰特，独立工党；斯图尔特·D. 黑德勒姆，伦敦教育委员会；J. R. 克莱因斯，工联奥尔德姆理事会；亚·米勒兰，法国下议院；马·马奎尔，美国。

第八讲台

主席：哈·奎尔奇，社会民主联盟。演讲者：H. 奥尔别尔，码头工人；T. 肖尔，英国土地回归联盟；W. 史蒂文森，建筑工人联合会书记；T. 夏普，苏格兰矿工协会；K. M. 克劳森，丹麦。

第九讲台

主席：汤姆·曼，独立工党书记。演讲者：W. 吉尔德，统一建筑工人协会；乔·萧伯纳，费边社；J. 霍姆斯，莱斯特针织品协会；A. L. 珀塞尔，法国抛光工人联合会；保尔·拉法格，法国。

第十讲台

主席：E. M. 艾威林，煤气工人。演讲者：W. 克鲁克，伦敦郡议会，杨木工人联盟；M. 沙耶尔，社会民主联盟；J. C. 戈登，锡铁板制造工人联合会；J. 芬恩，披风制作工；茹尔·盖得，法国下议院；海·格罗伊利希，瑞士。

第十一讲台

主席：T. 麦卡锡，码头工人。演讲者：T. 内奈尔，独立工党；A. 汉弗莱，挖土工和泥瓦匠联合会；查·霍布森，工联设菲尔德理事会；伊妮德·斯泰西，学士，社会民主联盟；伊·达申斯基，波兰。

第十二讲台

主席：爱德华·艾威林，苏黎世委员会。演讲者：J. H. 威尔逊，下议院议员，海员与消防员联合会；H. 皮卡德，煤气厂工人；伊迪丝·兰开斯特，社会民主联盟；威·索恩，煤气工人联合会书记和国际代表大会组织委员会书记；威·李卜克内西，德国帝国国会；让·饶勒斯，法国下议院。

决 议

下午5点，以鸣笛为号，所有讲台同时提出如下决议：

本次国际工人大会（认识到世界各国之间的和平是国际友爱和人类进步的必要基础，相信战争并不是世界人民的期望，而是由统治阶级和特权阶级的贪婪与自私造成的，他们一厢情愿地想要控制世界市场，满足他们自己的利益，而牺牲工人的一切真正利益），特此宣布：不同国家的工人之间绝对没有争斗，他们的共同敌人是资产阶级和地主阶级，阻止战争、确保和平的唯一方式就是废除社会的资本主义制度和地主制度，而这是战争的根源，大会因此决心为唯一可能用来推翻这种制度的途径——生产、分配和交换手段的社会化——而努力奋斗；此外，大会宣布，在这个目标实现之前，国家之间的每一个争端都将通过谈判而不是野蛮的武力来解决；而且，大会认识到，为所有工人建立国际八小时工作制是实现最终解放的最迫切的步骤，它敦促所有国家的政府有必要通过立法来实现八小时工作制；并且，鉴于只有夺取掌握在资产阶级手中的政治机器，才能实现经济和社会的解放，鉴于在所有国家的千千万万男工和女工都没有投票权，不能参加政治行动，本次工人大会宣布并保证将尽一切努力争取普选权。

提案和决议案

注:某些决议案只能由个人签署,因为这些组织在本国是非法存在的。

一、有关议事规程的修正案

1

本次大会保留苏黎世代表大会决议有关代表准入的条款。

独立工党梅德斯通支部

2

上次国际代表大会通过了如下决议:

"一切工会,以及承认工人组织和政治行动的必要性的社会党和团体都可以参加代表大会。"

"所谓'政治行动'指的是,工人阶级的组织努力利用或设法夺取政治权利和立法机构,以促进无产阶级利益和夺取政权。"

大会同意在苏黎世大会决议第二段"政治活动"一词之后增加"议会行动是其首要的和最基本的形式"。

煤气工人联合会锡德纳姆分会

3

一切工人阶级的工会，以及承认工人组织的必要性的社会主义团体和组织都可以参加代表大会。

荷兰社会党（社会主义者联盟）
阿姆斯特丹软木切割工人联合会

4

当我们认识到国际社会党和工会代表大会是以兄弟情谊团结所有国家劳动者的唯一手段的重要性时，我们同时也认识到那些被称为无政府主义者的工人阶级组织以及社会主义组织与全世界的工人一起参加代表大会的审议的绝对权利，他们不相信议会行动是治疗现有邪恶的唯一良方，但他们承认经济阶级斗争，即工人的解放应该由工人自己去争取。

独立裁缝、机械工人和压制工人联合会

5

没有一个社会主义组织因其不采取政治行动而被排除在代表大会之外，"社会主义组织"一词指的是为民主的所有制以及为民主管理生活手段而共同努力的团体或团体的分会。

社会民主联盟雷丁支部

6

代表大会应仅限于经济问题的领域。

荷兰木匠总联合会

7

以书面辩论取代口头讨论。

西班牙庞特-贝迪亚

二、农业问题

大会应讨论欧洲的农业形势及其对社会主义的影响。

法国工人党

三、政治行动

1

大会以明确的态度宣布"政治行动"的含意是什么。

荷兰社会党(社会主义者联盟)

2

无产阶级和社会主义政党应该趋向并为之竭尽全力的目标就是夺取政治权力,这是摧毁资本主义制度的所有手段中的最佳手段,是实现工人、市民和全人类的解放以及建立国际社会主义共和国的所有手段中的最佳手段。

法国中央革命委员会

3

由于工人本身就是一个政党,因此,他们决心像其他一切阶级一样利用政治手段争取其社会和经济解放,在每个国家都独立于所有资产阶级政党之外。

社会民主联盟执行委员会
社会民主联盟克拉肯韦尔支部

4

我们特建议英国议会的工人议员为成年男子的普选权、议员的报酬及其竞选经费提出议案。

帕迪厄姆纺织工人协会

5

要求成年人的普选权,一人一票。给予每个成年人以投票权,除非是精神错乱者。

社会民主联盟克拉肯韦尔支部

6

本次大会主张所有国家在全国和地方层面实施强制性的公民投票权和动议权。

独立工党梅德斯通支部

7

大会最诚挚地敦促所有国家根据实际而不仅仅是根据理论去研究民

主制度；要注意到这一事实，即公民的投票权和动议权、通过普选选举官员、将代表机构简化为代表仅仅根据其选民已经作出的决定而举行的会议的做法，往往产生与民主党人所期待的恰好相反的结果；要全力反对这些做法，在任何情况下，这些做法的影响都将使有组织的、聪明的、具有阶级意识的社会党人在无组织的、无动于衷的普通工人面前毫无办法，并被反动的贵族、富人和神职势力的声望所利用。

费边社

8

本次大会呼吁所有工会会员和社会党人为确保妇女在全部政治权利与义务方面同男子完全平等而努力奋斗。

费边社

9

伦敦国际社会主义工人和工会代表大会宣布：

1. 希望获得解放的无产阶级妇女的地位与战斗的无产阶级是一样的，是他们行列当中的一员；而不是在资产阶级女权的妇女之列。

2. 为了她们可能按照政治路线站在无产阶级一边参加阶级战争，无产阶级妇女必须加入组织法承认的工人阶级组织。如果有法律不承认男女的共同政治组织，就必须尽全力对这类法律进行必要的改革。

3. 为了她们可以站在无产阶级一边参加阶级战争，按照政治路线——因为现代工业中的妇女所发挥的作用正日益变得愈加必要，只要男女是在同一个行业工作，无产阶级妇女就必须加入男工的工会。如果不是这样，独立的妇女工会应该与男工的工会组成联合工会。

伦敦国际社会主义工人和工会代表大会进一步宣布：

争取实现上述要求,争取实现妇女完全平等的政治权利,以及争取实现使无产阶级妇女毫无阻碍地参加阶级斗争成为可能的改革,是男性和女性无产阶级的利益所在。

斯图加特:克拉拉·蔡特金

柏林:埃·伊雷尔

煤气工人联合会布里斯托尔(妇女)分会:

爱琳娜·马克思-艾威林

维也纳:**阿德尔海德·德沃夏克-波普**

10

本次大会宣布,波兰的独立和自治无论对于整个国际工人阶级运动还是对于波兰无产阶级自己都是一种必要的政治要求。

波兰社会党

11

为了整个文明世界的利益,应考虑波兰自治及其从俄国、普鲁士和奥地利的邪恶奴役中解放出来的问题,为了波兰完全的政治自由进行一次联合的国际鼓动。

社会民主联盟肯瑟尔镇支部

12

本次大会宣布:

1. 彻底消灭国际性压迫只能通过消灭资本主义制度这一一切压迫的源头来实现,因此,实现解放的最有效的手段,就是加强所有国家工人的国际团结,以及所有国家工人为了在阶级斗争的基础上采取共同的政治行动而部分民族地联合起来。

2. 把呻吟在俄国专制主义枷锁下的所有民族的无产阶级联合起来，以进行反对专制主义的共同的斗争；在俄国获得政治自由不仅事关民族的无产阶级，而且事关整个国际工人阶级的运动。

俄属波兰社会民主党

13

大会应讨论工人对于殖民政策的态度。

法国工人党

四、经济和工业行动

1

本次大会认为，所有国家的工人都应该为此奋斗，即生产、分配和交换手段社会化并由一个代表全社会利益的民主国家管理，工人从资产阶级和地主的统治下获得彻底解放，实现两性间的社会经济平等。

社会民主联盟巴特西支部

2

本次大会建议所有工人宣传并投票支持如下措施：

1. 立即将全部矿山、铁路、运河、电报、电话以及其他国家垄断行业国有化；

2. 立即将供水、煤气、电灯、码头、市场、有轨电车、公共汽车服务、典当业、汽船服务以及其他一切地方垄断行业市有化；

3．政府当局要立即：（1）生产并销售香烟和面包，供应煤、牛奶及其他一般必需品，建造工人住宅；（2）生产并销售酒精饮料。

费边社

3

每一个国家的土地、铁路和矿山都应是国家的财产，并为每个国家的利益而使用。

工联约克郡联合理事会

4

本次大会应讨论劳资之间的冲突：罢工和社会主义。

法国工人党

5

本次大会强烈反对所谓"总罢工"那样一种毫无用处而且危险的幻想。

独立工党梅德斯通支部

6

本次大会宣布不再在5月1日宣传八小时工作日，代之以宣传将全部生产资料和消费资料从私有制转变为集体所有制。

荷兰社会党（社会主义者联盟）

7

大会宣布希望制定有关最低工资和最长工时的规定。
荷兰木匠总联合会

8

大会就"对工资和工作时间作出法律规定"发表宣言。
荷兰木匠总联合会

9

大会尽可能地合作,以建立八小时工作制。
荷兰木匠总联合会

10

作为在国际上争取八小时工作日的一种手段,本次大会建议成立全国和国际性的工会和工人阶级的政治组织,并由这些组织进行八小时工作日的鼓动和宣传。支持八小时工作日的鼓动应通过演讲和示威的方式在所有工会和政治团体中进行。所有议会和市政机构的工人代表都应当不时提出将每天的工作时间限定为八小时的提案和决议案。
煤气工人联合会

11

大会宣布,以下是工人有关限制工作日的最低要求:
1. 所有政府和市政机构雇员的工作时间应为每天最多8小时或每

周40小时；

2. 矿山、铁路和烘烤业以及所有危险的行业，工作日时间应限定为8小时；

3. 在其他所有行业，主管劳工的部长必须应工人组织的要求对上述行业的工作时间进行调查，并颁布由立法机关正式进行修正的事项，由其专业顾问提出这样的规定看来是可取的。

4. 除非发生不可预见的紧急情况，并且必须征得主管劳工的部长的批准，否则，上述条款规定时间以外的加班应予以禁止。

费边社

12

5月1日应该成为工人和社会党人的团结和在政治上和经济上的国际行动展示，并提出无产阶级解放、八小时工作日的要求，极力主张政治行动夺取政治权力和维护国际和平的必要性。

法国中央革命委员会

13

大会宣布，坚持苏黎世国际代表大会通过的有关八小时工作日的决议，并提出如下以实行工人所要求的最低限度的改革为目标的建议，以之作为当前应采取的措施：

1. 所有政府和市政机构雇员的工作时间应为每天最多8小时或每周40小时；

2. 矿山、铁路和烘烤业以及所有危险的行业，工作日时间应限定为8小时；

3. 其他一切行业应实行八小时工作日法，除非该行业三分之二的从业者反对；

4. 除非发生不可预见的紧急情况，并且必须征得主管劳工的部长的批准，否则，上述条款规定时间以外的加班应予以禁止。

独立工党

14

店员的工作时间，包括每天就餐的一个半小时，不应超过每周60小时；敦促政府为了社会的一个阶级的福祉，尽可能快地通立法来实现这一要求。

店员联合工会

15

大会宣布：

有意愿但却不能找到工作的失业阶级的存在是当前的工业制度的无法避免的结果，机器的每一次改良都使大量没有经验的工人失去工作。

由此而来的失业只能通过彻底推翻资本主义制度来消除；对当前混乱的工业实行规章制度，只能将失业限制在一定的程度内；

在当前向合作国家转变的过程中，迫切需要采取以下措施以缓解工业市场的压力：

八小时工作日；

禁止16岁以下的童工；

政府和市政机构生产它们需要的一切商品；

将市政活动扩大到完全提供一切公共服务和为工人提供康居；

由国家占有、开垦和耕种荒地或未开垦的土地；

在特殊情况下兴办公共工程，尤其是在能缓解周期性萧条的时候；

在每个国家通过使失业者在不被剥夺任何公民权利的条件下进行有益的生产的法律。

独立工党

16

大会宣布：

有意愿但却不能找到工作的失业阶级的存在是当前工业制度无法避免的结果，机器的每一次改良都使大量没有经验的工人失去工作。

由此而来的失业只能通过彻底推翻资本主义制度来消除；对当前混乱的工业实行规章制度，只能将失业限制在一定的程度内；

在当前向合作国家转变的过程中，迫切需要采取以下措施以缓解工业市场的压力：

八小时工作日；

禁止16岁以下的童工；

政府和市政机构生产它们需要的一切商品；

将市政活动扩大到完全提供一切公共服务和为工人提供康居；

在特殊情况下兴办公共工程。

费边社

17

禁止工厂或车间的女工在分娩前六周和分娩后的一个月工作。

社会民主联盟执行委员会
社会民主党联盟克拉肯韦尔支部

18

在条件允许妇女与男子做相同工作的一切情况下,女工应该要求并获得相同的工资。

妇女工业理事会
社会民主联盟巴特西支部

19

本次大会支持同工同酬原则和男女教育和技术培训的平等机会;为了两性的利益,强烈主张立即实际运用这一原则。

费边社

20

大会主张选民敦促各自的政府在不干涉私人承包商的情况下,按照如下条件做好自己的全部工业工作:

1. 工作日应限定为8小时。
2. 在任何情况下,工资标准都应是行业协会认可的,或者是由最好的私人老板支付的标准。
3. 因年龄、疾病或事故丧失能力时,应向职工支付足够的养老金。
4. 除了国家法定假日之外,应确保给予每一个工人每年一个全薪假期。
5. 没有任何一个部门的规定可以阻碍一个工人行使其公民的普通权利。

独立工党

21

大会主张选民敦促各自的政府在不干涉私人承包商的情况下，按照如下条件做好自己的全部工业工作：

1. 工作日应限定为8小时。
2. 在任何情况下，工资标准都应是行业协会认可的，或者是由最好的私人老板支付的标准。
3. 因年龄、疾病或事故丧失能力时，应向职工支付足够的养老金。
4. 确保给予每一个工人每年一周的全薪假期；
5. 没有任何一个部门的规定可以阻碍一个工人行使其公民的普通权利。

费边社

22

本次大会敦请公众考虑一个由于允许不受约束的商业竞争确定人民大众的生活标准而产生的恶魔。在目前的环境下，非熟练工人的市场价格如此低廉，以至于所有现代国家的竞争性工资被普遍称为"饥饿工资"。代表大会希望指出，在当前只有通过明确规定所有行业和所有地区的最低工资，使之足以让工人及其家庭保持合理的健康和适度的财力，才能保证一种健康、富有活力的国民生活。代表大会指出，所有选民的坚决支持已经能够确保中央政府、市政府及其他地方政府机构直接雇用的工人的最低生活工资；这些机构也能通过如下方式保护他们间接雇用的工人，即把有效的标准工资条款加入所有公共工程的合同，加入与一切有轨电车公司、铁路公司、码头公司和其他享有特权的公司订立的租赁合同和授予它们的特许权中。代表大会呼吁政府当局尽可能快地直接组织并从事公共服务和工业，而无须求助于私人承包商和公司。至于私人雇员，代表大会建议每个工业区的工会和工会联合会坚持最低生活工资的原则，并坚决根据其提出的方案——无论是浮动制还是其他方案——进行限制，以使劳动报酬根据行业利润确定。在工人阶级自己组织生产并雇用劳力的情况下——如在合作社中，代表大会认为这样的要求是合理的，即确定最低生活工资，以之作为这些合作社承认出资者和雇员之间的利益共同体的真心实意的保证。

费边社

23

大会宣布：

1. 每个政府都应设立专家委员会（其中包括机械工人在内），研究防止各种机械事故的最好方法；

2. 每个政府还应建立实验室，研究生产的最安全程序；

3. 主管劳工的部长应有权以其行业顾问的意见为依据发布部门规定，如用栅栏围住机器、在生产中采取预防等措施；立法机关亦可修改其规定，禁止危险的程序。

4. 应立即禁止铅粉行业和用黄磷制造火柴，人们公认存在取代这些危险职业的安全、有效的职业。

费边社

24

出于工人的健康之利益，本次大会积极要求所有国家生产火柴的工人有必要对各自的政府施加压力，以便从法律上禁止使用有毒的黄磷。

它呼吁全体男女工人在实现这一目标之前只购买无毒火柴。

火柴生产工人联合会

25

将国家规制扩展到所有有毒的行业,以确保工人的健康。

社会民主联盟克拉肯韦尔支部

26

鉴于邮件运送方式的不足,本次大会要求英国政府有必要立即采取措施,直接雇用邮件运送司机,这将符合邮局和普通大众的利益。

煤气工人联合会(邮递服务分部)

27

大会应就计件工作问题发表声明。

荷兰木匠总联合会

28

代表着世界上有组织的工人出席大会的代表们,强烈谴责英国政府过度使用工人的方式,并保证要求他们的组织采取必要措施,迫使各自国家的政府成为劳工的模范雇佣者。

政府部门工人统一联合会

29

本次大会认为,在世界股票和物产交易所进行的投机性赌博应为农业与商业的巨大损失和困境负责，并且相信所有社会主义者和工人组织应该对这种行为采取明确反对立场的时刻已经到来。

独立工党基尔伯恩和汉普斯特德支部

30

本次大会诚挚地推进人道主义，提倡刑法改革，实现其目标的最大障碍就是资本主义制度对于广大雇佣工人低标准的生活和享受的依赖。一切使囚犯的劳动富有成效的尝试都被私人资本家认为是试图与他们进行竞争，并降低他们的利润；一切旨在使监狱生活少一些残酷、多一些健康的改革都令所有阶级感到愤怒，理由是对待罪犯不应该比对老实人还要好。代表大会因而呼吁有必要把改善监狱外人民大众的条件作为改善在监狱里面的那些人的境况的最可靠的手段。

费边社

31

应该废除所有国家禁止贫穷外国人进入的全部限制性法律。

工联莱斯特理事会

32

本次大会反对任何国家排斥贫困移民的企图。

独立工党梅德斯通支部

33

本次国际代表大会呼吁在所有国家都采取本次大会代表提出的自由

贸易原则。

工联莱斯特理事会

34

任何工会官员都可以要求查看所有政府合同的条款。

法国抛光工人联合会

35

扩大劳资调解委员制度，例如，委员会由雇主和雇员的代表组成、具有一定的合法权利等。

罗讷河口省工会联合会

36

大会强烈敦促所有代表，希望给各自国家的家庭佣工和服务员留下有必要支持最低生活工资原则的印象。

伦敦和各地家庭佣工联合会

37

大会决定：
敦促所有立法机构通过如下法律是每个国家社会民主党的职责：

1. 雇主无权与工人签订任何要求后者在雇用期间租住其提供的宿舍的契约。

2. 如果雇主将宿舍租给工人，双方都享有至少提前6周通知解约的权利。不过，租约期满时必须有通行的留给搬家的时间。如果提前6周以上提出解约通知在任何地方都是通行的做法，那么，雇主的解约通知也将如此，禁止提前更短的时间提出解约通知。

3. 禁止将租金包含在工资中，或者克扣工资作为租金。只允许通过正常的、合法的途径索回租金。

4. 上述条款不应受到任何限制。

5. 该法律从通过之日起开始生效。

奥蒂莉·巴德尔和柏林的其他 13 位女性

五、战争

1

本次大会将此列入记录，即社会主义的原则是绝对反对一切战争，可能的例外是进行反对入侵的卫国战争。

纽卡斯尔费边社

2

在任何国家宣布对另一个国家的战争之前，这一问题要提交全体人民，只有他们才能决定和平还是战争。

社会民主联盟执行委员会
社会民主党联盟克拉肯韦尔支部

3

本次工人行业代表大会呼吁所有的政府用国家仲裁机制代替战争来解决争议。

工联莱斯特理事会

4

大会应讨论通过国际公约同时及逐步减少欧洲军队的服役人员。

法国工人党

5

为了全体人民的利益，本次工人代表的代表大会拒绝接受不择手段的统治者和无知的受骗者以其名义提出的沙文主义——向每个国家的民众伸出友爱与同情之手——并决定不参与目前正在进行的国际阴谋。

独立工党梅德斯通支部

6

本次大会希望代表们注意以下有关现代资本主义国家维持大量军备的事实：

1. 这些军队不只对邻国，而且对他们本国的工人也是一个长期的威胁。一项对大陆许多大火车站和兵营的战略部署的研究将证明，现代军队的最重要功能就是在阶级战争中镇压工人对资本的反抗。

2. 这些远不能使各国在国际事务中拥有强权的庞大军备，由于它们造成的强烈恐惧和不信任，实际上使各国无法正常运转。代表大会拒绝接受资本主义新闻媒体的虚张声势，并郑重宣布，它所代表的各个国家由于对他国意图的猜忌和对他国威胁而觉得在国际事务中不可能采取行动。代表大会指出，欧洲和南非最近的事件表明，最小的国家也能通过巧妙地挑动欧洲军事大国彼此相斗，从而成功地对抗它们的干涉。

3. 资本家阶级抵制国家对赢利企业的任何干预的做法，使国家不可能用国家军队在殖民地和新国家的定居点中执行命令或者承担公共责任,因此,这些职责现在被留给了作为特许公司代理人的暴徒。这些公司的掠夺、率领自己军队的不负责任的冒险家的侵略以及敌对公司的竞争,产生了无休止的争端,每个公司都以爱国主义的名义呼吁自己的祖国用武力来支持他们,公司的主席在资产阶级的报刊中被称为帝国政治家,公司的暴徒被称为民族英雄。当这些公司自己无力进行殖民这项工作时,就期望欧洲大国不断做好不仅与野蛮的民族,而且还与另一个欧洲大国进行战争的准备,以保卫他们控制不了的企业。代表大会希望警告欧洲的工人反对那些诉诸民族骄傲和喜好军事荣耀的人,并且重申资本主义制度的趋势就是使军队成为投机家的替罪羊,而不是民族荣耀的工具。

4. 世界和平的唯一可能的保证在于巩固最发达的、具有社会民主主义基础的国家的利益。目前存在战争,主要是因为社会的一些部门能够创造巨额利润。如果英国、法国、德国和美国的工业实现社会化,这就不再可能;这四个国家不仅将停止相互威胁,而且将联合起来使社会组织尚不发达的那些国家实现和平。因此,代表大会一方面热忱支持和平的目标和仲裁委员会,另一方面呼吁他们时刻牢记,在本国造成劳资冲突的社会利益的对立被消除之前,是不可能有国际团结的。

费边社

7

大会决定呼吁国际工人政党做好准备,政府一旦宣战,就立即在工人能够对战争施加影响的一切工业、贸易和商业部门举行总罢工作为回答,并通过拒绝服兵役来回答战争宣言。

荷兰社会党(社会主义者联盟)
阿姆斯特丹软木切割工人联合会

六、教育和体力发展

1

本次大会宣布,支持实施从幼儿园到大学的技术教育、世俗教育、义务教育和免费教育制度;儿童和青少年在受教育期间由国家供养。

独立工党佩卡姆支部

2

1. 各国社会民主党议员应利用一切机会在公众集会或——如果可能的话——立法会议上呼吁通过一项支持免费供养所有上学儿童的议案。
2. 在农村地区建立学校,从而把教学延伸至花园和田间,而不是局限于几乎不可能进行自然科学教学的教室,此外,发展强壮而健康的人种,而不是目前退化的人种。
3. 引进手工,作为儿童德智体和谐发展(即均衡发展)的最大需要。

社会民主联盟西马里莱布恩支部

3

本次大会号召各国工人:
1. 给予在国际工人运动中占重要地位的教育问题应有的重视;
2. 努力保证所有国家的儿童获得一切对于身心的全面发展必要的教育;

3. 认识到这一事实,即如果"世界联邦"成为现实,工人的孩子们必须在一种培养国际情感而不是民族情感、其目标是培养合作者而不是竞争者的教育制度下得到培养。

煤气工人联合会

4

本次大会要求:

1. 雇用的最低年龄应为16岁。

2. 国家应为小学毕业而尚未达到能被作为工人雇用的年龄的儿童提供有效、免费和强制性的技术教育体系,并负责其在工作期间的培训费用。

独立工党

5

大会呼吁:

1. 学龄应提高到16岁。

2. 应彻底废除做半工。

3. 所有18岁以下青年人的工作时间应限定在每天8小时。

妇女工业理事会

6

禁止16岁以下的男孩和女孩工作。

社会民主联盟克拉肯韦尔支部

7

本次大会要求：

1．儿童作为做半工者被雇用的最低年龄应立即提高到 14 岁，并在两年内提高到 16 岁。

2．全职者的最低年龄应同样限定在 16 岁，并在两年内提高到 18 岁。

3．在矿井、煤气厂、钢铁厂以及所有的危险行业，雇用的最低年龄应为 16 岁。

4．国家应为小学毕业而尚未达到能被作为工人雇用的年龄的儿童提供有效、免费和强制性的技术教育体系和费用。

费边社

8

本次大会认为，国家停止在孩子们的心中培养帝国思想、不再以让孩子们虚度光阴为代价而创造财富的时机已经到来；大会要求所有的政府废除 15 岁以下童工及 18 岁以下青年工人的夜班作为临时的最低措施。

煤气工人联合会

9

根据国际协定，儿童开始工作的年龄应不低于 14 岁。

工联约克郡联合理事会

七、组织

1

本次大会认为,应立即行动起来,以欧洲某个合适的地方为中心成立一个常设的、拥有一个负责的书记的国际执行委员会。

工联奥尔德姆及区联合理事会

2

本次大会决定:

1. 建立一个国际社会主义者联盟;
2. 本次代表大会任命一个小委员会,它负责制定使决议第1条付诸实施的建议,并向下次代表大会作报告;
3. 授权上述委员会作为临时执行委员会,负责本次和下次代表大会期间的运动工作;在本次代表大会的选举中没有代表被选入委员会的国家可以派出一名代表,直至下一次国际代表大会;
4. 每一个在委员会中有代表的国家应支付其代表参加委员会的费用并分担委员会可能产生的费用。

独立工党

3

社会民主党政策应得到支持,而不分国家;应以一切可能的方式来联合未开化的人们共同努力,维护他们的独立,反对欧洲文明的掠夺和贸易,而不论是哪一国政府,不论谁在进行掠夺,不论这种掠夺是以何种似是而非的——人道主义的或者爱国主义的——借口来支持或辩护。

此外，本次大会决定任命一个常设的国际委员会，它负责观察事态的发展，不时在合适的时候采取符合上述态度的行动，所有国家的社会民主党由此在外交政策上开始了一种新的尝试，即不顾所谓的民族利益，立即采取统一而明确的政策。这个委员会应向下次国际代表大会完整汇报其行动，并以此为基础，提出对未来的意见及建议。

社会民主联盟执行委员会

4

大会决定：

1. 成立一个国际性的中央统计局，负责确定产品参照或不参照其在市场上的货币价格的劳动价值。

2. 要求各国党的执行机构与这一中央统计局保持联系。

3. 准备合理安排好的问题清单，定期发送给各国党员，目的是以时间和体现在产品中的个人的劳动力的数字为依据来断定工人的数量。

4. 根据对这些问题清单的反馈，进行比较、分类，按照恰当的方法整理出它们所包含的数据。

5. 创办一份中央统计局的机关刊物，这份刊物应严格执行社会主义路线，用最为人所知的语言出版，并定期发布这些已经得到证明的事实。

巴黎德国社会民主主义读书俱乐部

5

本次大会任命这样一些代表，他们愿意收集自己所在国家的社会主义进展的消息，或者任何有利于宣传的重要事实，然后把这样的消息发送给其他每一个承担同样义务代表。收到的消息应发送给社会主义报刊,以及任何承诺推进这一事业的其他报刊。

独立工党伊里斯支部

6

本次大会决定立即成立一个国际局,这样可以扩大支持,并促进各国劳动者的协调发展。

独立缝纫工人、机械工人和压榨技工联合会

7

出版一份季刊,内容含有世界社会主义大事记。

西班牙工人党国际委员会

8

创办《理性国际主义》杂志,以两种或三种语言出版,其使命是使所有人自由、勤劳和公正。

西班牙庞特—贝迪亚

9

大会宣布希望成立国际工会书记处,并保证推动其成立。

荷兰木匠总联合会

10

伦敦国际社会主义工人和工会代表大会诚挚地要求所有社会主义组

织在各自的国家把社会主义教师组织起来。

荷兰社会主义教师联合会

八、其他

1

首先，要确定什么语言作为国际代表大会的官方语言实际上最实用或最方便；也就是说，什么语言是最容易为未来几年可能将参加这种大会的大多数代表和的国家所理解，应分别询问每个国家，**除了他们自己的语言之外**，它更愿意使用什么语言。

其次，为了使未来的几代人通过他们掌握的某种确定的国际语言（所有儿童在小学都必须学习这种语言）联合起来，应请求代表大会决定未来的国际语言是英语、法语、德语、世界语还是拉丁语。

独立工党

2

为了推进国际代表大会的事业，本次大会主张同意在下次代表大会上使用某一种语言的做法是可行的。

独立工党马里莱布恩支部

3

本次大会提议，应将法语作为通用语言，并应尽全力在所有国家、所有学校以其他合适的方式教授这门语言。

社会民主联盟瓦尔沃斯支部

4

本次大会认为,确定一门国际语言的时机已经到来并提议英语作为国际语言,因为它在每个商业中心都已为人所知,更是因为它最容易学。

社会民主联盟景宁镇支部

5

本次国际代表大会呼吁英国政府立即释放所有在英格兰因政治罪而入狱的人,抗议警察阴谋挑衅的卑鄙制度,这在查尔斯、卡利斯和巴托拉于1892年在斯坦福被宣布有罪的案件中就已经得到证明。①

沃尔索尔大赦委员会

6

本次大会呼吁每个国家的所有工人都立即开展一场释放所有政治犯的国际运动,相信这些罪名只是政府施加在所有国家人民身上的暴行和压迫的结果。

沃尔索尔大赦委员会

注意:所有的组织都应**立即**把自己计划派往代表大会的代表人数通知组织委员会秘书处(英国伦敦巴尔金路144号威·索恩),这是非常重要的,以便有可能做出必要的安排。

特别要求外国代表们把抵达的日期和钟点通知组织委员会,还要说明将于伦敦的哪一个火车站抵达。

---

① 查尔斯、卡利斯和巴托拉为沃尔索尔社会主义俱乐部会员、无政府主义者,1892年被警察以制造炸弹的罪名逮捕,后被判处10年徒刑。——编者注

待决定是否在 1896 年国际工人代表大会上讨论的建议

1. 建立一个共同的国际劳工基金,以支持罢工、资助失业者、促进合作。
2. 所有按股金成立的公司和企业都应让其工人参与分红。
3. 如果这些公司不让其工人参与分红,它们必将受到罢工的猛烈攻击。
4. 使工会成为唯一能够合法地雇用和开除工人的地方。
5. 土地、铁路和矿山要么国有化,要么由国家监管。
6. 如八小时工作日的要求遭到拒绝,工人可以此为理由举行罢工使之得到执行。
7. 一切国家议会的工人议员应经常提出实行公民投票权和动议权的提案。
8. 一切国家议会的工人议员应每年提出废除死刑的提案。
9. 除了五一劳动节,还应加设两个节日:一个是工人友爱节,一个是国家友爱节。
10. 禁止工厂雇用 13 岁以下的儿童。
11. 在各国废除政教合一。
13.① 所有工人并通过其在议会的代表都应该支持将陪审团从 12 人

---

① 原文如此,缺"12"。——编者注

增加至25人，并让他们通过多数表决作出裁决。

14. 法官作出的所有判决都必须再提交陪审团予以批准、驳回、加大或减轻处罚。

15. 所有城镇的工人都要尽力建设他们自己的工人礼堂和会议大厅。

16. 所有的银行、保险和贷款公司都应国有化，或者由国家监管。

17. 所有还没有争取到普选权的国家，都要尽最大努力通过罢工等方式来争取。

18. 我们特别劝告英国议会的工人代表们，提出成年人一人一票以及支付议员报酬和选举费用的议案。

19. 在矿井和海上作业的工人因为事故而失去生命的情况下，那些遭遇不幸的家庭应由国家进行赔偿。

20. 所有工会都应根据当地的情况或者部门的相似性而分组合并。

21. 所有在工厂和其他企业工作的已婚妇女在分娩期间的工资都应该继续发放。

22. 所有行业的最低工资都应通过法律予以确定，所有危险和危害健康的行业的最低工资应该最高。

26.[①] 所有囚犯都应在被捕后的3天之内在法庭进行审判。

[①] 原文如此，缺"23"、"24"、"25"。——编者注

伦敦国际社会主义工人和工会代表大会会议记录英文版

(1896年7月27日—8月1日)

1896年伦敦国际社会主义工人和工会代表大会会议记录、英国和外国代表团名单及会议经费决算表[*]

编者说明

从代表大会结束到本报告的出版隔了一段时间,这是因为本报告的校样必须呈送在议事规程委员会工作的不同国家的各位代表校正和征得他们的同意。

引 言

在1893年的苏黎世国际代表大会上,由65名代表组成的英国代表团一致决定,邀请下次代表大会在伦敦举行。代表大会一致同意,接受英国的邀请,并把会议时间确定在1896年。英国代表团在代表大会的最后一天召开会议,选举出一个委员会。代表团指示委员会为1896年代表大会做必要的初步安排,并与英国工联代表大会的议会委员会接洽,以加强合作。委员会由约翰·安德森、爱德华·艾威林、爱德华·赫拉德福德、詹姆斯·麦克唐纳、J. S. 马克斯韦尔、悉尼·奥立弗、哈里·奎尔奇、阿·斯密斯、威·查·斯特德曼、威廉·索恩组成。

---

[*] 伦敦20世纪出版有限公司出版。

1895年1月15日,在苏黎世选举产生的委员会同议会委员会举行会议。会议最终决定,1896年代表大会的名称将为国际社会主义工人和工会代表大会。会议委任从苏黎世选举产生的委员会中的6名成员和议会委员会的6名成员组成组织委员会。经过一些变动之后,12人委员会最终由以下成员组成:爱德华·艾威林、F.钱德勒、爱·考威、威廉·英斯基普、J.杰克、詹姆斯·莫兹利、汤姆·曼、亨利·奎尔奇、阿·斯密斯、威·查·斯特德曼、威廉·索恩、J.威尔逊。

委员会选举威廉·索恩为书记,W.英斯基普为司库,阿·斯密斯(法国人)和爱德华·艾威林(德国人)为翻译书记。

委员会发布了如下第一份通告:

1896年伦敦国际社会主义工人和工会代表大会组织委员会致各国工人书

同志们和工人兄弟们:

在1893年于苏黎世举行的国际社会主义工人代表大会上,英国代表团提出的下一次国际代表大会于伦敦召开的邀请获得一致接受。苏黎世代表大会决定,此次大会的日期应为1896年。

组成英国代表团的65名代表在苏黎世选出其中的10名成员,以作为组织委员会采取临时性措施并确保大不列颠和爱尔兰工联代表大会议会委员会的协助。后者的协助业已获得,我们组成了一个由6名议会委员会成员和6名在苏黎世选出的委员组成的联合委员会,承担1896年代表大会的总体组织工作。

现在,联合委员会向各国一切社会主义组织和工会发出友好的邀请,请于1896年派代表出席伦敦代表大会。大会的日期将可能在8月份。

在上一次代表大会上通过了如下决议：

"一切工会，以及承认工人组织和政治行动的必要性的社会党和团体都可以参加代表大会。"

"所谓'政治行动'指的是，工人阶级的组织努力利用或设法夺取政治权利和立法机构，以促进无产阶级利益和夺取政权。"

按照这一决议，我们的邀请书发给承认工人组织及其参与政治行动的必要性的所有工会联合会和社会主义组织。

我们恳请上述两类工人组织，立即将你们的通讯地址寄送我们，你们希望列入1896年代表大会议程的决议案和建议，请最晚于1896年1月1日寄送我们。

来信请寄：

英国伦敦巴金路144号

1896年国际社会主义工人和工会代表大会组织委员会书记**威廉·索恩**。

你们兄弟般的

组织委员会

爱德华·艾威林　威廉·英斯基普　悉尼·奥立弗
威·查·斯特德曼　亨利·布罗德赫斯特　J. M. 杰克
亨利·奎尔奇　威廉·索恩　爱德华·考威　詹姆斯·莫兹利　阿·斯密斯　本·蒂利特
书记：**威廉·索恩**　　司库：**威廉·英斯基普**
翻译：**爱德华·艾威林和阿·斯密斯**

随后，委员会发出了如下第二份通告：

1896年伦敦国际社会主义工人和工会代表大会组织委员会致各国工人书

亲爱的同志们和工人兄弟们：

我们十分荣幸地告诉你们，我们首次发出的邀请书已经受到全世界工人们的最热烈的欢迎。

欧洲、美洲和澳洲的主要工人阶级组织都表示将派代表出席1896年在伦敦召开的国际社会主义工人和工会代表大会。此外，我们还获悉，许多工会决定在国际代表大会召开的这周内举行各行业工会的国际代表大会。当然，尽管我们不能承担起这些非常重要的**各行业工会国际代表大会**的组织工作，但是作为一个中心机构，在沟通各国工会组织的联系方面，我们将乐意效犬马之劳。

1896年国际代表大会将于**7月27日星期一在特拉法加广场对面、靠近查灵十字街车站、位于查灵十字街的圣马丁堂召开。大会将持续5天**。

组织委员会将给**各国代表**安排好举行他们自己的会议的房间，并且还为**各国代表组成的各委员会安排专门会议场所**，供委员们在某些确定的负责人的召集下，讨论有关议程的各项提案。至于**旅馆住宿及其价格等情况**，我们将早日通告。我们乐意随时为各个组织提供诸如膳宿及价格等方面的咨询。

大不列颠和爱尔兰的工人正期待着欢迎同志们，期待着向其他阶级显示全世界的工人正在一系列的原则基础上团结起来，这些原则最终将使工人阶级在政治上和经济上获得彻底的自由。

我们的邀请书重申了1893年在苏黎世通过的关于参加代表大会条件的如下决议。我们有必要根据这个决议来签发参加1896年国际大会的邀请书。

"一切工会,以及承认工人组织和政治行动的必要性的社会党和团体都可以参加代表大会。"

"所谓'政治行动'指的是,工人阶级的组织努力利用或设法夺取政治权利和立法机构,以促进无产阶级利益和夺取政权。"

准备与会的各组织应于7月1日或此前向组织委员会呈报**该组织的名称及其代表人数**。组织委员会承认,全部都按时做到这点尚不可能,但是为了便于安排代表们的膳宿,我们迫切希望到7月1日能够大致知道代表的人数。

组织委员会将根据各组织指派的代表人数发放相应数量的**入场证**。代表若不在大厅门口出示入场证,将被禁止入内参加大会。

每个国家都须审查其代表的**委托书**,并拟出一份其委托书有效或无效的**代表名单**,连同委托书一起交给组织委员会打印。

如果对委托书有异议,则首先由大会主席团(议事规程委员会)进行裁决。对大会主席团的决定仍有异议时,则由大会最终裁决。

组织委员会将给委托书有效的代表颁发一张印有本人姓名的代表证。

组织委员会拟定了以下"**临时议事规程**":

一、7月26日,星期日下午3:00,在海德公园举行一场露天的公众示威活动,支持国际和平。届时,将邀请外国代表发表演讲。

二、7月26日,星期日晚上8:00,组织委员会将为代表们举行欢迎会。

三、7月27日,星期一上午9:00,各国代表分别在业已安排好的单独的房间召开会议:

1. 选举本国的一位主席和书记;
2. 审查本国代表的委托书,并向组织委员会起草一份有关其代表团组成情况的报告；

3. 每个国家选出两名代表参加大会主席团（议事规程委员会）的工作；

4. 每个国家选出两名成员参加各个委员会的工作，处理议事日程表上各小组的提案。

四、所有提交讨论的决议案和议题都由大会组织委员会根据一定的标题进行分类，并由他们转交给各个委员会。

五、凡未能归类到上述标题之下的提案和议题将在主要的问题解决之后，再提交给大会——如果还有富余时间的话。

六、一位由组织委员会任命的讲英语的主席和两位由组织委员会邀请作为副主席的讲法语和德语的代表将主持本次代表大会7月27日星期一上午11:00的会议。主席致欢迎词，两位副主席致答词。大会将于下午1:00休会，剩下的半天时间由各委员会召集会议。

七、大会在星期二以及随后几天继续进行，开会的时间为上午10:00—12:30，下午2:00—5:00。

八、星期二，大会的第一项议程将是各国作关于其代表团的报告，以及委托书被大会接受或拒绝的情况。

九、然后，由各委员会作报告。

十、星期一下午及随后，各委员会分别开会，研究并讨论涉及他们的特定问题的所有决议案。每一个委员会都应就其特定问题准备一份报告和一份决议案。如果某个委员会内部意见不一致，则可以准备一份少数派报告和一份第二决议案。

十一、**星期一之后，将不再接受或讨论有关议事规程或议程安排的任何修正案。**

十二、每个委员会报告人的发言时限为20分钟，其他所有人的发言时限为10分钟；任何报告人都不得就同一主题作一次以上的发言。

在任何时候，大会均可提出中止本议事规程的动议并由大会投票决定。

十三、对于涉及基本原则问题的决议案，将按国家进行投票表决。具体问题则采用举手方式进行表决。

十四、在接下来的几天内，各国主席的任命由组织委员会负责向大会主席团（议事规程委员会）进行推荐。

我们已经收到各国工人组织寄来的许多决议案，这些决议案的要点是：战争与仲裁，外国移民、八小时工作日、童工、总罢工、农业问题、计件工作、殖民地政策、劳资冲突。

提交议程各项决议案的截止日期为 **1896 年 5 月 1 日**。此后，组织委员会将不再接受任何决议案。

因此，我们殷切希望你们尽可能早日提出你们希望安排到议事日程上的各项议案，及时决定代表的人数并进行选举。

我们的邀请得到了热烈响应，其程度甚至超出我们的乐观估计。1896 年国际代表大会有望成为一次盛况空前意义重大的大会。旧的国际曾于 1864 年在英国老圣马丁堂召开其首次大会。我们希望，1896 年大会将为各国工人之间实现新的相互理解奠定坚实基础。

全世界无产者，联合起来！

谨致以兄弟般的敬礼！

组织委员会

爱德华·艾威林　　F. 钱德勒　　爱德华·考威
威廉·英斯基普　　J. M. 杰克　　汤姆·曼
詹姆斯·莫兹利　　亨利·奎尔奇　　阿·斯密斯

威·查·斯特德曼　威廉·索恩　J. H. 威尔逊
书记：**威廉·索恩**　司库：**威廉·英斯基普**
翻译：**爱德华·艾威林和阿·斯密斯**

附注：上述建议是为了节省大会的时间。代表大会是最高权力机构，有关大会程序和议题等诸多问题将最后由它决定。

来信请寄：英国伦敦巴尔金路144号威廉·索恩。

组织委员会还起草并发布了一个议事日程，各决议案按如下标题进行了分类："有关议事规程的修正案"、"农业问题"、"政治行动"、"经济和工业行动"、"战争"、"教育和体力发展"、"组织"及"其他"。① 正如以上所说，这些分类的决议案附在"临时议事规程"之前。

7月26日，星期日，在海德公园举行集会，通过了如下决议：

"本次国际工人大会（认识到世界各国之间的和平是国际友爱和人类进步的必要基础，相信战争并不是世界人民的期望，而是由统治阶级和特权阶级的贪婪与自私造成的，他们一厢情愿地想要控制世界市场，满足他们自己的利益，而牺牲工人的一切真正利益），特此宣布：不同国家的工人之间绝对没有争斗，他们的共同敌人是资产阶级和地主阶级，阻止战争、确保和平的唯一方式就是废除社会的资本主义制度和地主制度，而这是战争的根源，大会因此决心为唯一可能用来推翻这种制度的途径——生产、分配和交换手段的社会化——而努力奋斗；此外，大会宣布，在这个目标实现之前，国家之间的每一个争端都将通

---

① 见本卷第17—45页。——编者注

过谈判而不是野蛮的武力来解决；而且，大会认识到，为所有工人建立国际八小时工作制是实现最终解放的最迫切的步骤，它敦促所有国家的政府有必要通过立法来实现八小时工作制；并且，鉴于只有夺取掌握在资产阶级手中的政治机器，才能实现经济和社会的解放，鉴于在所有国家的千千万万男工和女工都没有投票权，不能参加政治行动，本次工人大会宣布并保证将尽一切努力争取普选权。"

星期日晚上在托特纳姆法院路的马蹄饭店举行代表招待会，伦敦郡议会的威·查·斯特德曼在此欢迎各位代表。

代表大会在兰厄姆酒店的皇后大厅举行，因为发现圣马丁堂太小，不能容纳这些代表。由每个国家派两名代表组成的各委员会在皇后大厅较小的房间讨论：一、农业问题；二、政治活动；三、经济和工业行动；四、战争问题；五、教育和体力发展；六、组织；七、其他问题。各国在皇后大厅、圣马丁堂以及其他地方举行其代表团会议。

第一次会议

（7月27日，星期日上午）

爱·考威（工联代表大会议会委员会主席）任会议主席。与他一起就座的有：组织委员会书记威廉·索恩，会议记录书记爱德华·艾威林；组织委员会其他委员：F.钱德勒，W.英斯基普，J.杰克，汤·曼，詹·莫兹利，哈·奎尔奇，阿·斯密斯，威·查·斯特德曼，J. H.威尔逊（议员）；议事规程委员会（主席团）委员和翻译：爱琳娜·马克思-艾威林，爱·伯恩施坦，威·李卜克内西，保·辛格尔，阿·斯密斯，克拉拉·蔡特金。代表的完整名单在本报告结尾处。

议事规程委员会（主席团）：主席为柏林的保罗·辛格尔，书记为英格兰柴郡诺森德的弗雷德·布罗克赫斯特。代表：美国的查斯·F.贝克托尔德、马修·马圭尔；奥地利的维克多·阿德勒；比利时的埃米尔·王德威尔得；保加利亚的巴卡罗夫；丹麦的J.延森、彼·克努森；法国的（A组）欧仁·盖拉尔、爱德华·瓦扬，（B组）亚·米勒兰、埃蒂安·佩德龙；德国的威廉·李卜克内西、保罗·辛格尔；英国的E.贝尔福德·巴克斯、弗雷德·布罗克赫斯特；荷兰的亨·范科尔、W.H.弗利根；意大利的恩里科·费里、罗密欧·索尔迪；波兰的维·N.约德科、扬·科扎凯维奇；罗马尼亚的J.阿塔纳西奥；俄国的格·普列汉诺夫；西班牙的帕·伊格列西亚斯；瑞典的亚尔马·布兰亭、查理·林德利；瑞士的罗伯特·宰德尔、让·济格。

会议直到11点30分才正式开始。主席致如下开幕词：

由于法国人仍然在讨论，我们的大会推迟了。首先，我非常高兴地接受大会的邀请，为代表大会揭幕。见到世界各国的代表确实令人高兴，他们的目标是提高全世界工人的地位。我深刻地意识到我们在努力实现这一伟大工作的观点和目标上存在着不同意见。但是，我非常高兴，我们只有一个目标，我们有许多方式去努力实现这个目标。35年来，我是一名工联主义者；众所周知，我是一名工联主义者；虽然我是工联主义者，但是，我从未排斥其他有着同一目标的进步人士的观点。我确实希望我们在这次伦敦大聚会上可以努力压制所有的恶意，可以将其束之高阁，并努力公正地互相说服对方，而不对各个进行丝毫的侮辱。我有点担心我们有时说话草率了一些；我有点担心雄心壮志在很大程度上影响了我们的主旨。我相信我们应该尽可能地忘记人性、忘记我们的党派，看看我们是否能够达成一致，帮助我们实现我们所期待的伟大目标。工人们必须在国内和国际上联合起来；他们必须在手段上是宽容的，但在目标上——工人阶级的解放——是坚定的。直到目前，仍然有太多的政党为雄心壮志和政党情感所左右。众所周知,分裂之家不能持久,因此,我希望本次代表大会可以在某些明确的、共同的行动上达成一致。这不是一个高谈阔论的会议;这是一个行政和工作的会议,我相信这样一种精神可以左右其行为。最后,我们所有支部和持各种思想的英国人对你们这些来自大陆和其他地方的代表们表示热烈欢迎。我们表示热烈的欢迎,相信你们能够做出好的成绩。我们希望当你们结束辛苦的工作时,你们将带着对本周在这里举行的代表大会的美好回忆离开英国。

保罗·辛格尔(帝国国会议员和柏林市议会议员)代表德语国家做出回应:以德国社会民主党的名义,我对组织委员会给予的兄弟般的接待表示最衷心的感谢。我保证,德国社会民主党决心与其他各国肩并肩地进行战斗,直到工人阶级的最终解放。我们与整个代表大会一起表达我们深深的遗憾,我们的伟大导师弗里德里希·恩格斯在各国工人代表热烈的掌声中宣告了上次苏黎世国际代表大会的闭幕,但是却不能与我们一起主持这次迄今为止最大的代表大会的开幕了。弗里德里希·恩格斯去世了,但他的精神、他的事业、他的榜样仍在。我们对他勤劳勤奋的一生和自我牺牲的贡献所能给予的最大感谢就是追随他的足迹,继续他的事业。德国社会民主党是一个政治性的和工会的政党。但是,德国社会民主党人把运用政治权力作为实现工人解放的最好手段。他们来到这里是为了共同的事业而与各国的同志们一起战斗。目前,世界各地人民的条件实际上是一样的,因而,这里的人越来越多地使用同一个武器。我们相信,工会组织与其他任何组织一样重要;但是,它必须在一个伟大的政党的背后,反对所有的资产阶级政党。德国、奥地利和意大利存在着一个三角同盟;法国和俄罗斯是两国同盟;而工人们只知道一个单一的联盟——国际工人联盟。与巴黎、布鲁塞尔和苏黎世代表大会一样,本次代表大会将是我们通向解放之路的又一个里程碑。这次大聚会必须为准备解放各国无产阶级做出贡献。

在法国代表临时缺席的情况下，**埃米尔·王德威尔得**（比利时众议院议员）发表讲话：法国和比利时的工人由于非常密切的友谊而紧密地联系在一起。我拒绝接受我们来这里的目的是代表任何国家的思想；我们是因为证明人类兄弟情谊的特殊目的而见面的。当我看到法国代表现在就在大厅并能够发表讲话时，我请求在坐下之前祝贺代表大会成功，感谢考威先生向各国代表发出的热情洋溢的欢迎词。

现在，法国代表已经抵达了，**爱·瓦扬**（国民议会议员）发表讲话：我已经当选为法国代表团的代表，代表法国党的政治分部。我还有一位合作代表盖拉尔，法国铁路职工联合会书记，他代表法国工会会员。王德威尔得先生代表法国和比利时发表了讲话，然而，我不能说与我们比利时的关系比其他任何国家都要更密切。法国社会党希望与其他国家的社会党保持友好关系，不管他们与我们相距多远。我希望我们将学会互相尊重，这样我们就能够在资本主义的废墟上建立一个友爱、博爱与和平的新世界。当我们共同奋斗时，我们的力量将汇聚在一起，并变得越来越强大。我想感谢对我们的到来给予欢迎的英国人。几天前，英国人向我们展示了独一无二的场面，这种场面只有在一个已经赢得政治自由的国家才可能出现，而这种政治自由在其他地方都还不存在。英国人已经获得了他们的权利，他们之所以能够这样做的一大原因就是军国主义的缺席。代表们的工作就是要克服沙文主义和军国主义。这次盛大聚会就是朝着这个方向的一步，我向参加这一盛大聚会的代表们表示祝贺。

爱德华·艾威林和威廉·索恩随后宣读了各种电报和贺信。这些以及随后宣读的其他给大会的贺信的清单将在报告后给出。**艾威林**指出，各个委员会将在下午和晚上召开会议。各委员会中不同国家的代表名单将在审议委员会报告时给出。

代表大会继续讨论议事日程。第一件事就是已经由组织委员会起草的临时议事规程。

主席：讨论中最重要的就是第 11 条："星期一之后，将不再接受或讨论有关议事规程或议程安排的任何修正案。"除了第 11 条，大会全盘通过临时议事规程。

J.伯吉斯（英国独立工党）：在第一次印刷时，许多日程表上的"或者讨论"这个词被遗漏了。

保·辛格尔（德国社会民主党）：德国代表团接受临时议事规程的第 11 条。

威·帕涅尔（英国独立工党）：快 1 点了，我提议休会，议事规程问题延至周二上午讨论。

欧·盖拉尔（法国 A 组）：如果议事规程第 11 条为代表大会所接受，星期一之后就不能讨论议事规程的修正案了。

主席：如果确定执行第 11 条，今天以后就不再讨论日程表上的任何修正案。

一阵混乱之后，许多代表立即发言，一些人——不理解所有代表的发言都没有正式的位置，必须在自己在大厅里的位置上发言——为了发言跑到前台进行发言。

克·科内利森（荷兰社会主义者联盟）：执行第 11 条就等于支持苏黎世关于伦敦代表大会的决议①。我认为政治行动并不必然包括议会行动，当我的组织支持前者时，就是反对后者的。在苏黎世，倍倍尔在决议作出之后的解释证明了我的判断。

就像之前一样，在实质上由 5、6 名代表造成的更多的混乱之后，

---

① 见 1896 年伦敦国际社会主义工人和工会代表大会组织委员会致各国工人书（一）。

主席宣布可能有必要叫警察进来维持秩序。部分混乱也是由于这一事实，即大厅的主人从走廊向主席讲话，会议主席和代表们——不知道讲话人的位置——对他的干扰感到非常愤怒。最终，主席宣布代表大会休会，直至星期二上午。

第二次会议

（7月28日，星期二上午）

上午10点30分，**保罗·辛格尔**作为主席主持今天的会议。副主席是英国的**基尔·哈第**、法国的**欧·盖拉尔**。

主席：大会主席团要求我当主席。议事规程委员会举行了一次会议，最有必要处理的是议事日程上的问题和真正的工作，不要把时间浪费在讨论其他问题以及争吵上。我们不会叫警察进来，但是，大厅内的每个地方都有管理人员，我们决心要维持秩序。大会主席团还决定，他们不希望任何团体留下他们非常难于对付的印象。我将允许每一方就苏黎世决议作两次发言。两次支持决议的发言和两次反对决议的发言；每位发言者的时间为10分钟。在这之后，我将（根据国家）进行投票表决。代表大会必须理解，如果执行苏黎世决议，这将解决议程的第11条。我非常想看到代表大会的愿望得以实现。

基尔·哈第（独立工党）：今天上午，我对代表大会要讲的话确实很少。我唯一的目标就是呼吁对那些你可能不赞同的人表现出一定的宽容。并非每个人都持相同的观点。我们中间有各国的男女代表。这些男女代表带来了他们自己的程序方法，如果他们没有马上理解并遵守我们的程序，那么，我将请代表们记住这些程序，而不要强调任何由此所引起的分歧。如果代表们这样做了，我相信代表大会将是和谐的、平和的，就像代表们所期待的那样。最后，我希望今天的代表大会将海纳百川，包容每一个代表团以及有关议会行动的各种意见。

主席：现在，我们开始讨论苏黎世决议。支持决议的第一位发言者是法国代表团的饶勒斯。

饶勒斯（国民议会议员）：我同意副主席有关宽容的意见。我决心遵守苏黎世决议。在为实现从资本主义到社会主义的伟大变革而努力奋斗的问题上，我们一定不要轻视工会行动。最重要的是减少工作时间、增加工资水平。当工联主义发展时，你们也要在工人当中发展组织。你们在发展一种权力，不仅是组织和行政上的，而且是一种统治世界的权力。我不是想要支持排他性的议会行动，这将是自以为是地试图解读未来的事件。不过，我认为工联主义自身和单独的工联主义是无力的。资本主义完全是政治性的；资本家是政治阶级，并且拥有政权。工联主义必须是一种政治运动，它必须要夺取政权。多年来，许多人厌倦了法国的罢工，这些罢工得到了我们英国兄弟的大力支持。法国这次发生了什么事情？资本家是政府的主人，雇用政府军队来镇压罢工。政治行动被用来反对工联主义，工联主义必须运用政治行动，从特权阶级手中夺取他们掌握的政权。

主席：汤姆·曼是反对决议的发言者。

汤姆·曼（独立工党）：谈及反对决议的问题，我必须声明，我不是，也不希望成为一名无政府主义者。我是一名集体主义者，希望与形形色色的观点建立密切的、直接的联系。让我们尽可能地海纳百川。在我们的国家，许多人并不怎么相信议会行动。我相信；但是，许多与我一样好以及比我更好的人并不相信。我不拒绝与他们进行探讨，或者向他们学习。他们做了大量的、良好的工作，把彼此视为同志、为了实现我们的理想而共同奋斗，这确实是令人期待的。大陆的政党在寻求生产、分配和交换方式的社会化方面已经证明了他们所作出的贡献。他们因此而被捕入狱、遭受迫害，如果他们为这项伟大的事业作了应有的贡献，为什么还要就这些特别的方式进行争吵呢？我们没有理由拒绝与他们进行商谈。一个人可能既是一名工联主义者，又是一名社会主义者。任何不同的意见都可以在工联主义的领导下走到一起。我们该如何划清界限而不前后矛盾呢？这些人努力奋斗。我们受到指责，认为我们唯一的愿望就是制造混乱。我要说，这是谎言！我们都在为了同一个理想而努力奋斗，我斗胆向我的同志们提出我们不要为方法而争吵。我们的先辈为我们赢得了许多重大的胜利，如言论自由，我们当然应该展示对党的另一部分没有不宽容。混乱不仅仅产生于无政府主义者。如果我们以一种有尊严的、冷静的和恰当的方式来行动，我们就应以礼相待，而不是让我们伤害他们的感情，并说在我们的进程中不应有他们的声音。难道我们应该以工人的唯一朋友自居，并说其他所有人都是他们的敌人吗？我们该不该声称我们的所言与所做都是为了他们，而其他人什么也没有说，什么也没有做呢？当然，我们可以使我们自己展示得比这更崇高，可以同他们一起工作。他们不是议会议员，但同样都是社会主义者。因此，我们应召开一次真正的代表大会，所有人都参与讨论。基于此，我说我反对苏黎世决议。

主席：亨·迈·海德门将发言支持苏黎世决议。

亨·迈·海德门（社会民主联盟）：在回应主席的有些意想不到的要求时，我想首先要说的是我当时不在苏黎世——我不支持这份决议是因为它形成于苏黎世。我当时不在苏黎世，我对它没有承诺。我是出于独立的观点去支持它。我支持它，因为我到这里是来做事情的，是来贯彻执行当天的议程。代表大会的名称是什么，如此称呼的基础是什么？在这个名称中我没有看到任何有关无政府主义或者无政府共产主义的词语。当他们自己业已一再承认他们不相信代表大会时，邀请这些人参加代表大会有什么用呢？我自己的一个朋友，梅利诺——

我对他有着最友好的感情——在巴黎宣称，他们去那里的目的就是要让像我们这样的许多傻瓜感到不安。① 真是有秩序，真是能容忍，真是有博爱精神！

发言遭到干扰，**亨·迈·海德门**随后说，主席先生，这不包括在我的时间内。

混乱在继续。有"坐下"的叫喊声等。

亨·迈·海德门：我现在要说，在曼先生的发言中提到的他在运动早期所经历的困难，我也经历过，甚至比他还要早几年。不过，当资产阶级媒体诽谤我们是流氓和恶棍时，是谁也在反对我们？是无政府主义者。（发言被打断）主席先生，有另一个关于宽容的例子。有人告诉我们，如果我们承认我们的对手，我们可以指望尊严和自我克制。我祝贺曼先生，他的代理人正在采取行动，支持他们刚刚听到的发言！英国代表团已经召开了一次会议，以223票对104票的压倒性优势，通过我们支持苏黎世决议的决定，并且反对副主席和曼先生所持的观点。我来此是工作的，而不是来就原则进行争吵的。如果你们不接受这份决议，世人会认为你们将一事无成。在代表大会之后，我们不能讨论已经在代表大会上决定了的基本问题。关于宽容，我不屈服于任何人，无论这种讨论是在街角还是在演讲大厅，但是，我谴责无政府状态，我谴责无秩序，我支持国际社会民主主义的秩序和组织。

主席：关于这个问题的最后一位发言人，多·纽文胡斯。

多梅拉·纽文胡斯（荷兰社会主义者联盟）：我首先想知道，采纳苏黎世决议意味着什么。如果确实采纳它，我们的事业是否将受到进一步的推动？除非这一问题得到解释。一些完全可以信任的代表可能遭到

---

① 梅利诺在1889年巴黎代表大会上的讲话见本书第14卷第135—137页。——编者注

排斥，而一些没有资格的议会议员和其他人则可能得到承认。我认为，苏黎世决议本身并不意味着什么。我强烈抗议，我们来到代表大会不是为了制造混乱和扰乱秩序。当然，大会主席团正在为参加代表大会制定的有关规则进行充分解释，但是，这些规则必须清楚明了。现在，这不是有关承认苏黎世决议的事情。如果我们认为荷兰代表将是不受欢迎的，那么，我们将缺席。我和其他人都充分认识到，各个国家不必在所有情况下都同意每一个细节。在某些情况下可能采取政治行动，在另外一些情况下可能就不采取政治行动。现在，我想知道你们是打算保持决议本身还是对其进行解释。根据倍倍尔的观点，大门是敞开的；我们都知道，如果大门是敞开的，那么每个人都有权进入。的确，这不是一次无政府主义者的代表大会，但它也不是一次社会民主主义者的代表大会。我质疑胆敢说无政府共产主义者不是社会主义者的任何人。如果他们不是，那么，克鲁泡特金就不是社会主义者，而且我可以拿出档案材料证明，李卜克内西不是一名社会主义者。政治行动意味着议会行动吗？我真诚地希望社会民主党人不会承受粗暴驱逐党员的耻辱。我希望看到事情和平地进行。如果代表大会如我所知的他们打算做的那样来解释苏黎世决议，这将意味着荷兰代表团的退出。我们可以一起前进，到一定距离，然后必定出现分歧。每个人都能友好地在聚在一起召开会议需要有一个共同理由，这是一次非政治的会议——一次纯粹的经济会议，工会完全是可能在这里的。如果坚持这份决议，代表大会就会出现两个不同的运动。一个由具有自由精神、心胸宽广的人控制；另一个由心胸狭窄的人控制。这样，本次代表大会将只是德国官方民主党人的一个小支部的会议。

在这一发言被翻译了之后，多梅拉·纽文胡斯想再次发言。主席决定他不能再发言。多梅拉·纽文胡斯于是询问他是否可以作一解释。

主席声明，他们现在将根据决议进行投票表决。如果他们采纳苏黎世决议，就将结束关于议事规程的讨论。不过，该决定决不能干扰任何工会会员的代表资格。现在，他们将根据国家进行投票。

当英国人被召集起来后，**基尔·哈第**继续把这件事放在英国代表团内进行投票表决，**爱德华·艾威林**和**詹·莫兹利**（英国代表团主席）提醒主席，英国已经决定支持苏黎世决议。

詹·基·哈第认为，自那时起发生了一些事情，代表们可能已经改变了想法。

主席裁定，不再进行下一次投票。

汤姆·曼：我要对此进行抗议，我将继续进行抗议。

根据国家进行的投票如下：**支持**临时议事规程第11条（即实际上支持苏黎世决议）的有：美国、澳大利亚、奥地利、比利时、波西米亚、保加利亚、丹麦、德国（全体一致支持）、英国（223票对104票）、匈牙利、波兰、葡萄牙、罗马尼亚、俄国、西班牙、瑞典、瑞士（一致支持）。**反对**的有：法国（57票对56票）、荷兰（9票对5票）。意大利没有投票，因为他们的代表支持者和反对者人数正好相等。结果是：**支持**决议的有17个国家；**反对**的有2个国家；**弃权**的有1个国家。

主席指出，根据这次投票，议事规程解决了。

爱德华·艾威林宣读了更多的电报。

汤姆·曼通告了各委员会会议的时间和地点。

克·科内利森问，现在怎样对待反议会的共产主义者。

主席指出，这是各国委托书审查委员会的事情，但是，必须明白，真正的工会代表绝不能被干扰。

代表大会于1点20分休会。

第三次会议

(7月28日,星期二下午)

3点钟就座。

议事规程委员会书记**弗·布罗克赫斯特**作报告。委托书的确认将在下午解决。星期三上午为各委员会会议。代表大会在星期三下午2点开始。星期二晚上8点,经过选举组成的机构中的所有社会主义代表召开会议。包括冶金工人、香烟工人、制帽工人、制衣工人、玻璃工人在内的各工会国际代表大会将在代表大会这一周之内或之后举行。

许多电报和贺信受到宣读。盖斯基埃在上星期日当选为里尔总理事会理事的消息获得了热烈掌声。

确认委托书

德国:克拉拉·蔡特金(德国社会民主党)报告46个代表的委托书获得接受,代表在大多数情况下是在公众集会上当选的,但是,所有这些人要么是代表工会,要么是代表政治组织。6名无政府主义者的委托书被否决,因为它们不符合今天上午通过的苏黎世决议。为了清晰地确定我们的共同行动领域,苏黎世决议是必要的。对于该决议,德国代表团决定支持。至于那些反对政治行动的人对决议提出的评论,都是站不住脚的。我们来此不是讨论所有社会主义者长期支持的那些基本原则问题,而是讨论实现我们达成一致的原则所要采取的共同战术。在这种情况下的"容忍"就是真正不容忍来此工作的真正的社会主义者的行为。的确,兰道尔先生和其他人突然发现——在他们想用虚假的托词参加社会主义者的代表大会时——他们不是无政府主义者,或者他们并不是反对政治行动，而只是反对议会行动。但是，我们知道，不仅是在这里，而且在他们在德国所做的工作中，在他们自己的论著中，在公众集会上，他们的唯一活动就是直接反对社会主义者的政治工作。我们不想让聚集于此的任何工会在真正的条件下被排斥在外，世界上最大的工会英国工会承认政治、议会行动的必要性，因为他们有一个议会委员会来维护他们的利益。我们坚持今天上午通过的决议，要求你们同意德国代表团承认46人、否决6人的委托书的行为。

古·兰道尔：我是委托书遭到否决者中的一员，我和我的同事已经把我们的抗议书送交至议事规程委员会。我们坚持主张第11条并不排斥我们。在苏黎世时，决议以非常不公平的方式迅速通过，法国和比利时愤怒地进行抗议，倍倍尔宣布只有那些拒绝承认议会行动的人才遭到排斥。但这并不适用于我们。我们是无政府主义者，我们并不否认这一点，因此我们是宽容的，并且希望给予每个人他认为合适的方式做事的权利。我们是理性的，我们是真诚的，我们不想排斥任何人，或者干涉人的权利。但是，我们也不希望遭到排斥，我们希望代表大会齐心协力，不支持德国的狭隘观点。我们是无政府主义者，我们是社会主义者，想要使生产方式社会化，想要每个人的自由。社会主义者还想要什么呢？我和我的同事向你们呼吁，承认所有人的委托书，否决德国的报告。

在兰道尔的发言被翻译完之后，他站在一把椅子上，试图再次发言。不过，主席大声说，理·费舍是下一位发言人。兰道尔所在的位置及其附近的人出现了非常混乱的局面。

主席：安静。

兰道尔：我们的抗议（递交至议事规程委员会的抗议书）……

主席：任何没有被指名要求到的人都不得发言，否则将被驱逐出会场。

理·费舍（帝国国会议员，德国社会民主党）：我希望大会不要使自己受到误导，去重新讨论今天上午经过投票已明确解决的问题。原则问题——即无政府主义者把自己强加给一个社会主义代表大会的权利——已经明确，因此，无政府主义者代表的问题也已经明确。代表大会以明确的态度宣布，无政府主义者没有被邀请参加代表大会，我们不想要他们参加，不管他们如何称呼他们自己。我们和无政府主义者毫无共同之处，并且永远无法达成谅解。这是一个社会主义者和工会主义者的代表大会。无政府主义者已经被明确地告知不希望他们参加，对他们而言，退出而不是设法把他们强加给我们是事关个人名誉的问题。

在大会被兰道尔及其同事进一步中断后，**主席**说：承认任何特别委托书的问题，我认为有两个发言人就足够了，一个支持的，一个反对的。现在就德国代表团的报告进行投票表决。

德国代表团的报告以压倒性的绝大多数通过。

英国：**皮·柯伦**（煤气工人和杂工联合会）作报告。英国代表的总人数为475名，具体如下：工会会员185名；社会民主联盟120名；独立工党115名；费边社22名；其他社会主义协会代表33名。除了这些代表，因为某种原因不合格的只有1名代表。在回答这位失去资格的代表名字的质询时，柯伦先生回应说，我不会说出这位代表的名字，但是会告知这个协会的名字。它是伯克郡的一个小社会主义协会，有4名会员，其中有2名被选派代表他们。委员会拒绝接受会员的一半作为代表，但可以接受四分之一的会员作为代表。

柯伦先生的报告未经讨论就被一致通过。

澳大利亚新南威尔士社会民主联盟的爱德华·艾威林以及代表爱尔兰费边社的乔·萧伯纳的委托书得到了英国委托书审查委员会的确认。

比利时：**E.万克**（比利时工党）作报告。26名代表由比利时工人党选举产生，19名代表出席。报告被通过。

美国：马·马奎尔（社会主义工人党）作报告。代表来自社会主义工人党、美国和加拿大社会主义行业和劳工联盟、阿尔马迪亚（加利福尼亚）工会联合会、华盛顿工人联合会、啤酒工人以及马车车夫。

最后一名代表的委托书被美国人否决，因为它不是一个工人的协会而是雇主的协会。

温斯顿代表进行抗议，最终代表大会决定承认其资格。

瑞士：海·格罗伊利希（社会民主党）作报告。瑞士代表团接受了12份委托书，否决了2份。被接受的代表分别代表格吕特利联盟的14000名成员、社会民主党的5000名党员、工会联合会的10000名会员以及其他许多组织，如3000名钟表工人、1500名印刷工人、16000名铁路工人、3000名冶金工人、600名成衣工人以及许多地方机构。关于2名被否决的代表，一名来自"苏黎世无政府主义者"，少数人伪造出委托书；另一名来自一个所谓的"自由社会讨论俱乐部"，其存在至少可以说是有疑问的，虽然该俱乐部据称在日内瓦，但日内瓦的代表对其存在却都一无所知。该代表自己承认，这只是一个辩论俱乐部，具有无政府主义的倾向。在这种情况下，瑞士代表团要求代表大会承认12名真正的代表，拒绝2名显然没有资格代表瑞士出席的代表。

H. 伦格（日内瓦）：我希望指出，正如格罗伊利希所说，即使我们的俱乐部不为日内瓦代表们所知，但这并不证明它不存在。俱乐部满足了所有必需的要求，我的委托书由书记签字。我不属于瑞士社会民主党，因为我们属于一个外国人的政党，瑞士党不承认他们。在我们的俱乐部，我们有支持和反对政治行动的成员，有在所有问题上持不同观点的成员；因而我们不是狭隘的，并认为所有在此的人都应该参加大会。我们需要相互理解的宽容和共同意愿。事实上，我的委托书被否决是因为我是无政府主义者，提倡无政府主义，至于说没有一个人问及个人观点完全是谎言。我相信代表大会将不是狭隘的，并承认我的委托书。

瑞士的这份报告以压倒性多数被采纳。

主席在下午 6 点时回应了一个休会的建议：结束有关委托书的问题是不是更好一些？这个建议得到了赞同，还通过了一个决议，即每个国家的委托书报告人应该只讲 10 分钟，其他人只有 5 分钟。

翻译不断地抱怨他们听不清发言人的讲话，建议允许每个演讲者到前台发言。

爱琳娜·马克思－艾威林：如果代表们保持安静，翻译就能听得清楚。

罗马尼亚：1 名代表，代表 15000 名组织起来的社会主义工人。

保加利亚：4 名代表，代表保加利亚工人阶级组织有支部的 34 个地方。

俄国：格·普列汉诺夫作报告。有 8 名俄国代表，他们当中几乎所有人都有来自俄国真正的工人组织的多份委托书。一些委托书来自"解放工人阶级斗争联盟"。该联盟在圣彼得堡组织并进行了最近的大罢工，这是代表着俄国真正组织起来的工人们、代表着真正的社会民主运动的代表出席的第一次代表大会。我就是由以上提到的"联盟"委派的，也是由俄国西北部某城镇的社会民主联盟所委派的；维拉·查苏利奇由"解放工人阶级斗争联盟"、俄国西北部某城镇的社会民主党以及纽约俄国移民的社会民主联盟所委派；帕·阿克雪里罗德代表俄国南部某城镇的社会民主组织；3 位代表分别来自俄国西北部、华沙犹太工人组织和立陶宛工人组织。其他代表来自圣彼得堡，尼基尼－诺夫哥罗德和沃什尼亚森斯克代表"解放联盟"或社会民主联盟。8 名俄国代表中的一位声称代表"民意党"的一些老成员，"民意党"大约在 15 年之前作出过重要的贡献，为了纪念这些贡献，该组织被俄国小组接受。（后来，这名来自巴黎、拥有法国的委托书的代表谢列布里亚科夫退出俄国代表团，并选择与法国代表团坐在一起）。一名代表拉帕波特带着一个在伯尔尼的5名理想主义的青年学生团体的委托书，该团体出版一份名为《工人》的报纸，他被俄国代表团否决了。我们呼吁代表大会支持我们的决定。我们并不是说反对拉帕波特先生个人，但是，在此的代表们应该代表真正的组织，而这位拉帕波特先生却不是。在这种情况下，承认代表将是开了最危险的先例。在未来的代表大会上，任何6位年轻人都可能声称具有代表资格，任何6位这样的学生就可能轻易地否决一个真正社会主义运动的真正代表；甚至不提及在恶劣条件下俄国男女工人其他的危险。俄国无产阶级最终要进入世界具有阶级意识的社会主义者的行列。我们呼吁你们要支持他们，拒绝俄国小组已经拒绝的代表。

拉帕波特：普列汉诺夫似乎是反对我，因为我已经进入一所大学就读。但这并不是拒绝我的委托书的理由，如果有严重的问题，毫无疑问普列汉诺夫会提及的。我所代表的是一个社会民主团体，与俄国组织有关，是支持并进行活动的社会主义者。反对我的委托书是难以置信的，我现在将宣读一封了解这个运动的人的直接针对普列汉诺夫声明的信。这些签名人中有一位是委托书已经被接受的拉甫罗夫的朋友，其他人是已经到达西伯利亚的可靠的革命者。我宣读这封信，并呼吁代表大会拒绝普列汉诺夫的报告。

"我们，如下签名人，声明'革命社会主义联盟'组织是存在的，它在几年前成立，与俄国社会主义和工人阶级组织保持着密切的关系。我们认为上述组织有一名代表出席伦敦国际社会主义代表大会具有非常重要的意义。我们也声明，我们所认识的公民拉帕波特博士是一名军事社会主义者，是该组织的真正代表，并具有一个代表资格。因此，我们对拒绝公民拉帕波特博士的委托书表示抗议。

（签名）

斯捷潘诺夫，谢列布里亚科夫，费利克斯·沃尔柯夫斯基，戈尔登贝格，N.柴可夫斯基，特普洛夫，卡汉"

普列汉诺夫：我简短回应一下。我们并不想因为某人上过大学而去谴责他。但是，我们认为，上大学或者甚至成为医生并不是能够代表俄国工人阶级来发言的理由。为了对那个阶级公平起见，以及对那些具有直接的代表资格、那些握有俄国的委托书而不是瑞士少数学生的委托书的代表公平起见，我们要求你们不要把一名代表团觉得有责任排除在外的代表强加给我们代表团。

这个报告在欢呼声中被通过。

法国：盖拉尔（铁路职工联合会）作报告。我们有133名代表。其中3名代表饶勒斯、米勒兰和维维安尼是国民议会议员，没有任何委托书，但是，代表团接受了他们，以示良好意愿和宽容。

饶勒斯：对于我们而言，这是一个原则问题，我们不能接受这个慷慨的表示。目前的辩论昨天就在法国代表团内发生过，法国社会主义者因一个已经被其他两个国家拒绝的代表的投票问题而精疲力竭。法国无政府主义者在工会委托书的面具下获得了代表大会的通行证。在许多情况下，这些工会的存在是非常可疑的。承认这些无政府主义者，而将3名——由组织起来的数千工人选举出来、能有无数委托书、能代表农民讲话的——代表排除在外是荒唐透顶的。

在**法贝罗特**（众议院议员）反对将任何特权扩大至议会议员、将工会变成一个政党的抗议声中，出现了极大的混乱。

乔·兰斯伯里（社会民主联盟）：我提议删除法国报告的最后部分。

这意味着驱逐3名存在疑问的代表。

米勒兰（国民议会议员）试图发言。会场非常兴奋，以致不能进行投票。

主席：法国小组同意接受所有的代表。代表大会干扰这个安排是明智的吗？

代表大会最终于6点45分休会，没有进行投票。

第四次会议
（7月29日，星期三下午）

主席：亨·海德门（英国）；副主席：罗·宰德尔（瑞士）、J. 延森（丹麦，众议院议员，哥本哈根市议会议员）。

主席：议事规程委员会书记有一个声明要发布。

弗·布罗克赫斯特：各委员会秘书长是否把报告提交给我？

主席：议事规程委员会任命我为下午会议的主席。这可能不是一个令人羡慕的职务。我向大会建议，因为代表太多，任何问题或者提议都要以书面形式交给我。我非常高兴，本次代表大会有一个提议，即每位发言者的发言时间限定在5分钟。我向大会、向**所有的**小组呼吁，请他们支持主席，并维持好秩序。我们的敌人非常强大，指责我们，说我们没有以安静和有尊严的方式行事。现在，不管所讨论的事情多么尖锐，我们都要每天以严肃、井然有序而有效的方式行事，进行讨论。如果会议支持我，我**将**行使权力。现在，我提议将每位发言者的时间限定为5分钟。

乔·迪尤（伦敦木工）提议允许各位报告人的时间为10分钟，其他发言者为5分钟。**丹·亨尼西**（泥瓦匠）附议。

主席将其提交至会议，该提议被一致通过。

法国的建议

主席：昨天下午，乔治·兰斯伯里提出了有关驱逐3名法国代表的修正案。这3人目前提交了由正式成立的团体授予的正式委托书。我建议组成一个3或4人的委员会调查此事。法国代表团已经承认了这些委托书。

H. B. 塞缪尔斯（独立工党）：这个问题昨晚已经解决了。

主席：我认为这有点乱。昨晚并没有解决。我也希望说，饶勒斯、米勒兰和维维安尼这3位代表一直拿着委托书。我建议这些委托书由代表大会进行审查。（主席的讲话被打断）

一名代表站起来，说有些未经许可的人获准参加代表大会。

主席：这不是我们决定的。

赫伯特·伯罗斯（钟表工人）：我认为这3位法国代表应该解释为什么他们昨天没有把委托书递交给法国代表团。

罗马尼亚代表希望就此事发表意见，主席同意了。

阿纳斯塔西奥（罗马尼亚）：我非常惊讶这一问题再次出现。我坚持认为昨天已经解决了。一名英国代表提议修改后接受法国报告（除了有关没有委托书的3位代表的部分）。大会就该报告进行了投票，我认为这个问题随后就解决了。我认为今天下午再次提出这件事是非常糟糕的。

主席：现在，我要求基尔·哈第先生提出修正案。

基尔·哈第（独立工党）：初看起来，人们可能认为这是一件小事；但是，在我看来，却有危险。如果对议会议员受到超过其他人的优待，这可能造成误导。我提议，这3位代表把这件事提交给他们自己的代表团。如果你们看看议事规程第3条，就会明白"该国主席和书记应审查其代表的委托书"。

主席：他们已经进行了审核。哈第先生。

基尔·哈第提出异议。

詹·康奈尔（独立工党）支持修正案。我想说几句。我知道我的一些朋友之间存在误解。他们觉得这3位代表有点狡猾,直到今天仍然拒绝拿出委托书。有人提出应该开先例,认为他们考验大会在这一点上的看法的做法是有道理的。我担心一些同志在误解之下可能投票反对这3位代表,反之,如果解释清楚了,所有人都将对拥有饶勒斯、米勒兰和维维安尼感到非常高兴。

英国纺织工人和丹麦人提议结束讨论,提议获得通过。

在对这些委托书的问题由法国代表团决定的修正案进行表决时,人们发现大多数人支持这个修正案,它随后成为决议案,并以绝大多数赞成通过。

会议出现中断,随后安静下来。

悉尼·奥立弗(费边社)提议"代表大会转入讨论委员会的报告"。

威·查·斯特德曼(造船工人)附议。

乔治·兰斯伯里请求奥利弗重新考虑一下,要记住几乎没有剩下几份委托书需要去确认。

主席:委员会没有准备报告。

埃米·莫兰特(独立工党):我提议把没有争议的委托书拿出来给人们看。

主席:如果你收回这个提议,我将非常高兴。

关于委托书的报告

波兰:维·约德科作报告。波兰代表团已经承认了14份委托书,否决了一份。我们已经承认的委托书来自奥属波兰和普属波兰的波兰社会民主主义组织、其他国家的波兰社会主义组织以及俄属波兰的某些秘密组织。我们请求大会清楚地理解这些秘密组织在一个遭受俄国政府恐怖专制的国家是不可避免的。没有言论自由、没有公共集会的权利、没有结社的权利,工人们别无选择,只有秘密地组织起来。在俄属波兰的波兰人和他们的俄国朋友处于同一地位。我们请求大会承认这些委托书。在我们代表团,有一名代表,我们起初想把她排除在外。这份委托书的持有人多年来一直声称反对一个共同的**波兰**代表团,理由是波兰作为一个国家并不存在,要成为一名波兰代表将只能是沙文主义者和反社会主义者。在这种情况下,波兰代表团建议这名代表出去,与奥地利人或者德国人坐在一起。然而,德国代表团呼吁波兰代表团重新考虑此事。我们已经这样做了,虽然我们一定要指出这名代表所处立场的矛盾之处,为了节约时间,经过漫长的讨论,我们同意承认她的委托书。最后,还有一份委托书我们拒绝接受,并且请求代表大会不要接受。其持有者马尔赫列夫斯基①受到严重的指控,但从未作出回答。② 3 年前,我们认为最重要的真相已经在苏黎世公之于众,被公开宣布并出版。③ 他自己的朋友担任陪审员的华沙荣誉陪审团声称他不配做代表。对于这些绝对是在 3 年前进行的指责,他没有作出回应。我无须指出,这在任何国家都是非常严重的事情,对于我们波兰人则更加严重。因此,波兰代表团呼吁大会接受他们的报告,承认 13 名代表的委托书,拒绝马尔赫列夫斯基的委托书。

受到质疑的**马尔赫列夫斯基**:我希望进行解释。我要谴责那些希望使我的委托书无效、以不公平的方式对我进行诽谤、同我进行战斗的

---

① 1893 年以"卡尔斯基"的别名出席了苏黎世代表大会。——编者注
② 这种说法并不准确,当时马尔赫列夫斯基与卢森堡共同向大会提交了"关于波兰委托书问题的最后声明",对指控作出了回应。见本书第 16 卷第 360—362 页。——编者注
③ 见本书第 16 卷第 276 页。——编者注

人。同样是这些人还指控我们后来的俄国同志斯特普尼亚克是警察局密探。我拒绝向波兰代表团为我自己进行辩护,或者与这种人有任何关系。我向大会呼吁。波兰代表团的其他一些代表也受到了指责。我要求瓦扬宣读一封来自巴黎的信①。在苏黎世有同样反对我的提议,但是,我被允许参加了大会。

乔治·迪尤(木匠和细木工联合会):我对让每个委托书被否决的代表发言的闹剧进行抗议。工联主义者希望对大会这种浪费时间的方式进行抗议。我提议通过波兰人的报告。

丹·亨尼西:我附议。

马尔赫列夫斯基:我要求宣读彼·拉甫罗夫写的有关于我的信,它在瓦扬手中。

主席把波兰的报告提交给大会进行举手表决,它以绝大多数人赞成而通过。

美国要求根据国家来进行投票。

投票结果是:**支持**波兰人报告的有澳大利亚、奥地利、波西米亚、保加利亚、丹麦、德国、英国、匈牙利、意大利、波兰、俄国和瑞典;**反对**的有美国、比利时、法国、葡萄牙、罗马尼亚、西班牙、瑞士。**弃权**的是荷兰。

结果:对于波兰代表团的报告,12个国家**赞成**;7个**反对**;1个**弃权**。

主席:我认为所有被通过这样的表决驱逐的代表都应该离开大会。

奥地利:雷塞尔(社会民主党)作报告。我们有7名代表,他们的委托书全都符合规定。其中,3名来自社会民主党,1名来自五金工人联合会(13000名会员),1名来自制帽工人联合会(273名会员),

---

① 即下文所说的拉甫罗夫的信,见本卷附录一。——编者注

1名来自啤酒酿造工人联合会。很遗憾,奥地利代表团不是一个大代表团。但是,千里迢迢派代表来参加大会的费用非常高昂,我们认为,把我们的资金投入争取普选权的斗争——这是奥地利无产阶级全力以赴所要争取的——将会更好。而且,我们可能要为选举而进行斗争,这又要求不小的投入。然而,即使我们的代表团规模小,但它也代表了我们国家具有阶级觉悟的工人。

该报告获得通过。

波西米亚(捷克组织):**希贝什**(社会民主党)作报告。捷克社会民主党在最近召开的布吕恩代表大会上决定只派1名代表参加大会,但是,这名代表,就是我自己,代表我们整个组织。只是因为实际的原因,我们作出了这一决定。必须牢记的是,自从宗教改革时期以来,我们成了受压迫和受压制的民族,因此,我们在经济发展和政治经验方面远远落后于其他国家。实际上,就在最近几年,我们进行了政治斗争。我们曾经相信过现在自称为"人民党"和"青年捷克党"的自由党,但它仍然是同一个旧的政党,人民一度支持他们。现在,他们开始认识到将不会与任何资产阶级政党建立联盟,我们认为,为了正在进行的斗争,我们必须节俭地使用我们的资金。因此,我们的代表团虽然小,但它代表了一个团结的和正在迅速成长的政党。但是,当我们抵达时,出现了另外一个声称拥有捷克委托书的代表。他的委托书是由一些在维也纳和布拉格自称是"独立"的团体出具的。没有人能说清楚他们究竟是什么组织。在这一点上,他承认他只带来一个指示——投票支持总罢工。我很抱歉占用了代表大会的时间,但是,代表大会必须作出决定,因为我们是1票对1票。不过,我请求你们记住,一名代表是由代表整个波西米亚社会民主党的代表大会选举产生的,另外一名则是由没人知道的组织选举产生的,而且它本身都不知道自己想要什么。

格鲁西埃(法国):我不了解按国家进行投票是根据什么原则。我们有一名英国代表支持奥地利，现在波西米亚的一名代表则作为一个国家来投票。

一名英国代表：为什么不把这个意见提交给奥地利代表团？

维·阿德勒（奥地利，社会民主党）：已经这样做了。我们代表团已经考虑到了。我非常理解对于局外人来说，我们有奥地利、捷克和匈牙利小组似乎是非常奇怪的。然而，它们是作为不同的、独立的组织而存在的，我们必须承认这个事实。当你们在爱尔兰有一个真正的社会主义运动时，你们就会发现有必要去这样做，正如我们所做的一样，承认一个爱尔兰政党以及一个英国政党。不过，虽然我们有这些不同的组织，但是，我们绝对都处在一个伟大的政党之内，来自一个伟大的政党，为了同一个目标而并肩奋斗。如果在这里的一些国家都讲同一种语言，不像我们这样讲三种或者更多的不同语言，但像我们一样团结，像我们一样成立一个有原则、有策略的政党，将是一件非常好的事情。奥地利和匈牙利代表完全赞成希贝什的报告。我们请求你们拒绝接受来自捷克民族沙文主义者—无政府主义者团体的委托书。毫无疑问，这看起来有些奇怪，但是，在奥地利，我们就有奇怪的事情。波西米亚、奥地利和匈牙利联合社会民主党请求代表大会通过希贝什的报告。

W. 沃蒂尔（制靴制鞋工人）和**乔·兰斯伯里**提议现在对该问题进行表决。提议获得通过了。

波西米亚的报告获得通过。

匈牙利：**伊·安采尔**（社会民主党）作报告。来自社会民主党和工会组织的3位代表的委托书受到承认，来自所谓民族民主党的1名代表的委托书遭到否决。一个纯粹的资产阶级的民族组织希望出席国际工人代表大会是非常离奇的事情。

匈牙利的报告获得通过。

丹麦：**彼·克努森**（议会议员）作报告。有7名代表，分别代表社会民主党（23000名党员）和中央工会（42000名会员）。一个单独的工会——机械工人联合会——有3500名会员。7位代表中的6位是议会议员，4位来自政党，2位来自工会。最后，一个名为"宽容"的无政府主义小组织的代表出现了。他的委托书被否决。

主席：根据表决，所有的无政府主义者都被排除在外，不再进行讨论。我们今天不再重新讨论这一问题。

爱德华·艾威林现在宣读了电报和通知，娱乐委员会通知了星期四晚上的会议。还有两个通知。第一个是大会书记要求每个国家的书记起草一份正式的代表名单；第二个是，有些代表出了会议大厅，然后又进来，于是人们对这些证件产生了怀疑。因此，在每个证件上都必须填写代表的名字及其所属组织。

决定继续今天的会议，直至委托书报告结束。

瑞典：亚·布兰亭（社会民主党）作报告。我非常高兴地说，我们没有委托书需要去否决。我们在此只有两名代表。一个是我自己，来自社会民主党，另一名来自斯德哥尔摩工会。社会民主党愿意派出一个较大的代表团，但是我们正在为普选权而战，我们正竭尽全力，要节省开支以赢得这场斗争。因此，虽然是一个小的代表团，但是，我们代表着一个团结的、正在成长的政党。

瑞典的报告获得通过。

意大利：恩里科·费里（社会民主党）作报告。10名代表来自社会党。社会党最近在佛罗伦萨召开的全国代表大会上重新成立，有党员25000名，这些党员代表着更广大的因迫害而不能公开宣布的支持者。当10名代表抵达伦敦时，发现他们的人数翻倍了，因为另外10名拥有无政府主义组织委托书的代表声称将参加大会。因为他们的人数刚好相等，大家同意等待大会有关无政府主义问题的决定。现在，决定已经作出：无政府主义者中7人的委托书被宣布无效，但是，3名也拥有工会证明的无政府主义者的委托书保留，这样，意大利代表团就有13名代表。但是，这些代表确实是在工会（有些工会非常值得怀疑）的幌子下支持无政府主义的，如果他们不让自己体面地退出，意大利代表团的看法是代表大会应当表明意见，并且在任何情况下都应当理解这三人到底是什么人，10名出席会议的社会党人代表着意大利真正的工人阶级和工会运动。

主席：有一名代表要求代表少数派发言。（对这名代表说）你是无政府主义者吗？

该代表：是的。

主席：那么，我决定拒绝你的发言。代表大会已经决定驱逐像这样的无政府主义者。意大利的社会主义者和无政府主义者的人数相等。后者同意接受大会的裁决，放弃无政府主义者的席位，只是作为工会代表坐在这里。现在，该代表要求争取无政府主义者的席位。这违反了代表大会的裁决。

该代表力图发言。

希望作为一名意大利代表参加会议的**路易丝·米歇尔**提出反对，会场一度中断。

意大利无政府主义者向台下的观众表示抗议，并且离开了会场。

意大利的报告获得通过。

西班牙：**帕布罗·伊格列西亚斯**（社会民主工人党）作报告。我们承认了8份委托书，否决了2份委托书。其中1份所代表的组织绝对没有人知道。由于否决了这份委托书，这位代表提出了另一份来自无政府主义组织的委托书。因为我们掌握所有将成为社会主义者敌人的无政府主义者的名单，这份委托书也被否决。昨天纽文胡斯的观点非常错误。如果我们一起参加代表大会是为了共同的目标而奋斗，那么，我们必须拥有共同的理由。因此，我们不能与无政府主义者和像纽文胡斯这样的人一起工作，他们的主要目的和目标是反对社会民主主义的工人。西班牙代表团代表着 70 个工人组织，我们请求你们支持我们，把我们代表团里无权参加代表大会的人驱逐出去。

马拉泰斯塔（其委托书被意大利和西班牙代表团否决，但仍然与法国代表团坐在一起）：我已从巴塞罗那收到了全部文件，我从中得知因为有人向一个宗教会议扔炸弹，巴塞罗那的同志的集会因警察的到访而被迫中断。巴塞罗那的代表还没有抵达英国，因为他必须躲避警察。我代表西班牙的一个碎石工人组织；即使这个组织如人们指责的那样极有可能是由警察的密探组成，但我认为，所有完全组织起来的工会组织都有权出席代表大会。

根据投票，西班牙的报告以绝大多数赞成而获得通过。

葡萄牙：欧·赛·达·格内科（社会民主党）作报告。葡萄牙只有 1 名代表，我自己，因为目前我们的收入不允许派出更多的代表。事实上，这是葡萄牙能够派出 1 名代表参加的第一次国际代表大会。我有 85 个组织签署的委托书。

这个报告获得通过。

荷兰：克·科内利森（社会主义者联盟）作报告。有 13 名荷兰代表，代表着 21 个地方或全国性组织。其中 1 名来自社会主义学校教师工会，另外 2 名代表拥有 20000 名会员的 16 个工会。我们承认所有代表，即使是议员的小组织。但是，荷兰代表团作为一个整体是反对共产主义无政府主义者的。根据昨天的投票，他们有权作为议会主义者并出席会议。

主席：对于昨天通过的决议，这位代表讲得不对。看来没有反对意见，我提议通过这份报告。

结果，举手表决显然通过了报告。

根据国家进行投票受到了质疑，主席没有接受质疑。

主席：47 名法国代表提交了一份提案，希望把他们与代表无政府主义主张的法国支部分开，希望允许进行投票，并作为一个独立的代表团出席委员会。

乔·迪尤（木匠）：我反对这个浪费时间的提议。

乔·萧伯纳（费边社）：我提议我们转入下一个议题。

主席：我希望萧伯纳先生不要压下这个议题。如果通过他的请求，可能的结果将是法国代表团的一半被驱逐出会场。因为马拉泰斯塔已被允许发言，就不应该阻止伟大的法国工人党的代表提出议案。因此，我给米勒兰一个发言机会，而不是进入下一个议题。

随后出现了混乱，几名英国代表认为，在已经提出进入下一个议题时，不应再允许任何发言人。

主席：讨论的规则是大家要听取一位赞成、一位反对进入下一个议题的发言人的意见。

詹·康奈尔（独立工党）：根据议事规程，米勒兰不能发言，因为他的委托书还没有受到确认。

保罗·辛格尔（德国社会民主党）：我们的英国同志正在讨论他们所制定的讨论规则。但是，这不是一个英国代表大会。它是一个国际代表大会，一个国家的规则无疑不能强加给程序方法非常不同的所有其他代表。问题在于是否应该阻止代表法国伟大的社会主义工人党的法国代表向大会解释他们的立场。它关系到国际团结的问题、荣誉的问题，而不只是拒绝我们法国同志的要求的问题。驱逐法国工人阶级运动的这些代表将是大会的耻辱。首先，我特别向英国人进行呼吁，要记住国家习惯不能强加给国际代表大会，我特别呼吁他们要表现出他们昨天所讲的友好和兄弟情谊，并给米勒兰以解释 47 名法国代表立场的机会。

J. H. 威尔逊（海员和消防员联合会）：我提议，现在就这个问题进行表决。

主席：现在不是时候。

威·帕涅尔（独立工党）反对法国代表团分成两个代表团的愿望。

乔·萧伯纳（费边社）：我强烈反对法国人一分为二的愿望，在辛格尔先生发言之后，我请求最强烈地提出动议，即我们转入下一个议题。

马·马奎尔（美国）：美国代表反对这个不公正的提议。他们说米勒兰完全有权发言。

主席随后提出就是否听取米勒兰的发言进行投票。

20个国家一致决定支持听取他的发言。

米勒兰（法国）：我必须感谢大会允许我发言。我代表47名法国代表发言。我坚持认为不应就仅仅是个人的问题进行发言，但是，这是一个至关重要的原则问题，在此原则下，我们希望我们的立场会变得十分清楚。法国代表团讨论了苏黎世决议。根据苏黎世决议，无政府主义者被驱逐出代表大会。法国代表团以57票对56票拒绝接受苏黎世决议。随后，56名少数派中的47人退出。他们不希望与那些在工会的幌子下作为无政府主义者和反对苏黎世决议的人进行交往。那些我所代表的人不能接受这样一场闹剧，我不想冒犯谁，但是，在这场闹剧中许多人愚弄了无辜的人。无政府主义者在其官方报刊上说他们应该来参加代表大会，并且进入委员会，不是为了促进工联主义，而是促进无政府主义的原则。出席代表大会的那些无政府主义者在许多情况下都承认他们利用了工联主义的外衣，其目的只是为了参加代表大会。因此，少数派请求被允许进行单独投票。他们请求大会不要逼迫他们坐下来，与那些毫无共同之处的无政府主义者一起工作。你们要迫使我们这些社会主义者接受与法国无政府主义者合作的责任吗？我们不能承担与无政府主义者一起工作的责任，无论这种行动是在何种名义掩盖下。为了使我们的立场在法国公众眼中清楚、明确，分开是绝对必要的。我们拥有绝大多数的法国工人作为我们的后盾。如果代表大会不同意分开，我们将被迫不情愿地退出。因为两面派的伎俩，我们不会也不能承受无政府主义者作为法国无产阶级代表出席所造成的巨大混乱。

主席：我收到了一封信，大意是法国代表团将十分愿意接受每个支部都有一人在委员会中。

萧伯纳：我请求撤回我的提议。

基尔·哈第：我提议休会，并建议法国的两个支部应该在明天上午继续讨论之前考虑这一问题。这个提议未被通过。

主席：我请埃·王德威尔得提出反对要求分裂法国党的决议的意见。

埃·王德威尔得（比利时社会主义工人党）：米勒兰已经力陈这一问题不是个人问题。比利时人根据原则不能同意一个国家分成两个支部，在这一点上，比利时人是没有异议的。

斐·哈迪因斯（根特社会主义工人党）：不对。在这个问题上，比利时人不是没有异议的。

埃·王德威尔得：如果同意法国分裂，其他国家可能也同样做。我们不想让各国分裂成为议会主义者和反议会主义者。法国多数派尽管包括无政府主义者，但不仅仅是无政府主义者。这样的一种分裂违背了代表大会的基础，这也许不是非常明智的一种做法，但必须接受。少数应该服从多数，不要脱离多数。

瓦扬（中央革命委员会）和**阿列曼**（革命社会主义工人党）希望抗议这些把他们说成无政府主义者的指责。

随后进行投票。**赞成**米勒兰决议案即法国代表团应该拆分成两个支部的有：美国（报告人声明他们支持把社会主义者与无政府主义者分开，这导致法国代表团一部分人的示威）、澳大利亚、奥地利、波西尼亚、保加利亚、丹麦、德国、匈牙利、波兰、葡萄牙、罗马尼亚、俄国、西班牙、瑞典、瑞士；**反对**的有：比利时、法国、英国（114票对110票）、荷兰、意大利。结果：**赞成**法国人被允许拆分成两个支部的有15个国家，**反对**的有5个国家。

代表大会于7点30分休会。

第五次会议

（7月30日，星期四上午）

主席是比利时的**埃米尔·王德威尔得**；副主席是意大利的**恩里科·费里**和英国的**约翰·霍奇**（其职位被 E. **贝尔福德·巴克斯**替代了一会儿）。

主席：就昨天有关法国问题的讨论进行一下解释。我希望更好地利用代表大会的时间而不是进行迄今为止所发生的没有效率的争论。这些争论没有价值，也没有结果。我们提出一个针对敌人的统一战线、为社会主义的团结做点事情是尤其必要的。许多代表是以巨大的代价和数百万饥饿工人的牺牲才被派到这里；他们是被派来在大会上工作的，而不是研究解决没有价值的问题的。让我们提出一个反对资本主义的统一战线，努力实现社会主义者之间一种更加统一的态势，而不是把我们自己分裂开来。

詹姆斯·利基随后提出如下动议，该动议未经讨论就被一致鼓掌通过：

"在本次代表大会上集会的代表们表达了他们对公民德洛里的同情，他由于教权党故意煽动的骚乱,被反动政府的省行政长官勒令中止了里尔市市长的职务;并鼓励里尔社会主义市议会继续他们已经开始的良好工作。"

爱德华·瓦扬:我注意到主席刚才所说的话。作为法国代表团的主席,我希望解释我的立场。昨天,在没有听取大多数法国代表发言的情况下就将他们作为无政府主义者进行批评和指责,是一件奇怪的事。法国的大多数代表不是无政府主义者,作为工会代表来到这里的代表不应该因为他们个人的政治主张而受到质疑。我重申法国大多数代表都不是无政府主义者。他们当中的大多数是支持苏黎世决议和政治行动的。我自己是一名革命的社会主义者和共产主义者,渴望夺取政权,以实现我们所期待的社会形态。因此,我以最可能的方式抗议我认为我们受到的不公正对待。我相信,所造成的混乱是由于我们使这个代表大会成为工会代表大会和社会主义者代表大会。

主席:根据主席团的决定,阿列曼现在发表声明,随后我们将继续今天的议程。

让·阿列曼:各民族内部的争论一般都不涉及国家。在我看来,困难来自德维尔和盖德对苏黎世决议所进行的狭隘解释。法国代表团的大多数代表对于苏黎世决议的解释与代表大会的大多数代表所做出的解释是一样的。法国的多数派努力做得公平而宽容,并选举少数派的一位代表作为他们官员中的一员。

大会继续讨论委员会的报告。

农业问题

主席离开座位,去作农业委员会报告,他的位置临时被费里替代。

农业委员会报告

资本主义剥削，包括地主所有制，给土地耕种者以及整个社会造成的日益深重的灾难，只有在这样的社会里才能被完全消灭：在这种社会里，土地和其他生产资料一样归社会所有，也就是说，成为社会倾其全力使之为了公共的利益并以最科学的方法来耕种的共有的土地。

然而，土地所有制的情况以及农业居民的阶层划分，在各个国家里是不一样的，因此，对于实现这个目标的方式或需要争取的特定的阶层，不可能为各国的工人政党制定一份都必须遵守的方案。

至于农业问题，世界各国工人政党的首要任务仍然是把农村无产阶级组织起来与剥削他们的人作斗争。

根据这些原则，代表大会让每个国家自行为实现这一目标制定最适合本国情况的方法和手段。

大会宣布，在存在由工人政党任命的统计委员会的每一个国家中，这些委员会应通过在它们中间交流统计摘要等方式，把这些结果综合并集中起来。

农业委员会中英国少数派代表的报告

农业委员会中英国代表团的代表向代表大会提交了其少数派的报告。

他们实际上同意委员会报告中提及的决议，除了最后一段。然而，他们希望大家注意到这一事实，即他们提交的其他决议均被委员会拒绝了。

以下是被拒绝的决议：

一、除了地主和资本家对农业工人的直接剥削，这些工人将他们的剩余产品销售给他们的同胞时在一些国家受到阻碍，因为铁路和其他交通工具以及市场归资本家所有，只有将上述交通和交换手段社会化才能排除这些有效使用土地的障碍。

二、然而，资本主义制度在许多国家的发展导致农业工人在相当大的程度上受到取代，本次代表大会认为，这种劳动应该由最适合承担它的公共机构科学地组织起来的时机已经到来。

这份决议被拒绝了，但是，农业委员会决定将它提交给工业委员会审议，该委员会回答如下：

"经济和工业委员会的意见是，农业委员会提交给他们审议的提案不能由他们来审议，上述提案本质上属于农业委员会的领域。

（签名）亨利·波拉克"

然而，工业委员会主席后来通知说，被否决的决议引起了他们的注意。

三、该委员会请求教育委员会在向代表大会提交的决议案中纳入他们的建议，呼吁各国的教育部门：

1. 在所有的公立学校里安排初级农业知识课程。
2. 与其他政府部门、市政府等进行合作，建立一套农业科技教育的有效体系。

上述决议案被否决，其理由是它们在委员会的质询范围之外，或者不适合几个国家的需要。对于第一个反对的理由，我们的意见是委员会应该审议他们面前的每一个重要的问题；对于第二个理由，在承认并允许各国农业问题性质存在区别的同时，对于外国代表明显不愿意讨论包括在主要决议之外的任何问题的情况，我们表示不满。

最后，为了未来的代表大会，我们慎重建议，每个委员会都应该有独立和正式的翻译人员。

此致

  敬礼

托·M.瓦特
威·乔·皮尔逊

埃·王德威尔得：因为报告和少数派的报告已经用三种语言进行印刷并分发，我就没有必要宣读这些报告。委员会一致同意地方自治，每个国家根据地区情况处理农业问题。在委员会会议上，人们很快就看到不同国家在这个主要问题上的观点有多么大的分歧。在这个问题上的不同观点甚至影响到了特定的国家，正如德国社会民主党在布雷斯劳代表大会上所表明的那样。但是，所有代表都同意把资本主义所有制转变成共产主义所有制的基本原则。唯一的分歧在于为实现这一目标所采取的中间步骤。在英国，土地由一小撮地主所有。而在法国和比利时，则有数百万的小业主，卡尔·马克思把这些人定义为就像蜗牛和它的甲壳互相结合一样与其生产资料互相结合的人。① 在佛兰德，也有相当多的小业主。在普鲁士北部就像在英国一样，有一些大地主。委员会的意见是这一问题整体上仍然处于酝酿期。我们尚未到达决定采取明确行动的时机。我们建议任命委员会中不同国家的代表来收集事实和意见，彼此进行交流。在这一点上，我们当然是一致同意，即农业工人承受着农业压迫的这个负担，世界各地的社会主义者都有义务进行支援。欧洲军队的

---

① 马克思的这句话原来指的是小手工业者，见《马克思恩格斯文集》第5卷第415页。——编者注

力量在于农民，但是，农村的农民和城镇的工匠联合起来、共同反对资本主义压迫的时机已经来临。

弗·布罗克赫斯特（主席团书记）：我必须声明，除了其报告正在讨论的农业委员会，以下委员会也已经起草了报告：政治行动、教育、经济与工业行动。有关战争问题、组织问题以及其他问题的委员会还没有准备充分。我必须要求各委员会书记尽快地把报告提交给印刷人员。

主席（临时）**费里**：我要求皮尔逊同志就少数派的报告发言。

威·乔·皮尔逊（社会民主联盟）：我自己和瓦特博士提交的少数派报告与多数派报告并不冲突，而是对它的补充。欧洲农业问题并没有在委员会得到真正的讨论。英国的激进派确实像多数派报告的第一部分所说的那样走得太远了。少数派的意见是应该讨论一些中期缓解方案，如交通工具的国有化，我们的报告是对委员会单调乏味的报告的抗议。我们希望看到国家领域延伸至工业活动的领域。我们强烈建议，应该成立报告所推荐的自发的委员会。在英国，我们在政府下有一个农业部门，虽然不是最好的，但是，其他国家或许可以利用优势建立类似的部门，其目标应该不是报告一些善意的主张，而是报告实际上做了的工作。

瓦特博士（独立工党）：赞成少数派的报告。

保尔·拉法格（法国工人党）：讨论和争吵是有区别的。事实上，少数派是赞成多数派主张的。我愿意首先利用这个机会向资产阶级新闻媒体有关其所捏造的浪费大会时间的声明进行抗议。大会各项工作进展顺利，委员会的大多数工作在最后三天仍在进行。大家请注意，当我们讨论重要问题时，我们的争吵消失了，我们形成了一个统一战线。委员会非常正确地没有讨论细节问题。在法国，我们开始是讨论农业问题的，但是，一定不要忘记，这个问题不仅在不同国家，即使是在同一个国家,也有不同的类别。有小农场主、分益佃农、自耕农、农业工人等。自耕农是资本家的后备军。他们投票支持拿破仑第三、教权主义等所有形式的反动势力。然而,我们在法国的农业人口中正在取得进步。如我们的一名代表德隆博士,他的一份委托书来自97户居民组成的一个小农业公社。其整个委员会都是由社会主义者组成。他的委托书是由社会党市长签发的。

乔·萧伯纳(费边社):我提议,除了报告人之外,所有发言人的时间限定为三分钟。

布鲁诺·舍恩兰克博士(德国社会民主党):作为农业委员会主席,我认为,讨论英国少数派提及的各种细节问题是绝对不可能的。我们应该在主要观点上达成一致;在这些观点上多数派和少数派达成一致,这是必需的。作为社会主义者,我们支持国有化,不仅是土地的国有化,而且还有交通工具等的国有化,这是不言而喻的。但是,我们英国同志的很多主张只适用于他们自己的国家,事实上,他们向我们谈论的那些治标剂表明,他们的主张可能——毫无疑问——在局部是正确的,但并不适于广泛的运用。这就是大的基本原则与适合于某个特定时间或国家的某种治标原则之间的全部区别之所在,我们的朋友要求国家控制铁路。好的,我们都要求将铁路国有化。但是,在目前,国家不是民主的,它是阶级国家,被我们的英国朋友视之为一个有效方案的,正是我们已经经历过的。铁路国有化由俾斯麦实施,结果是铁路被按照最完美的资本主义的方法用来支持军国主义。在目前,国家铁路不是民主的铁路,当我们的朋友拥有这种经历时,他们就会承认这一点。英国少数派一再希望我们提出失业人员的问题,即使没有解决,至少可以改善他们的处境。为了做到这些,他们建议让失业人员去务农。这——创建农业工人专区——也是我们普鲁士地主的一项得意计划;因为这些不幸的人完全不受保护,任由其剥削者地主摆布。在实践和经验上,我们反对这项绝对反动的提议。英国少数派一再希望在所有学校进行农业教育。这是教育委员会的问题；但很显然，我们应该反对教授农业给城镇的孩子们，因为这只是在浪费时间。因为这个原因，多数派没有按他们的方式接受少数派的建议。但是，毕竟所有这些问题只是细节问题，在这些问题上肯定存在非常不同的意见。在主要问题方面，我们都一致赞同，我们提交的报告采取了非常明确的社会主义立场。在我们的最终目标上，我们要联合起来，把解放农民和工人作为社会民主主义胜利的一部分。

两位英国代表的意见是，那些希望提议修改的代表不要发言。

罗·宰德尔（瑞士社会民主党）：我认为报告的文本并不是在所有的版本中都翻译得十分准确。英语文本谈到地主所有制是具有资本主义特征的剥削的一部分，但是，这并没有出现在其他翻译的文本中。我提议，使文本一致，即加上"包括地主所有制"的词语。

保尔·拉法格：我提议一个修正案，在第三段，"农村无产阶级"应理解为"农村无产阶级的各个组成部分"。

主席：我建议接受宰德尔和拉法格的文字修正案，然后通过多数派的报告。

根据投票，带有宰德尔和拉法格的文字改动的多数派报告被一致通过。

少数派的报告，因为法语和德语的正式翻译文本还没有准备好，其内容在大会上得到说明，随后进行投票，被绝大多数人拒绝了。

弗·布罗克赫斯特：主席团希望所有提交大会的报告都应该经过他们的手转交，以便……

为此，法国代表团的多数派代表中间出现了混乱，阿列曼和阿尔吉里阿德斯强烈抗议。

在经过一些艰难的交涉后，主席和翻译使他们明白，主席团所希望的全部就是，正式文件应该通过主席团提交，以便作出准确的翻译。

大会上午在12点50分休会。

第六次会议
（7月30日，星期四下午）

爱德华·艾威林宣读了许多电报以及来自西哈姆、格拉茨以及巴黎妇女等组织的信件。

W. 史蒂文森（伦敦建筑工人联合会）和**乔·迪尤**（伦敦木工联合会）提出了如下获得一致鼓掌通过的决议：

"本次代表工人的大会记录了它对昨天格兰瑟姆法官卑劣的评论所表达的愤慨，在反对钢琴行业的工会官员的活动中，他说加入工会组织的工人获得了非理性的凶残力量，而丧失了其理性的力量。"

瑞士代表团提出如下决议：

"大会指出俄国工人阶级组织出席国际代表大会的这个极其重要和前所未有的事实。大会满怀喜悦地欢呼无产阶级运动的新觉醒，并代表正在进行正义斗争的工人阶级祝俄国兄弟们在他们反对残暴专制的斗争中刚毅勇敢、坚定不屈。俄国工人阶级组织是反对欧洲反动势力的最后堡垒——沙皇政权——的最好保证。"

昂·蒂罗（法国伐木工人）提出一项修改，以"最后堡垒之一"替代"最后堡垒"。

该提议被接受，这份决议在鼓掌欢呼中被通过。

弗·布罗克赫斯特：德国和法国代表团的书记愿意立即到我这里来

作政治行动委员的报告吗？

多·纽文胡斯（荷兰）宣读了如下声明：

"鉴于代表大会愈来愈改变旧'国际'①的经济基础，而代之以议会主义基础的意图；鉴于社会主义组织遭到代表大会的排斥；鉴于那些我们经常提出的相关问题，即苏黎世决议是否被目前的代表大会所采纳，而不论是否发表有关于此的声明，没有得到任何回应；荷兰社会主义者联盟和工会的代表们，即在这里的21个工人组织中的20个工人组织的代表们，决定不再参与大会不公正的、宗派性的和不宽容的审议，他们受委托书的约束，必须在这样的情况下退出代表大会。荷兰运动的代表以后将不出席国际代表大会，除了名为社会民主工党的少数人之外。但它没有权利自称为荷兰工人运动的代表。"

他随后向主席递交了代表证，主席接过代表证，并说了句"谢谢"。

W. H. 弗利根（荷兰）：代表荷兰少数派，我很高兴地指出荷兰社会民主党不会离开代表大会。相反地，他们把无论什么时候都能够与全世界的社会主义者一起工作看成是一种荣耀。因为荷兰代表团的多数派（9人）从来没有召集少数派（5人）进行过任何审议，因此，少数派被所有的委员会排除在外。我们强烈抗议把我们排除在委员会（例如，讨论殖民地问题的委员会，这在我国是一个非常重要的问题）之外的做法。有人告诉荷兰少数派，委员会不过是德国社会民主党的附庸。只要德国社会民主党等同于国际社会主义运动，我们就以追随它而感到骄傲。有人告诉我们，我们是一个小党。但无论如何，我们从未试图证明我们自己的强壮或者伟大。当我们弱小的时候把我们自己想象得强大，那是弱小的表现；然而，认识到自己的弱小，那就是强大的表现。迄今

---

① 指国际工人协会，即第一国际。——编者注

为止，我们可能弱小，但我们将不会放弃，直至我们的党变得强大，并在伟大的社会民主运动中占有一席之地。

主席：荷兰少数派已经派 W. H. 弗利根和亨·波拉克到主席团工作。

欧仁妮·科洛（法国）提出了一个笼统的抗议，并要求允许那些被大会驱逐的人参加大会。

政治行动委员会报告

报告人　乔治·兰斯伯里（社会民主联盟）

大会认为，政治行动是指工人阶级为了夺取政治权力和在全国和地方性的立法和行政机关中行使这种权力来争取自身解放而进行的各种形式的有组织的斗争。

大会宣布，为了实现工人的解放、争取到全体人民的公民权以及建立国际社会主义共和国，夺取政治权力至关重要；大会号召各国工人联合起来，不依附并且独立于一切资产阶级政党，并且要求：一切成年公民有普选权，一人一票，决选投票，在全国和地方都有动议权和全民公决权。

大会同样宣布，妇女的政治解放是与工人的解放不可分割的，因此号召各国妇女在政治上组织起来，并与工人联合在一起。

大会主张，所有民族都有完全的自决权，并对目前正遭受军事的、民族的或其他形式的专制统治压迫的工人表示同情；大会号召所有这些国家的工人团结一致，与全世界具有阶级觉悟的工人肩并肩，为推翻国际资本主义和实现国际社会民主主义的目标而组织起来。

大会宣布，无论是以宗教为借口还是以传播文明为借口，殖民扩张的实质都只是为了资本家阶级独占的利益而扩大资本主义的剥削范围。

兰斯伯里在作这个报告时说：委员会已经不得不讨论了14个决议案。虽然不必对所有细节问题都达成一致，但在广泛的、一般性的原则委员会是高度一致的。至于议程上有关波兰地位的第11个和第12个决议案，委员会支持该国的完全自治，确实，就如报告第4段所表明的那样，委员会支持所有国家的完全自治。议程上的第14个决议案是要讨论工人阶级对殖民地政策的立场，政治行动委员会把它提到了战争委员会，虽然在其报告的最后一段已经涉及这一主题。政治行动委员会召开了7次会议，有一个少数派报告，虽然还没有印刷，但将由1名支持该报告的代表进行介绍。

托尔特利耶（法国，木工联合会）：我被选派到代表大会来解释一下我们为什么反对政治行动。事实并不总是这样。法国人派我在这一点上与瓦扬在委员会上进行论战。法国人慢慢放弃了政治行动。候选人在竞选时所作的全部承诺在选举之后就都被遗忘了。通过在经济上而不是在政治上组织起来，我们将更好地获得成功。我们在政治组织上的尝试是罢工失败的原因。应该有一场反对租金的罢工。如果每个人都拒绝支付租金，地主所有制就将被废除。从议会中将不会得到任何东西，甚至连缩短劳动时间也不可能。如果只有那些赞成政治行动的人被允许参加代表大会，那么，拉丁人将会放弃代表大会。意大利人正在逐渐远离政治行动的思想。将工人们完全组织起来就能够在无须任何立法机关的干涉的情况下解决他们的事情。法国工人的大多数在这个问题上是站在我这一边的。

爱·瓦扬：我否认托尔特利耶声明的准确性。赞成政治行动的法国工人是大多数，并且每天都在增加。

让·饶勒斯：我本来是应该在政治行动委员会工作的，但是，法国的第二个代表团成立得太晚了。以持有与我相同观点的47名法国代表的名义，我强烈反对托尔特利耶的这种险恶的信条，反对其所谓大多数法国工人反对政治行动的断言。为了他们的荣誉，我可以说，他们愈来愈多地是为了政治行动而组织起来。要证明托尔特利耶的污蔑是错误的是非常容易的。选举结果就证明了他的错误。社会主义者的得票在不断增加。在最近反对卡齐米尔-佩里耶和迪皮伊的斗争中，社会主义代表得到了广大工人阶级的支持。我们支持政治行动，因为我们希望经济自由。只有工联主义是不够的。没有政治行动使其存在成为可能，工联主义本身如何存在？在法国，工联主义的中心是职业介绍所。它们曾因为资本家的政治行动而被关闭，工人们利用政治行动让它们再次开放。任何政党都可能出现叛徒，但是，最坏的叛徒和最危险的敌人就是当你们出去战斗时说"把武器放在家里"的人。工人阶级在斗争中最有力的武器是政治行动，工人阶级最危险的敌人是那些建议他们不要使用这个武器的人。法国议会中的社会主义代表从未发起罢工，但是，当爆发罢工时，他们出去支援工人。以前罢工时，所有的政治机器被用来反对这些人。现在，有了能站在工人一边并利用某些政治机器的社会主义的国会议员。我们的伟大目标就是教会工人阶级为了其自身的解放而运用政治行动来镇压所有阶级。

D. 亨尼西：我提议删去政治行动报告第二段中的"不依附并且独立于一切资产阶级政党"这句话。我不相信只有一个阶级组成的政府。我认识许多善良的中产阶级人士，作为议员候选人，他们与工人候选人一样都十分值得支持。我支持由所有阶级组成的政府。

威·查·斯特德曼（造船工人联合会，伦敦郡议会）：我赞成删去这句话。我不希望使自己被人误解。在希望解放我们的同伴方面，我不亚于任何人。在方法问题上，我只是不同于一些朋友。报告中提到的三种改革中的每一种都在我最近作为工联主义和自由工人候选人竞选议员时的竞选演说中提到。有人告诉我们，如果一个工人与任何旧的政党保持联系，他将变成一名政客。我否认这种说法。我愿意同一名中产阶级自由人士一起工作，就像同一名中产阶级的独立工党人士一起工作一样。如果我们需要一个真正的工人党，那么，它只能从工会中产生。它们现在为此准备好了吗？

约·霍奇：我建议现在对这个问题进行表决。

汤·曼：我反对在听到另一方面的声音之前进行表决。

这一问题现在就提交投票表决的动议被否决。

皮·柯伦：我希望作为一名社会主义者和工联主义者发言，反对提出修改动议和附议的两名工联主义者。政治行动委员会的报告所包含的内容只不过是最近英国工联代表大会通过的内容。在这个国家，我们有工人与旧政党结盟的许多例子。对于其阶级而言，这些工人的做法已经被证明是错误的，因为他们没有与社会主义政党结盟，并处于其控制之下。中产阶级政治家不限于激进政党。社会主义政党是所有民族和所有阶级的政党。我宁愿要一名中产阶级的社会主义者而不愿意要一名变节的工人。我认为，当他们看到在德国和法国所做的事情时，英国人应该为他们自己感到羞愧。我们还是要努力追随他们的榜样。作为英国工人习惯于依附中产阶级政党的后果之一是，我们在目前的英国下院看不到一位社会主义议员。工人阶级的政治运动正在成为一种真正的社会主义的革命运动。

奥古斯特·倍倍尔（德国社会民主党，帝国国会议员）：在饶勒斯精彩的发言之后，几乎没有必要对工人阶级的政治行动的必要性再说什么了。这不是我所要讲的。但是，考虑到部分英国工人所采取的立场，我想就德国的经验讲几句话。我认为，没有任何假设，我可以公平地说，从进入竞技场的那一刻起，欧洲就没有一个社会主义政党比德国社会民主党更加始终如一地、更加顽强地战斗，这不是因为这个党的特殊优点，而是由于其所处的特殊环境。当25年前这些环境赋予我们选举权时，德国没有一个声音反对我们去运用它。我们确实运用了这一武器，因为我们运用它，我们从一个弱小的、受鄙视的、受诽谤的小团体成为今天的我们，即整个德意志德国最强大的政党。10年前，我们获得的选票是10万张，在最近的选举中，我们得到的选票为175万张，超过全部选票的四分之一。我们的成功使政府和统治阶级感到恐惧。有人说工人的政治行动有害于工人阶级。在德国，在经济上和政治上为工人所做的每件事都是通过社会民主党的政治行动、通过他们的政治力量来进行的。德国工人非常了解，他们没有听说过政治弃权。"再投一次"是他们的呼声。为了你们自己的阶级，你们投票越多，那就越好。为什么资产阶级政府把议会任期从3年增加到5年？是出于爱护工人、是出于希望给反议会人士施加恩惠并将工人们从腐化堕落的选举中拯救出来吗？不是。因为他们害怕；因为他们害怕这些民意的表达、出色的鼓动方式和选举给予我们的教育。不是出于爱护，而是害怕我们，资产阶级希望尽可能少的选举；我们能为中产阶级作出的最大贡献，莫过于采取无政府主义的策略，在投票时袖手旁观。如果我们这样做，那么，他们就会搂住我们的脖子，表扬我们，我们就会受到他们的欢迎，就像无政府主义者一样。但是，在斗争中所有规则中的第一个就是永远不要做敌人想要你做的事情，我们的目标不是放弃投票，而是要把选举权扩大到每一个地方。如果对这种弃权政策使谁得利有任何怀疑，就看看萨克森吧。在那里，社会民主党人拥有绝大多数的选民，出于害怕他们，政府和资产阶级剥夺了他们的选举权。当我们的对手这样对工人阶级政治行动的手段和价值作出评价时，我们要放弃他们怕得要死的这个重要武器吗？这样做是相当于背叛，是最致命的错误。至于我们的朋友亨尼西提出的动议，德国人不能接受。德国工人非常遗憾地看到，一小部分英国工人仍然愿意跟在资产阶级政党的后面，在最近的选举中他们投票支持这些政党。我们特别向英国工人进行呼吁，独立地组织起来，为了你们，英国工人阶级必须成为，并且将成为社会国家的主人。不要命令你们的大陆同志们向后退，而是要使你们自己站在他们的前面，在社会主义的旗帜下走向胜利。

恩里科·费里（意大利社会民主党，众议院议员）：我希望就托尔特利耶对意大利工人的诽谤进行最强烈的抗议。他们在任何意义上都没有放弃政治斗争。恰恰相反，在背信弃义的克里斯皮统治下的极端反动时期，一个（所谓的）反无政府主义法得以通过。它的真正意图不是用来反对无政府主义者，而是反对社会主义者，反对工人的政党。根据克里斯皮的选举修正法案，300万选民中的三分之一被剥夺了选举权。这三分之一当然代表着民主因素。社会党领导人被逮捕，与罪犯一起被送进监狱。然而，尽管存在这一切，社会主义运动仍成长起来。在1892年，有27000名具有阶级觉悟的工人选民和5名众议院议员，到1895年就增加为8万名选民和15名众议院议员。参与政治行动不仅对个人，而且对作为整体的党产生了最为显著的影响。就像一次国际代表大会一样，它培养、磨炼和净化了我们所有人。最近，我们在意大利有一个非常突出的这种例子。我们的一名社会党议员最近投票支持政府一方；不是出于爱护这个政府，而纯粹是出于暂时的策略上的考虑。意大利社会民主党将他召集到国会的酒吧里。他是我们共同事业最伟大的殉道者之一。他被所有人敬仰。然而，他不得不出现在我党的特别法庭面前，并为他的行为道歉。服从党的纪律在非常习惯于运用浪漫的革命语句的我国南部特别必要。将共同反对资本主义的各种无产者联合起来，从而推翻资本主义，这尤其必要。

主席：我的名单上还有另外6位发言人。克拉拉·蔡特金也在其中。在一名德国代表讲完之后她愿意取消发言。我现在提议结束讨论。

J. H. 威尔逊（下院议员，水手和消防员联合会）：在讨论结束之前，我希望对皮·柯伦作出回应。我希望解释英国和大陆社会主义者之间的区别。因此，我反对结束讨论。

主席：我提议就结束讨论听取大会的意见。

实际上，代表一致投票同意结束讨论。

主席：我们现在就政治行动委员会的报告进行投票表决。

根据法国代表团的建议，大会对报告逐段进行审议。经过所有国家代表的投票，所有段落获得一致通过。法国代表团的少数人投票反对报告的每个段落；针对第2段以及亨尼西和斯特德曼要求删去"不依附并且独立于一切资产阶级政党"一句的修正案，英国代表团中的少数人支持删去以上这句话。各国代表投票支持逐段提交的报告，并一致通过这份报告。随后，报告作为一个整体提交并获一致通过。

爱德华·艾威林宣读了许多贺信，大会在6点休会。

在皇后大厅的公众集会

星期四晚上，举行了盛大的公众集会。由詹姆斯·莫兹利主持，海·格罗伊利希（瑞士）、米勒兰和饶勒斯（法国）、倍倍尔和李卜克内西（德国）、阿德勒（奥地利）、伊格列西亚斯（西班牙）、J. H. 威尔逊和海德门（英国）、恩里科·费里（意大利）发表了演讲。

第七次会议

（7月31日，星期五上午）

主席：爱·瓦扬（法国）。副主席：**马修·马奎尔**（美国）、**J. S. 马克斯韦尔**（英国）。

主席：我将依靠代表大会的帮助，完成今天的会议工作。通过审议各委员会的决议案，满足我们的委托人的时机已经到来。认为我们在代表大会的最初几天事实上是在浪费时间的想法是一个大错误。所有的这些干扰、所有这些明显没有效果的讨论正在为未来的代表大会奠定基础，因此，即使在最初几天，我们也确实做了许多实际的、有益的工作。昨天，代表大会完成了非常艰巨的工作。因而，资本家的报纸对于那些干扰已无话可说，就捏造出代表大会不具有代表性的谰言。这是极大的诽谤。代表们都代表着积极而又富于战斗性的组织。它们一再说英国代表团已经发生分裂。但是，昨天的投票表明，他们在主要原则问题上实际上是一致的。今天是代表大会决定性的一天，在今天必须完成大多数工作。有关下一次国际代表大会的组织，代表们已经提出了许多建议。任何希望提出更多建议的代表们请按要求把这些决议立即提交至主席团。主席团将在今天下午召开会议，起草报告。

爱德华·艾威林宣读了许多信件，包括星期日的安排等。

教育和体力发展报告

报告人　悉尼·韦伯（费边社）

在向大会陈述其报告之际，教育和体力发展委员会希望阐明这一问题对于社会主义运动和全世界劳动阶级的幸福的重大意义。在当前的资本主义剥削制度下，普通民众的孩子们的身体发育受到阻碍，有益于其健康的休息时间——协调发展的条件——被剥夺，无法获得全人类的共同遗产——教育和知识。在目前的情况下，无产阶级的父母们力求使自己的子女能得到抚养、受到教育，但这是做不到的；而做不到这一点，就既不可能有安康的家庭，也不可能有组织良好的社会。

而且，资本家雇主们用儿童和少年的劳动来代替成年人的劳动，这甚至对最有组织的工人来说，也是对其生活水平的一个严重的威胁；同时，降低工资标准也不会给受雇用的儿童和少年的家庭带来任何经济上的好处。最后，鉴于未来社会的幸福要靠不断发现更多的科学真理，特别是经济、工业和社会组织方面的科学真理，因此，大会敦促各国社会主义者尽最大努力推进这方面的科学调查和研究，并要求从公共基金中提出必需的资金进行这项工作。

委员会提请大会批准下列决议：

决议案

1. 大会充分认识到独立的教育试验的重要性，并声明每个国家的公共管理机构的一项基本职责是提供一套在民主的公共监督之下、从幼儿园到大学（包括体力、科学、艺术和技术［手工］培训）的完整的教育体系，这一整套体系应完全免费并通过提供包含全部生活费的奖学金向每一个公民开放。

2. 学校应每天安排一次共同的——例如在学校食堂——午餐，而无贫富的不公平区分；对于所有孤儿和贫困儿童，应按照最好的办法，制定最适当的规定，完全承担其抚养和教育。

3. 儿童不用全天上课并按照法律的许可而由工厂或家庭作坊雇用的最低年龄，应逐步提高到至少16周岁，但各国应可能快地实现这一办法。

4. 从法律上完全禁止被证明有害健康或有危险的行业雇用任何18岁以下的儿童，并完全禁止他们上夜班。

5. 为了确保教育应有的连续性，制止资本家非法使用少年劳动，无论工厂还是家庭作坊的任何雇主都不得让18周岁以下的男童或女童每周工作超过 24 个小时（半日制），这些儿童必须到补习班上课。

6. 在关于童工问题上，所有工业国家的工厂立法无论如何都必须通过国际协议作出统一的规定；大会注意到，许多国家的政府尚未执行 1891 年柏林代表会议上他们正式作出的类似承诺，尤其是英国政府，它仍然允许 11 岁的儿童做工。

7. 为了真正保护和教育儿童，在各工业中心必须像对待在工厂进行的工作一样对在家进行的工作作出有效的规定和进行有效的监督；如果资本家雇主为了逃避工厂立法的规定，把工作派给工人在自己家完成，大会声明，这些雇主应负法律责任，保证这些工作在同自己的工厂一模一样的真正卫生的以及其他条件下完成。

悉·韦伯：提交给你们的报告已经由各国代表仔细审议过，这些代表在报告中提出了一个相当详细的教育方案，并要求教育应该向每一个国家的每一位公民开放。当然，这个教育方案应该处于公众的控制下，并以完整的保护儿童和青少年免受资本主义的剥削的立法作为支持。社会主义者经常被指责为其关注点只是局限于改善物质手段。为了回应这一污蔑，在此我们有一个对有关教育这一重要事宜的新事实进行研究和宣传的社会主义代表大会的委员会。现在用于学习的时间太少了。尤其是为了发现经济方面的新事实，我们几乎是第一次提出我们更进一步的学习和研究的要求。我知道有代表将提出一份对本报告的修正案，要求为每一个受教育的人提供全部生活费用直至 21 周岁。我不揣冒昧地反对该修正案。它是一个既不可行也不可取的建议。如果每一个人都要在学校或者大学读到 21 周岁，社会就会蜕变成书虫的社会。如果报告的建议得以实施，社会将负责管理世界上前所未见有的最大的教育奖学金体制，一种将使每一个男孩或者女孩一直读到大学——如果他们的能力许可的话——的体制。但是，为每一个孩子——无论他是否有能力——

提供全部生活费用，就是要求为欧洲中上阶层一年支付数亿英镑，这对他们而言是非常没有必要的礼物。

埃玛·伊雷尔（德国社会民主党）：教育问题的重要性是如此巨大，因此应该得到比过去更多的关注。即使是在我们的社会，也有必要改善我们的教育制度，这将有助于制止资本主义和孩子的父母对孩子的剥削。但是，一般性的决议——就像在我们面前的这份——并不能充分满足各个国家的各种不同需要。在这一主题上，我们需要更多的知识和信息，因此我建议在本次代表大会选举产生的教育委员会应继续存在。这个常设教育委员会的职责将是，在各国散发教育问题和特殊状况的宣传册，从而使工人获得有关这一问题的全部情况。作为一种在妇女当中进行宣传的手段，这种小册子将有着特殊的价值，并在总体上有助于社会主义宣传及确保采用更好的教育方法。因此，我建议对决议作如下补充，即本次代表大会的教育委员会继续长期存在，各个委员之间相互联系并就这个问题散发宣传册。

基·哈第：我提出一个修正案，删去决议第1条最后一行的"包含全部生活费的"的话，代之以"公共"一词。悉尼·韦伯先生就费用问题谈了很多，并认为支持税收的工人将不会支付这一费用。我认为，当欧洲在教育上每年花费1亿英镑时，它将节省用于战争和与犯罪作斗争的开支数亿英镑。即使工人阶级缴税，他们也不支持这些费用。聪明的孩子就一定胜过其他没有天赋的孩子吗？这是在引入竞争，这在社会主义代表大会上确实是一个奇怪的反常现象。如果被问到每个男孩和女孩是否要以国家的开支来维持生活、接受教育直至21岁，答案就是如果是富人、聪明的和受到照顾的人拥有这些优越条件，那么工人的孩子就应该也拥有这一切。这个主题不是一个需要长时间发言的主题，但是，我希望工会的投票将支持所有阶级的孩子之间的真正平等，就目前的条件而言这是可能的。让工人阶级的孩子们享有适合他们的教育机会，而不只是做雇主的砍柴挑水的苦力，要教他们过上一种自然的、人类的生活，并由此赋予广大民众掌握自己命运和自己生活的机会。

赫伯特·伯罗斯（火柴工人联合会）：我附议修正案。

克拉拉·蔡特金：经过多次讨论，委员会在最后时刻同意撤回涉及奖学金的部分，我想如果哈第先生知道的话，他就不会对决议案提出动议了。事实上，在德语的决议案中我们并没有谈到奖学金。当然，在更民主的国家，奖学金意味着侮辱；但是，在有些国家则或许不是这样，正如我们在任何情况下所要求的都是一种权利，而不是一种施舍一样，因此，我们希望摈弃任何可能看起来不是孩子权利的东西，这是对孩子的责任。另外，我们不赞同哈第先生所说的我们主张**所有**孩子都应该上大学。我们明确指出，只有能够受益于教育的孩子才应接受教育。当然，我们不应该把它赋予那些没有能力的孩子，所以，我们认为"有能力"这个词完全没有必要。今天，不管他们的能力如何，贫困家庭的孩子都因为其父母的贫困而被排除在这种教育之外。贫困就像一把燃烧的刀剑，阻挡在教育天堂的入口。在穷人几乎不能得到初级教育的一个社会里，我们所有的决议都将是徒劳无功的。当然，这对于孩子而言是残酷的——他们应该更加仔细地选择他们的父母。但是，至于生活费——即维持孩子（无论他是否有能力）成长到21周岁并把他们都送入大学的费用，这确实是既误解了社会的本质，又误解了教育的本质。哈第先生认为教育是反对战争的保障措施。但是，我们目前的大学教育不是只教育出最愚蠢的沙文主义者、我们正与之斗争的制度以及我们社会制度的产物——战争——的狂热支持者吗？我们最痛恨的敌人来自于大学，今天的文化就是工人的敌人。我们必须面对我们所处的环境。谈到维持所有孩子到21周岁的社会费用就是陷入了乌托邦。委员会的决议案实际上是处理了目前的实际情况，我希望代表大会赞同这个决议案，如果它得到实施——它目前是能够实施的，将会确保我们所要求的教育权利。

J. H. 威尔逊：我提议现在就这个问题进行表决。

基·哈第：蔡特金夫人误解了。我没有主张所有孩子都应该上大学。

爱琳娜·马克思-艾威林：在讨论继续之前，我要明确一下，各语种的决议案内容是否相同？在德语文本的决议中，"奖学金"没有出现。在投票之前，我们应该知道按照哪种文本来投票？

基·哈第：如果提供奖学金的教育这一问题就像德语文本的决议一样从英语文本的决议中删除，那么我同意，我唯一想说的就是删除"有能力"这个词。

赫伯特·伯罗斯：悉尼·韦伯先生老练地试图在本次代表大会使中产阶级反对工人。我希望以共同的原则为基础向所有人呼吁。我反对使用"有能力"这个词。说这个修正案不切实际是毫无用处的。代表大会不是一个立法机构，而是一个审议的大会，这个修正案就像我们本周应做的其他事情一样切实可行。我不想以工人阶级社会主义者的名义迫使人们上大学，但是，他们确实想要强调这个原则，即贫困家庭的孩子应该享有与依靠他人劳动而生活的富裕家庭的孩子同样的体育和智力教育设施。作为工人，我向工会会员呼吁，在这一问题上支持社会主义者。我请求以压倒性和决定性的投票支持代表大会真正的社会主义思想，即在任何情况下都关心孩子应该是社会的责任。

悉·韦伯：最重要的是在这个问题上不应出现误解。我们希望所有的教育都应该是免费的。我们赞成给所有有能力从中受益的人提供更高级的教育。"有能力"一词是在英语报告的最初草案中出现的，但是，由于失误就被德语报告遗漏了。所有的教育都应该完全免费并提供全部生活费用。但是，这种教育只能赋予那些有能力从中受益的人。不应该拔苗助长。每个人都不是天生就拥有同样多的智慧，不是每个孩子都有能力从更高的教育中受益。如果所要求的是维持所有孩子到 21 周岁的生活费用，我反对。

基·哈第：我不能撤回我的修正案。

修正案随后被提交表决，主席宣布进行举手表决。

悉·韦伯：我要求按照国家进行投票。

根据国家进行投票的结果是：**赞成**修正案的有：美国、澳大利亚、波西米亚、保加利亚、法国、英国、匈牙利、意大利、波兰、葡萄牙、罗马尼亚、俄国、西班牙、瑞典；**反对**修正案的有：奥地利、比利时、丹麦、德国、荷兰、瑞士。

修正案以 14 个国家赞成、6 个国家反对的多数被通过。

对于报告的第 2 条决议，伊迪丝·兰彻斯特和马丽·格雷提交了修正案，要求删除这一条。

伊·兰彻斯特放弃了她发言表示赞成的权利。

阿尔吉里阿德斯（法国革命中央委员会）：在布鲁塞尔代表大会[①]上通过了一份决议，即为了使所有儿童接受教育，国家的职责就是做一切需要做的事情。为什么本次代表大会退回到了布鲁塞尔决议、并且处理起细节问题呢？就是中产阶级建立了给孩子们每天一顿午餐的制度。对于我们而言，赞成免费的和提供全部生活费用的教育将更简单。如果任何妥协都是必要的，那么，就让我们至少等到问题成为议会的议案为止。

德洛里（里尔市市长，工人党）：我绝不反对为儿童提供全部的生

[①] 指的应该是 1868 年 9 月在布鲁塞尔举行的第一国际第三次代表大会，大会讨论了教育问题并通过相关决议。不过，当时对国家是否应该提供免费和义务教育争论较大，通过的决议并没有阿尔吉里阿德斯所说的内容，参见本书第 10 卷。——编者注

活费用，但是在目前的状况下，我们不能实现。我代表法国工人党讲话，不是中产阶级，而是工人阶级给予我们的孩子至少每天一顿好的午餐。让我们得到我们能够得到的，直到我们得到我们想要的全部，我建议我们目前保留这个决议，在"学校应每天安排……"一句后面加上"同时我们努力实现一个良好的社会环境"。

根据投票，通过了删除第二条决议的修正案。

主席：潘克赫斯特夫人提交了对第三条决议的修正案。以"尽可能快地"替代"逐渐"。我认为我们都能接受。

修正案获得同意，修改后的整个报告并提交代表大会表决并获通过。

代表大会也一致同意接受埃玛·伊雷尔的上述建议，即教育委员会应该继续存在，并尽可能地散发宣传册。

代表大会于1点休会。

第八次会议

（7月31日，星期五下午）

爱德华·艾威林发布了几个通知，宣读了一些电讯。

一名比利时代表宣布，国际大学生代表大会将于1896年底或1897年初在布鲁塞尔举行。他提交了以下文件：

"继布鲁塞尔代表大会——奥地利、丹麦、法国、荷兰、意大利、俄国、罗马尼亚和瑞士等国家参加——举行以及日内瓦大学生代表大会作出决议之后，比利时大学生和大学毕业生联合会正在组织一次将于1897年初在布鲁塞尔召开的代表大会。他们建议讨论如下几点：

1. 代表们的报告。
2. 知识工人的状况（日内瓦决议）。
3. 在这些工人当中进行宣传。
4. 在工人政党中间进行科学和艺术的宣传。
5. 联合会。
6. 关于政治联合的报告。
7. 社会的病状。
8. 创办一份国际新闻报。

所有大学生和大学生毕业生都可以以团体或个人的身份参加代表大会，我们敢说，对于所讨论的问题感兴趣的所有人都将允许参加，因为我们没有那么多要作出的确切的决议，以就我们在不同国家的状况进行不同的解释；我们将召开一个我们彼此相聚的大会，一个特别有益的会议，因为我们在会上能够建立个人联系，这对于国际宣传而言比其他所有事情都有益。

一些意大利朋友认为我们不应该举行这样一个代表大会，因为我们这样就把社会主义者分成两个阶级。

那不是我们的目的。我们都是地方联合会和协会的成员，但我们认为有一些问题特别适合我们进行讨论，如：

在大学的社会主义教学。

科学和艺术的宣传。

我希望我们的英国朋友在今年年底或者明年年初参加会议，如果可能的话，我们一定能够通过这种方式更友好地加强我们目前与英国同志的关系。"

主席：因为我们没有太多的时间，我敦促各位代表不要重复已经提出的议题。

组织委员会报告

报告人　查·A.吉布森（英国社会民主联盟）

在向大会陈述其报告之际，委员会希望声明，在提交给委员会的决议案中，他们已经能把体现大多数决议案的草拟者想法的决议案写入报告。由于费用问题和许多现有的社会主义报刊中刊登了其他国家的报告这一事实，我们不推荐出版第7项和第8项决议所希望出版的国际性报刊。

一

1. 大会认为，应立即尽力成立国际的常设委员会，并设一名责任秘书；这个委员会应设在欧洲便于其活动的地方。

2. 本次代表大会任命一个小委员会，以便就执行第1条中提出的要求拟订建议，并向下次代表大会提交报告。

3. 授权上述委员会作为临时委员会，负责从现在起到下次代表大会之间的运动；凡是没有在本次代表大会被选入该委员会的国家，均可以在下次代表大会召开之前派1名代表参加委员会的工作。

二

4. 大会认识到对国际经济信息的日益迫切的需要，要求各国尽其最大努力实现在布鲁塞尔和苏黎世通过的关于成立国际资讯局①的决议。

---

① 即有关代表大会上所提到的"国际劳工书记处"和"各国工会书记处"，参见本书第15、16卷。——编者注

三

5. 鉴于大量移民从欧洲国家迁入美洲和其他大陆，使那些地方高度集中的资本主义获得了降低工资、全面压制工人对于压迫和屈辱的任何反抗的巨大机会；

其次，鉴于以前与各自国家的工人政党和工人组织有联系的许多移民普遍未能同他们所定居的国家的工人的战斗组织建立联系（主要是因为他们不懂英语），因此，国际运动完全失去了这些欧洲运动因移民而失去的力量；

大会建议在欧洲国家和大洋彼岸的大陆之间作出安排，在欧洲港口和移民船上向移民分发包含必要信息和指导的印刷宣传册；大会同样请求美洲和其他大陆的社会主义鼓动员进行这样的宣传，以把自己国家无产者中的外来移民真正地组织起来。

查·A.吉布森：在提交给组织委员会的10项决议中，我们把第1项和第2项合并在一起，因为它们都是关于国际常设执行机构的同一个问题。其他几项决议，诸如处理国际新闻报和国际局的，我们建议目前不要提出，因为对于我们而言，执行这项工作似乎尚不太可能。从报告中可以看到，我们确实建议成立一个委员会，负责收集有关成立一个常设国际执行机构的消息并向下次代表大会提交报告。

组织委员会的报告被通过。

查·A.吉布森：我提醒代表大会，他们现在必须成立一个如上建议的委员会。我提议他们应该选举产生一个委员会，并在伦敦召集会议。

吕西安·萨尼亚尔：我提议在瑞士而不是伦敦。

根据举手表决，大多数支持伦敦。

美国要求按照国家进行投票。

结果如下：支持**伦敦**的有：澳大利亚、奥地利、比利时、波西尼亚、保加利亚、法国、德国、英国、荷兰、波兰、葡萄牙、罗马尼亚、俄国、西班牙和瑞士；支持**瑞士**的有：美国、丹麦、法国和意大利。

战争委员会

报告人　埃·武尔姆（德国社会民主党，帝国国会议员）

主席：因为报告的法文和德文的翻译还没有完成，我请求在报告被翻译成这些语言时，讲英语的国家耐心等待。

在资本主义制度下，战争的主要原因并非宗教或民族的纠纷，而是各国剥削阶级在追逐利润的生产制度的驱使下进行的经济对抗。

正如这种制度在劳动场所不断地拿工人阶级的生命和健康作牺牲一样，它通过打开新的市场，为追逐利润而毫无顾忌地让工人们流血牺牲。

因此，各国工人阶级应该像反抗欺压他们的统治阶级所采用的其他一切剥削形式一样，起来反抗军事压迫。

为了实现这一目标，他们必须夺取政治权力，以消灭资本主义生产制度，同时在一切国家里拒绝作为资产阶级工具和维持现有秩序的政府。

其费用由工人阶级负担、即使在和平时期其维持也使国力耗竭的常备军，加剧了国家之间的战争危险，同时助纣为虐，残酷镇压世界无产阶级。正因为如此，资本家阶级才对"放下武器"的口号，以及向他们发出的其他人道主义的呼吁充耳不闻。

只有工人阶级才有实现世界和平的热切愿望，只有他们才有实现世界和平的力量。

他们要求：

1. 取消常备军，建立国民军队。
2. 成立仲裁法庭，和平解决国家间的争端。
3. 如政府拒绝接受仲裁法庭的决定，应由人民直接对战争或和平问题作最终决定。

工人阶级反对签订秘密条约。

只有通过取得对立法机构的控制，通过与国际社会主义运动结盟，工人阶级才能实现这些目标；只有这样，才能最终保障和平，并使各国人民世世代代真正友好。

埃·武尔姆：战争委员会，实际上是一个和平委员会，一致同意在此向代表大会陈述的报告的主要观点。有7个决议案被提交给了我们。其中6个被接受；另1个由两位法国代表提出的决议案，我们不能同意。这两位法国代表认为，我们应该投票支持把总罢工作为摆脱战争的手段。但是，他们也说，如果他们提出的总罢工被公之于众，他们也同意现在这个决议应被一致采纳。事实上，委员会的决议走得更远，确实比那份罢工决议更具有革命性。委员会考察了战争的**原因**，即罪恶的真正根源。既不是宗教也不是民族的分歧造成了今天的战争。要在各国的经济条件下而不是其他条件下去寻找并发现根源。目前，民族国家反对民族国家是符合资本家阶级的利益的；但是，当人民认识到什么是人民的共同利益时，民族和宗教的利益对于人民来说就一定会消失。当一国资本家发现对于他们的利益是必要的时候，他们就挑起"战争"，并且诉诸爱国主义和人道主义。但是，只要我们还拥有阶级利益，我们就将在目前的条件下拥有民族利益。当工人们在社会主义的共同基础上聚集时，民族分歧将会消失。资本主义生产方式及其一切人反对一切人的战争、对工人阶级的暴力镇压，是战争的真正原因，因此，在我们目前的条件下，所有对人类、对政府的呼吁，所有我们"放下武器"的口号，无论在动机上多么真诚、多么善良，都必然是徒劳的。不是通过呼吁人道主义，而是通过夺取政权，工人阶级才能有效地反对战争的恐怖。我们在决议案中把常备军谴责为长久威胁；这些军队吸食着我们的鲜血。他们是各种战争的支持者，因此我们将不要他们。但是，为了废除目前庞大的常备军，我们必须拥有武装起来的人民军队；我们必须要求仲裁，但是——我们只在一个过渡阶段——要使这种仲裁成为可能，工人们必须组织起来并夺取政权。在今天所有国家战争的背后，隐藏着对阶级大战的恐惧，为了阻止这种阶级战争，资产阶级正武装到牙齿。为了结束政府为了推迟最后清算而威胁进行的阶级战争和丑陋战争，我们，即工人必须联合起来。本次代表大会向我们表明，我们的目标、我们的利益只有一个；我们现在必须夺取目前掌握在我们对手手中的政权，手中拥有权力的工人将——只有他们能够——结束丑陋的战争。

布伊策尔瓦塞（法国社会主义者不妥协联盟）：在这个问题上，法国的多数派支持革命行动。人们在之前已经尝试过革命行动，并且成功了。选举革命人士到议会的用处是什么呢？只有通过革命来消灭战争吗？我们反对常备军。现在，报告要求以武装起来的人民取代他们。但是，瑞士和美国的民兵与常备军一样坏，都是资产阶级手中的武器。因此，我们反对为了消灭战争的目的而夺取政治权力，议员们应该做的至多是利用其任期去宣传革命。

主席：我必须宣布，在代表大会闭幕之后，妇女代表们将举行会议。

埃·武尔姆：在报告的某些文本中，第 1 条主张的"废除常备军队"前面遗漏了"同时"一词。

潘克赫斯特博士（独立工党）：我想提议在第1条要求中加上"同时"一词，我还想提议删除第1条要求中"常备军"后面的所有词，即"国民军队"。我们社会主义者要求立即和平。目前，人们正在谈论美国和英国之间的仲裁条约——一个使这两个国家之间不发生战争的条约①。本次代表大会支持同时废除常备军的宣言将是对这种国际仲裁的支持。不过，我反对建立国民军队。我们必须在每个地方都提出口号"放下武器；和平与友谊万岁"。

乔·兰斯伯里：我反对潘克赫斯特博士要删除"建立国民军队"的修正案。我不明白为什么国家要放下武器。这只是意味着让他们任由其他国家资本家的摆布。如果仲裁法庭的决定是反对他，并且他知道他的对手没有任何执行法庭决定的手段，德国皇帝愿意遵守仲裁法庭的任何决定吗？

亨·迈·海德门：每次提出一个修正案是不是不太好？

拜尔斯（独立工党）：我提议应该在第1条要求的"取消"之前加上"逐渐"一词。我在阿散蒂战争中作为报社记者出现，这场战争并不是为了商业利益。

对拜尔斯的修正案进行投票，该修正案以绝大多数代表的反对而被否决。

主席：现在最好是对第一条要求的**第一**部分，即"同时废除常备军"进行投票，随后，对潘克赫斯特博士的修正案即删除"建立国民

---

① 1895年，英属圭亚那与委内瑞拉的国界争端发展为一场外交危机，英国对委内瑞拉采取强硬政策，而美国从门罗主义出发支持委内瑞拉，主张将争端提交仲裁。经过长时间谈判，1896年11月，英美两国代表签订了协议，同意将整个有争议的地区交付仲裁。——编者注

军队"进行投票。

第一条要求的第一部分被一致通过。

维·阿德勒：在对潘克赫斯特博士的修正案投票前，我想指出英语文本与其他文本不一样。法语文本谈到了组织"国家军队"——我们确实想如此，但不是"军队"。在这一点上有些混乱，我建议按照法语和德语文本来修改英语文本。

对删除第1条要求的最后一句的修正案进行表决，修正案被否决。

让·阿列曼：我想看到废除常备军，看到人民的军队。如果所有的公民都武装起来并进行训练，无产阶级就能保卫自己。这是大家一致同意的。

一名代表递交了一份修正案，在第一条要求中加上"为了保卫国家之目的"。这个修正案被提交表决，结果被一致否决。

代表大会随后继续讨论第2条要求："成立仲裁法庭"。

E. 贝尔福德·巴克斯（社会民主联盟）：我提议将该条改为"成立国际仲裁法庭，其所作的决定应为最终决定"。在和平还是战争的问题上，任何诉诸人民的做法都只意味着沙文主义的鼓动，对于支配着各种手段的政府，这样做是一件容易的事情。遗憾的是，我们社会主义者仍然处于少数。比如，如果英国人在德国皇帝给克吕格尔发去贺电①之后举行全民公决，他们中的绝大多数毫无疑问将支持战争。我们想要的不是几个仲裁法庭，而只是一个恰当组成的仲裁法庭，强制执行其决定应成为所有国家都必须履行的国际责任。这一安排是乌托邦的抑或是可行的，我不予置评。目前它或许是不可行的，但是事实上，整个第2条的

---

① 1896年1月3日，德皇威廉二世给南非德兰士瓦邦总统克吕格尔发去电报，祝贺他击退来自英国控制的开普殖民地的詹姆森入侵部队，该电报激化了英德本已紧张的关系。——编者注

要求在目前都是不可行的。尽管如此，成立享有全权的国际仲裁法庭将是现代独立国家体制终结的开始，并且它可能是未来国际机构的萌芽，其功能将是管理社会化了的世界的生活。

热罗-里沙尔（法国工人党）：当然，这种仲裁法庭必须由人民选举产生。

斯·布拉奇夫人（费边社）：我提议在第2条要求中加上一句"本次代表大会非常高兴地看到美国和英国正处于迈出这伟大一步的前夕"。这对于出席本次代表大会的欧洲男女工人将是非常好的事情，即宣布不管索尔兹伯里①和奥尔尼②，两国应缔结仲裁条约。

亨·迈·海德门：我附议。

吕·萨尼亚尔：仲裁是所有中产阶级的蜜糖。它从未被中产阶级的政府采取过，除非在和平比战争带来更多的金钱时。我不相信所谓的仲裁法庭能够解决国际争端。

威·乔·皮尔逊：我提议我们继续下一项议题。

就布拉奇夫人的修正案进行表决，以绝大多数反对被否决。

随后通过了由巴克斯修改过的决议的第2条要求。

对于第3条要求，即全民公决，**E.贝·巴克斯**提议删除，理由是它与刚刚通过的第2条要求不一致。

海·格罗伊利希（瑞士社会民主党）：我强烈支持保留该决议，因为我把它看做是和平的最大保障。巴克斯不应该把人民和城镇的一小撮胡闹的沙文主义者混淆在一起。人民知道自己的利益，农民、工人以及

---

① 罗伯特·索尔兹伯里（1830—1903），英国政治家，时任英国首相。——编者注
② 理查德·奥尔尼（1835—1917），美国政治家，时任美国外交部长。——编者注

他们不得不去参加战斗的子孙将不会投票支持战争，而是支持和平。当1870年拿破仑第三感觉其皇位岌岌可危时，他举行全民公决，为了引诱人民投"是"的票，他们被告知，投这样的票就是投票支持和平。如果要求他们投票支持战争，他们可能投"否"的票，这只是因为他们的无知，因为他们被骗了，于是拿破仑得到了他的大多数。历史总是如此。人民从不支持战争。

就巴克斯删除第3条主张的动议进行投票，以绝大多数的反对被否决。

修改后的报告随后被一致同意通过。

爱德华·艾威林：我还有一封电报要宣读，也许这是代表大会收到的最后一封电报。它来自里斯本，来自51个工会组织，代表1万名成员。

查·A.吉布森：我要提醒大会，必须选举一个组织委员会。

J.S.马克斯韦尔：大会的时间确实太有限了，现在不能做这件事。是不是最好让目前成立的组织委员会继续工作？

丹·欧文：我们如何能够知道目前的成员是否愿意工作呢？

亨·迈·海德门：能不能让我们知道目前委员会委员的名字？

大会决定把这件事推迟到星期六上午9点。

代表大会于7点30分休会。

第九次会议

（8月1日，星期六上午）

主席：**让·济格**（瑞士）；副主席：**范科尔**（荷兰）、**阿德勒**（奥地利）、**普列汉诺夫**（俄国）、**帕涅尔**（英国）。

主席：我首先请求大会就保加利亚和意大利代表分别提交的两份决议案进行表决。第一份是"大会对8月2日星期日在索非亚召开的保加利亚社会民主工党第三次全国代表大会致以兄弟般的问候"。第二份是"鉴于苏黎世最近发生的令人遗憾的骚乱是意大利大部分移民工人在资本主义制度下深受经济和精神奴役的结果，大会宣布，工人经济竞争这种阻碍无产阶级团结的后果只有通过社会主义的宣传和组织才能消除"。这两份决议案被一致通过。

热罗-里沙尔提议：本次代表大会非常敬佩和感激地纪念了30多年前在伦敦这个城市创建了国际的那些人。提议获得通过。

主席：作为目前担任议员的出席本次代表大会的代表举行的会议的结果，我们将任命一个委员会，以实现不同国家之间社会党议员的合作。我们要求每个国家为这个委员会任命一名代表，并把他的姓名和地址送交巴黎议员爱·瓦扬。在下次代表大会的议程中，海员的状况将作为一个特别要点提出。

弗·布罗克赫斯特：经济委员会多数派和少数派报告及综合委员会报告、作为下次代表大会基础的大会主席团的决议，均已为讨论准备就绪。代表大会将在今天1点结束。

经济和工业委员会报告

一

大会认为，各国工人应该作为一个阶级，为生产、运输、分配和交换手段的社会化而不断奋斗；为了整个社会的利益，所有这些手段应被置于一个完全民主的组织的管理之下，从而将工人阶级和人民从资本主义的统治中完全解放出来。大会认为，由于自由竞争的消失以及由资产阶级的庞大组织控制的全国性和国际性垄断企业的快速增长，因此，秉着这种纯粹的社会主义精神，全国性和国际性的行动正日益变得越来越有必要。石油、棉纱、某些矿产品、大五金产品等，所有这些现在都被资本家的联合体所控制，他们企图规定这些行业的价格和工资。这种强大的公司，靠普通的工会或者孤立的政治行动是不可能有效地加以反对的。为了成功地粉碎这些大公司的图谋，非有更为广泛的工人组织不可；大会建议采取步骤成立一个国际机构，注意这些不断利用政治阴谋以达到其目的公司的动向，并努力通过国家和国际立法实现这种企业的社会化。

另一方面，人类日益增长的创造财富的能力，不仅没有为社会的利益服务，反而成为国内与国际供过于求及商业危机的原因。各国煤炭、钢铁、皮革、棉花和其他行业的工人，因这种他们迄今还无能为力的经济危机而失去工作，被剥夺了生计。在所有文明国家中，人们正认识到由社会所有制来取代这样一种混乱的制度是完全必要的；大型煤矿、大型钢铁厂、化工厂、铁路和大工厂都已经发展到这样的阶段，即它们的国有化和社会化从经济上来说已经没有任何困难了。

因此，大会号召各国工人在各自的国家立即着手敦促采取明确的社会化、国有化和市有化措施，同时，相互通报每个国家在这方面所做的工作，以便使决定采取的政策能够尽可能地在各国同时加以应用。

二

为了反对资本的经济专制和改善工人目前的状况，工人的工会斗争是必不可少的。没有工会，就不可能有最低生活工资，就不可能缩短工作时间。然而，通过这种斗争，对劳动的剥削只会得到减少，而不是消灭。只有当社会掌握了所有的生产资料（包括土地和分配的方式）时，才能完全消灭对劳动的剥削。然而，这首先要求采取一系列立法措施。为了完全实行这些措施，工人阶级应该掌握政权，而这取决于所达到的组织水平。因此，工会因其在组织方面进行的努力而有助于巩固工人阶级的政权。工人阶级的组织如果仅仅是政治性的，那么，它就是不够的，是不彻底的。

但是，经济斗争也要求工人阶级采取政治行动。无论工人在公开的斗争中从雇主那里获得了什么，都必须通过法律予以确认，以使之得到保障；另一方面，工会斗争则可能因为法律措施而变得不再必要。

资本主义世界市场的国际组织与合作越完善，工人阶级在工会行动方面，尤其是在保护劳动的立法方面的合作就越有必要。

在最近期间，无产阶级有必要在如下方面采取国际合作：

1. 废除所有关税、消费税和出口奖励金。

2. 制定国际性的工厂和劳动保护法。

在后一个问题上，大会重申巴黎代表大会的决议，并决定暂时将鼓动工作集中在如下缓解措施上：

（1）要求法定八小时工作日。

（2）废除血汗制度，并为那些不在工厂、车间等地工作的工人提供完善的法律保护。

（3）承认男女工人拥有无可置疑的集会结社权。

在巴黎代表大会上通过的决议是：

1. 法定八小时工作日，有代表提议加上6小时夜班相当于8小时的白班。

2. 禁止使用未满14岁的童工，所有14岁至15岁之间的未成年人的工作日不得超过6小时。

3. 禁止夜间工作，除了某些需要不间断地进行生产的行业。

4. 禁止未满18岁的男工和女工上夜班。

5. 每周至少36小时的完整休息时间。

6. 禁止尤其损害工人健康的工业和生产方式。

7. 取消实物工资制。

8. 由领取薪俸的视察员（其中至少有一半人应由工人选举）对一切行业——无论是在工厂、小车间还是家庭进行生产——实行监督。①

为了实现上述目标，经济行动和政治行动必须结合起来。

因此，大会宣布，把工人组织起来成立工会是工人阶级解放斗争的迫切需要，根据巴黎和苏黎世通过的类似决议，大会认为加入各自行业的工会是所有致力于把工人从资本主义制度枷锁中解放出来的工人的职责。

为使工会尽可能地发挥作用，大会建议它们在各自的国家组建全国性的工会，从而避免因为独立的或者地方的小组织而浪费力量。尤其是，政治观点的分歧不应成为经济斗争中单独行动的理由；另一方面，阶级斗争的性质使得教育它们的会员认识到社会民主主义的真理成为工人组织的职责。

工会也应该允许女工加入他们的行列，保证女工们同工同酬。

在争取更高的工资和更好的工作条件的斗争中，工会应该运用现有的法律来保护工人。

大会认为，罢工和抵制是实现工会目标的必要武器。至关重要的是把工人阶级完全组织起来；因为成功地举行罢工取决于其组织的力量。

为了有统一的国际工会运动，应在每个国家成立中央工会委员会。这些委员会应收集有关劳动力市场的统计资料，并交换这些统计资料以及其他有关各国重要事件的定期报告。

---

① 1889年巴黎代表大会通过的决议见本书第14卷第217—218页，由于文本原因，上述引文与之有明显不同。——编者注

注意吸收来自其他国家的工人加入居留国的各自行业的工会，使他们不以低于工会标准的工资受雇，这应当是各国工会的特别职责。

在发生罢工、同盟歇业以及工人抵制这种歇业时，各国工会应尽自己的力量相互支援。

三

经济和工业的发展如此迅速，可能在相当短的时期内就会发生危机。因此，大会请各国无产阶级牢记这一点，即他们作为具有阶级意识的公民，必须懂得如何为了共同的利益而管理各自的国家。

经济和工业委员会

少数派报告

在法国的几次全国代表大会——马赛（1892年）、巴黎（1893年）、南特（1894年）和利摩日（1895年）——上，工联主义者都宣布支持把所有行业的总罢工作为一种解放的途径；

在比利时，一场尽管组织得并不完美的总罢工对于从资产阶级手中争取到普选权产生了重大的影响；

瑞典和奥地利在争取同样的普选权的斗争中采取了同样的手段；

如果假定国际总罢工似乎是不可能的，那么，全国性总罢工则可能并不如此；

但事实上，全国性罢工的问题并没有在不同的国家得到充分的调查；

有鉴于此，大会邀请各国工人，尤其是工联主义者研究这一可能在下次代表大会上决定的重要问题。

莫尔肯布尔（德国社会民主党，帝国国会议员）：经济委员会不得不处理一大堆已经研究了多年，并且社会党人多年来就已经达成一致的问题。以前的代表大会在我们之前已经处理了其中的大多数问题，这样，对于这些代表大会的决议，我们实际上没有什么要修改或者增加的，巴黎代表大会的决议确实几乎不需要加以完善。于是，我们提不出什么很新的建议，这应该是非常令人满意的，因为它向我们表明社会民主党人从一开始就沿着正确的路线前进。我们看到其他政党正在提出经济发展中不断出现的问题的"解决方案"。我们一方面看到小资产阶级、小店主惊恐万分地注视着社会主义力量的增长；另一方面也看到大型垄断企业、受托基金机构以及八小时工作日之类的增长，并且从中看到反抗的最佳方式。对于他们而言，所有这些现象都有些异常。只有社会主义者从所有这些事情中看到目前我们经济制度的必然结果及副产品。对于中产阶级来说的新东西，工人阶级由于其理论导师马克思和恩格斯，已经做好了准备。因而，从一开始，我们就沿着正确的道路前进。确实，有许多决议提交给了我们，一共是37项。但是，它们大部分只是重申在前几次代表大会上已经决定了的内容，或者仅从表面看是些新建议，目的是把已经笼统作出的决议应用于特殊的行业和地方。然而，委员会认为一个国际社会党代表大会不能，也不应该处理只是某个特定国家的特殊行业或者特有状况。他们的职责就是只沿着我们必须遵循的总路线前进，并且说明对我们有约束的一般性的总原则。因此，例如，费边社要求政府接管某些垄断行业——烟草、面包、酒类等。在这个问题上，他们与俾斯麦的意见一致，而与德国社会主义者意见不一致。在某些民主国家如瑞士，这样一种垄断对人民或许是有价值的，但是，在另外一些国家如德国，则可能是致命的。我们全力反对这种俾斯麦式的理念，我们目前正在反对政府接管烟草行业的企图。如果那样的话，5万名工人将失去工作，7万人将成为最反动政府的奴隶；他们将失去全部的组织、所有的抵抗力量,烟草工人——我就是其中一员——因此将不会做对政府有利的事情。所以,委员会不赞同费边社的决议。此外,某些决议被我们否决了,因为它们持有不同的观点,我们无权把任何不重要和无足轻重的东西纳入我们的计划之中。同样,我们否决了只适用于特定情况而不具有普遍性的那类建议。另外,有些决议案敦促呼吁统治阶级改善工人的状况。但是,这种呼吁绝对是毫无用处的。统治阶级不会为工人阶级做任何事情,除非在工人强大到足以迫使其作出让步的地方。而且,当终于从他们那里得到这些让步时,除非工人足够强大并目睹这一切得以实施,否则,它们仍然是一纸空文,仅仅存在于纸面上。工人不需要保护性法律,我们必须组织起来保护自己。我们知道50年前英国工人阶级进行的伟大斗争。我们在德国正在进行着另外一场这样的斗争;和英国工人一样,我们知道向我们只能与之进行战斗的阶级发出**呼吁**是无用的。工人阶级所要的必须靠他们自己去取得,正如他们所获得的这类让步,他们必须亲眼看到它们得以实现。我们一定不能无视事实,工人阶级在当今的资本主义社会里是不可能得到解放的,他们只有以社会主义社会取代资本主义社会才能够解放自己。同时,我们认识到在这个社会里,工人必须尽可能地改善其状况,要做到这一点,组织是关键。工会的任务是经济方面的组织工作,政治组织的任务是实现经济方面的要求。因而,委员会敦促所有工人都有必要实现在巴黎决议中阐明的主张(已在报告中引用)。我们认为,法定八小时工作日的要求仍然是所有主张中最重要的。但是,在实现这一要求时,必须注意雇主不能通过诉诸家庭工业来逃避其规定。因此,我们要求各种形式的工业都应处于监督之下。在我们看来,这是保护工人、消灭血汗制度的唯一方法。争取结社和组织的全部权利也是工联主义者的职责。委员会认为,在通过提交的报告时,本次代表大会将重申以前代表大会决议的重要性。至于五一游行示威,委员会认为这是反对军国主义的最好手段。因此，它接受由瑞士代表团递交的决议。最后，在我们敦促工人尽全力实现目前这些缓解措施的同时，我们也呼吁他们不要忘记社会主义最终的伟大目的和目标，即从阶级统治中解放所有阶级。

盖拉尔（巴黎铁路工人）：我代表少数派对经济委员会多数派的行为表示抗议，他们一次也没有允许讨论总罢工的问题，尽管法国工人认为该问题极为重要。我们知道，现在在代表大会上讨论这个问题太迟了，但是，此事应该在以后进行讨论。总罢工是我们拥有的最革命的武器。代表大会至少要建议各地的工人研究这一问题的细节，直到下次国际代表大会召开。这样，在下次代表大会上，他们应该可以就总罢工达成一个明确的决议。

拉扎里（意大利社会民主党）：我希望代表大会不要讨论这个问题。

哈·奎尔奇（社会民主联盟）：我提议通过多数派决议。

一个要求不作任何修改、不进行讨论而立即投票表决的建议被否决了。

另外一个要求进行修改、但不进行讨论而进行投票表决的建议获得通过。

埃米·希克斯（英国绳索工人）提议：（1）禁止妇女在产前产后6周内在工厂或车间工作；（2）在第一项决议中，就像在巴黎代表大会通过的一样，把"14"改为"16"。① 提议获得通过。

潘克赫斯特博士：关于失业这个重大而严肃的问题，本次代表大会宣布，无论哪里的私人企业无法提供就业，都应该以合理的工资提供公共就业。提议获得通过。

---

① 原文如此。从上下文看，这里说的第一项决议应该是指决议中引用的巴黎代表大会决议的第2项措施，即"禁止使用未满14岁的童工……"——编者注

爱德华·艾威林（澳大利亚社会民主联盟）：在以"工会"开始而以"同工同酬"结束的这一句后面插入"和不应要求反对外国移民的限制性立法"。该决议案由以下几乎全部由外国移民组成的英国工会代表签署：约翰·N.迪舍，披风制作工联合会；阿·罗斯伯里，独立缝纫工人联合会；马克斯·沙耶尔，缝纫工人联合会犹太人支部；米歇尔·弗伦奇曼、萨姆·弗里德曼，约克郡利兹市犹太缝纫工人联合会；威廉·赫斯，伦敦希伯来语排字工人协会，格拉斯哥国际香烟工人联合会；F.沃肖斯基，细木工和细木工工会联合会希伯来第49支部；约·普雷斯伯里，国际熟练机械工人联合会。提案获得通过。

A.福凯（瑞士社会民主党）：有关五一示威游行的问题，代表大会宣布支持继续执行上述代表大会的决议，认为这些游行应该把争取法定八小时工作日作为主要目标，反对军国主义。提案获得通过。

奥克特斯（比利时）：在第二部分的（3）一段后面加上："此外，工会的职责是：吸收在各行业工作的妇女为会员，努力实行男女同工同酬的原则；吸收学徒工为会员，以便使他们组成工会的特别分会，并对他们进行社会主义教育和职业教育。"提案获得通过。

丹·亨尼西：鉴于发生罢工时，经验表明资本家常常设法从其他国家找来成批的工人以满足临时之需，这使他们能够对抗本国工人的要求，本次大会在反对任何移民到其他国家寻求更好生活的工人的同时，相信出席本次大会的各国代表在未来会尽最大努力通过其工会组织或者通过报刊来阻止这种恶行。提案获得通过。

赫伯特·伯罗斯：无论何时，只要有可能就取缔家庭工作。提案获得通过。

少数派报告因为多数派反对而被否决，多数派报告以及上述修改意见被一致通过。

综合委员会报告

报告人　约·布鲁斯·格莱西尔（英国独立工党）

1. 大会宣布，工人和社会其他各阶层的人民均享有信仰自由、言论自由和出版自由的基本权利，并享有为争取政治、工业和社会改革在地方和国际范围公开集会和结社的权利。

2. 大会号召工人在各自的国家尽最大努力争取赦免政治犯，并对警察阴谋挑衅的做法表示谴责，这些做法旨在败坏进步运动的名声，挑起镇压进步运动的措施；此外，大会要求立即揭露并调查所有被人们怀疑通过这种恶劣的做法定罪的案件。

3. 由于帮助工人就业的职业介绍机构是一种社会需要，这些机构不应被用于私人投机或者谋取利润，鉴于私人经营的职业介绍所常常滥用职权、营私舞弊，大会要求撤销这种职业介绍所，并设立由市政机关或真正的工会经营的免费职业介绍所或劳动局。

4. 由于德国、奥地利、西班牙和其他几个代表团没有派代表到本委员会，人们认为不宜提出任何有关国际使用的语言的报告；但是，委员会建议主席把这一问题提交大会，由各国决定他们愿意采用哪种语言，英语、法语还是德语；当本国语言提交会议表决时，讲该语言的国家不参加投票。

约·布·格莱西尔：我不需要作任何发言。报告不言自明。

阿尔吉里阿德斯：我希望提出以下决议："已作出决议支持古巴、克里特岛和马其顿的解放斗争的法国代表团，要求大会就此进行表决，即大会希望这三个正在为政治自由和经济自由而斗争的国家获得解放。"

主席：这个决议目前肯定不符合规程。我们必须首先审议委员会的报告。

阿尔吉里阿德斯提出抗议，主席为了节省时间，将决议付诸表决，该决议被鼓掌通过。

他接着将报告的前三段付诸表决，这三段被一致通过。对于第四段，主席指出，鉴于时间已经太晚了，实施其中提出的建议是不可能的。

下一次代表大会

威·李卜克内西（德国社会民主党，帝国国会议员）代表主席团提交了如下报告：

"大会主席团受托起草下一次代表大会的邀请书，下次大会仅邀请：

1. 一切以社会主义所有制和社会主义生产代替资本主义所有制和资本主义生产为目标，并把立法斗争和议会斗争视为实现上述目标的一种必要手段的组织的代表；

2. 一切虽未参加政治斗争但声明承认立法斗争和议会斗争的必要性的纯工会性质的组织的代表。因此，无政府主义者被排除在外。

代表委托书的审查由各国分别进行，除非是向出席代表大会各国所选出的专门委员会提出申诉。代表少于5名的国家，其委托书与存有疑问的委托书一样，应提交委托书审查委员会审查。

大会决定下次代表大会将于1899年在德国召开，如大会届时不可能在德国举行时，则改于1900年在巴黎召开。"

威·李卜克内西：主席团对下次代表大会召开的时间和地点进行大

量的讨论。至于时间，我们已决定要在 5 年内召开下次代表大会，1900 年、1898 年或者 1899 年。至于地点，建议在纽约、巴黎或德国举行。时间的耗费和经费的开支对美国不利。法国退出了，因为德国是他们尊敬的对手。1898 年是不可能的，因为德国、法国和意大利在这一年将举行大选。德国代表团对于在德国举行下一次代表大会感到非常自豪，即使目前因为政治的不确定性而不能提出任何明确的城市。主席团必须考虑到 1899 年**也许**不可能在德国召开代表大会的这种可能性，如果那样的话，主席团决定代表大会将于 1900 年在巴黎召开。要花更多的时间审议参加大会的条件而不是召开大会的时间和地点。下次代表大会一定不能出现过去两次代表大会那种不愉快的场面。我们将在下次代表大会上看到所有社会主义政党的代表同组织起来进行经济和政治斗争的无产阶级的代表团结在一起。迄今为止，我们还没有顺利地将革命的社会民主主义的代表同坚持相同基础的工会代表团结起来。当未受邀请和不受欢迎的人到来时，我们作为民主党人面临着许多难题；我们不能叫警察过来驱逐这些不和谐分子。这样，我们就必须经历多天毫无结果的讨论，这种讨论是强加给我们的，其目的在于败坏代表大会的名声，使人们对会议感到反感，这样，我们的敌人就可能胜利地说，"瞧，想要建立一个新世界的人甚至不能在他们自己的代表大会上保持秩序。"因此，我们必须彻底地杜绝这种事情。通过邀请参加下次代表大会的形式，我们必须注意使没有受到邀请的人不能进入，为此，我们必须注意，那些发出邀请的人有权确保邀请条件得到尊重。主席团以及在代表大会上持不同意见和倾向的代表一致同意该决定，为了在这个问题上彻底地消除任何怀疑，我们明确宣布无政府主义者无权参加代表大会。我提议通过由主席团提交的这个报告。

丹·欧文：我代表社会民主联盟对主席团的报告提出如下修正案：

"1. 下次国际代表大会的委托书将限于真正的社会民主主义组织（以及工会）的代表。其目标是在民主的所有制和民主管理下为了全体人民的利益将生产、运输、分配和交换手段及工具社会化；这种组织通过议会和其他一般性政治方法努力实现上述目标，支持在每个国家建立议会并建立不依附并且独立于其他一切政党的政党，准备在现有环境下接受并遵守多数人的统治。"

威·李卜克内西：主席团将仍然坚持其最初的建议。

爱德华·艾威林：主席团不能接受社会民主联盟替代其第二自然段的修正案吗？

W. 史蒂文森（伦敦建筑工人联合会）：我声明，我有权代表那些将我派到此的工联主义者的意见。对于大会所表现出来的不宽容，我并不感到吃惊。这只是确实碰巧代表某些人的英国工联主义者这周在这个所谓的国际代表大会上所受到的对待的一个例子。英国代表团一直在忙于应付工联主义者。我准备说，有关影响工人生活的工业问题和事情，大会几乎没有做什么实际的、有益的事情。修正案只是把几个工会拉进另一个代表大会的一点甜头。我反对这样浪费时间。确实影响人民的工业福祉的问题已经被回避了，你们在听取距离你们千年之远的理想社会形态方面的辉煌研究成果方面花费了太多的时间。

主席：名单上有12位发言人，我提请大会就此进行表决，即是否现在对主席团的报告进行投票。

绝大多数投票赞成结束讨论。

随后，社会民主联盟的修正案被提交表决。奥地利和葡萄牙没有投票。在这个问题上，法国分成两个部分。其他所有国家都投票否决了该修正案。英国以129票对109票否决了该修正案。

除了分成两个部分的法国以及葡萄牙弃权之外，主席团报告被各国一致通过。

爱德华·艾威林就一些工作进行了最后的沟通。

主席：代表大会事宜现在已经结束。我请求以大会的名义向组织委员会，向所有的英国组织表示感谢，也对把我们派到这里的各国工人表示感谢。本次代表大会通过的决议将不会仅仅停留在我们想要的一纸严谨记录上。我们都将返回我们自己的国家，并尽可能地把这些决议付诸实践。我现在邀请你们，为了工人的国际团结，请鼓掌欢呼，1896年国际社会主义工人与工会代表大会闭幕。

在鼓掌欢呼声平息之后，管风琴奏响了《友谊地久天长》，人们用英语演唱；随后是《马赛曲》和《卡曼纽拉歌》①。

下午，代表们及其朋友应组织委员会邀请前往水晶宫。晚上6点，他们参加了由爱德华·艾威林主持的宴会。只安排了3位发言人：讲英语的主席、讲法语的热罗-里沙尔、讲德语的保罗·辛格尔。随后是一场音乐会，代表们最后去观看了水晶宫的庆祝焰火。

在代表大会的最后一次会议之后，主席团开会讨论发表一份正式报告。他们决定，应该发表这样一份报告，并任命代表大会组织委员会书记爱德华·艾威林来起草这份报告。在发表之前，该报告将提交给主席团并征得主席团成员的同意。

这就是在此出版的报告。

贺信与贺电

大量贺信与贺电由爱德华·艾威林在会议期间的不同时间对大会进行了宣读。其中主要有如下一些：

---

① 法国大革命时期流行的一种轮唱曲。——编者注

城市	组织
美洲（北部）	
俄亥俄州克利夫兰市	社会主义工人党
宾夕法尼亚州费城	费城县社会党代表大会
密苏里州圣路易斯	德国工人联合会
美洲（南部）	
巴西圣保罗市	工人总联合会
奥地利	
摩拉维亚布吕恩	社会民主党
布达佩斯	匈牙利社会民主党
布达佩斯	制桶工人联合会
加布隆茨	匈牙利陶瓷和玻璃工人
格拉茨	制桶工人联合会
布拉格	社会民主党
特普利茨	德国和捷克工人
维也纳	组织起来的女工
英　国	
哈默史密斯	威廉·莫里斯
瑟尔马斯顿	农业工人
西哈姆	汽车工人

伍尔弗汉普顿	工联理事会

法 国

阿尔芒蒂耶尔	工人党
巴黎	库唐，国民议会议员
巴黎	第13郡独立革命社会主义者
巴黎	女工
马赛	卡尔诺，国民议会议员
马赛	弗莱西耶市长

德 国

阿尔托纳	奥腾湖工人
柏林	雕刻工人鼓动委员会
柏林	运输工人
柏林	侍者鼓动委员会
布尔格施塔特	纺织工人
德累斯顿	萨克森第10选区的选民
弗伦斯堡	工会执委会
柯尼西山	立陶宛社会民主党
马格德堡	社会民主党
米尔海姆	工会
普劳恩	萨克森第6选区的选民

意大利

巴里	斯巴达克斯（阿普利亚的民主机构）

约翰内斯堡

约翰内斯堡　　　　　工人联合会

波　兰

克拉科夫　　　　　　社会主义工人
普热梅希尔　　　　　社会主义工人

葡萄牙

里斯本　　　　　　　工会联合会

罗马尼亚

布加勒斯特　　　　　工人联合会
布加勒斯特　　　　　罗马尼亚社会党
布加勒斯特　　　　　参加上一次代表大会的罗马尼亚代表们

俄　国

巴黎　　　　　　　　彼·拉甫罗夫

西班牙

阿尔赫西拉斯　　　　胡安·德拉克鲁斯
马德里　　　　　　　社会党全国委员会

国际代表大会代表名单

美 国

	姓名	城市	组织	成员
1	C.F.贝希托尔德	圣路易斯	美国啤酒工人全国联合会	12000
2	阿瑟·基普	华盛顿	哥伦比亚区劳工联合会	3000
3	马修·马奎尔	帕特森	美国社会主义工人党	6000
4	吕西安·萨尼亚尔	纽约	社会主义行业和劳工联盟，美国和加拿大	45000
5	夏绿蒂·P.斯特森	奥克兰，加州	阿拉米达县劳工联合会	
6	哈里·F.琼斯	纽约	马车夫联合会	
7	罗伯特·温斯托	纽约	马车夫联合会	

澳大利亚

	姓名	城市	组织	成员
1	爱德华·艾威林	伦敦	新南威尔士社会民主联盟	

奥地利

	姓名	城市	组织	成员
1	维克多·阿德勒	维也纳	社会民主党	
2	卡尔·考茨基	斯图加特	社会民主党	
3	汉斯·雷塞尔	格拉茨	社会民主党	
4	路德维希·埃克斯纳	维也纳	工会联合会，五金工人联合会	
5	卡尔·弗莱米施	维也纳	工会联合会，制帽工人联合会	
6	安东·拉瓦佐拉	维也纳	啤酒工人联合会	

比利时

	姓名	城市	组织	成员
1	路易·贝尔特兰德,众议院议员	布鲁塞尔和苏瓦尼	比利时工人党,索瓦尼郡总委员会和社会联合会	5000
2	恩格斯	安特卫普	比利时工人党	
3	斐迪南·哈迪因斯	根特	比利时工人党	20000
4	埃米尔·王德威尔得,众议院议员	布鲁塞尔	比利时工人党,众议院社会党党团	29
5	弗朗索瓦·德穆兰	布鲁塞尔	人民之家合作社	12000
6	范洛	布鲁塞尔	人民之家合作社	12000
7	阿尔丰斯·奥克特斯	布鲁塞尔	比利时工人党,布鲁塞尔联合会	15000
8	J.德斯特雷	沙勒罗瓦	比利时工人党,民主联合会	15600
9	奥斯卡·吉伯特	沙勒罗瓦	社会主义者联盟	
10	弗尔内蒙	沙勒罗瓦	民族主义者联盟	
11	内莉·范科尔	布鲁塞尔	社会主义教师俱乐部	
12	F.埃尔贝斯	布鲁塞尔	五金工人	6000
13	查理·格尔默	安特卫普	缝纫工人	400
14	亨利·朱格特斯	安特卫普	雪茄制造工	
15	莱昂·埃内比克,教授	布鲁塞尔	大学生和大学毕业生联合会	120
16	卡达姆	布鲁塞尔	大学生和大学毕业生联合会	
17	孔斯旦·米歇尔	布鲁塞尔	大学生和大学毕业生联合会	
18	埃米尔·宾克,教授	布鲁塞尔	大学生和大学毕业生联合会	120
19	奥古斯特·德尔温纳	布鲁塞尔	社会主义合作出版社	200

波希米亚

	姓名	城市	组织	成员
1	约瑟夫·希贝什	捷克什	捷克斯洛伐克社会民主党	

保加利亚

	姓名	城市	组织	成员
1	乔治·巴卡罗夫	索非亚	社会民主工党	
2	雅丹诺夫·马科夫	索非亚	社会民主工党	
3	克里斯蒂安·拉柯夫斯基	索非亚	社会民主工党	
4	埃利萨·斯坦科娃	索非亚	社会民主工党	

丹 麦

（丹麦社会民主工党有两个部分：政治部分为社会民主联盟，拥有23000名党员；工会部分为中央工会，拥有42000名会员。）

	姓名	城市	组织	成员
1	P.霍尔姆，众议院议员	哥本哈根	社会民主联盟	23000
2	哈拉尔德·延森，众议院议员	哥本哈根	社会民主联盟	
3	K.M.克劳森，众议院议员	哥本哈根	社会民主联盟	
4	彼·克努森，众议院议员	哥本哈根	社会民主联盟	
5	J.延森，众议院议员	哥本哈根	中央工会	42000
6	S.奥尔森，众议院议员	哥本哈根	中央工会	
7	H.P.汉森	哥本哈根	机械工人协会	3500

法 国

	第一支部	
	姓名	组织
1	阿格雷斯蒂	莫雷兹（汝拉）劳工俱乐部
2	阿列曼，让	革命社会主义工人党（中央联合会，巴黎第15区小组，圣但尼小组，武埃兹河畔尚邦小组，宣传学校小组）；制帽工人联合会
3	阿尔吉里阿德斯	中央革命委员会
4	班纳姆，威廉	职业介绍所（安古兰）
5	布伊策尔瓦塞	社会主义不妥协联盟；社会修正主义共和委员会，圣乌恩（塞纳河）
6	布昂绍，弗朗索瓦	塞纳河工会联合会，职业介绍所（尼奥尔）；制帽工人联合会
7	布尔昂，富兰克林	大学生民主联盟（巴黎）
8	布尔代，保尔	花饰制作工联合会；花饰、叶饰、羽毛饰品制作工人联合会（巴黎）
9	布劳恩，约瑟·阿道夫	五金工人；眼镜制作工人（法国）
10	布罗卡	木工联合会（里昂）
11	考伊	自由共产主义工人的社会学图书馆（巴黎）
12	科洛，西托伊	室内装饰女工联合会（巴黎）
13	科恩，西托伊	职业介绍所（伊西莱穆利诺）
14	库尼，加斯东	中央革命委员会（中央联合会），科芒特里
15	达勒，维克多	法国社会主义工人联合会（联合会委员会）；全国店员联合会；烟草工人；店员工会
16	达雷纳，让	煤气工人（巴黎）
17	德盖	中央革命委员会

（续表）

		第一支部
	姓名	组织
18	德让特，维克多，国民议会议员	革命社会主义工人党，巴黎第20区
19	德勒萨勒	科学仪器制造工人联盟（巴黎），皮具工人（亚眠）
20	德吕利耶	合作社（巴黎）；合作社（阿尔克伊）
21	杜布瓦	革命社会主义工人党；建筑工会
22	迪布勒伊	阿利埃河中央革命委员会（莱拉小组；巴黎第15区小组；特纳、拉普兰、蒙索小组；塞纳河畔布伦小组）；人民复审联盟；法国制靴工人工会
23	迪帕克，彼得	市政工人联合会
24	法贝罗特，帕斯卡尔	制帽工人联合会（巴黎）；铸工联合会（努宗）；羊毛工人（代尼）；社会学习俱乐部（巴朗）
25	法尼奥，弗朗索瓦	实证主义无产阶级工人（巴黎）
26	法伊埃，欧仁	革命社会主义工人党，巴黎第10区小组
27	费雷尔，弗朗索瓦	法国工人党，巴黎第9区小组
28	封丹，莱昂	社会主义独立裁缝（塞纳）
29	加朗，查理	职业介绍所（柯纳克）
30	让蒂	法国全国工人书记处；细木工人联合会
31	吉拉尔，昂利	青铜工人联合会（巴黎）；白铁工人联合会（塞纳）；衬衫裁缝联合会（巴黎）；玻璃工人（阿尔比）
32	古尔桑，让	伐木工人联合会（安德尔-卢瓦尔省）
33	格拉韦，让	五金工人（亚眠）
34	格罗	工会联合会（罗讷河口省）
35	格鲁西埃，阿蒂尔，国民议会议员	革命社会主义工人党，巴黎第9区

(续表)

第一支部		
	姓名	组织
36	盖拉尔，欧仁	全国铁路职工联合会，司机联合会（巴黎和塞纳）；木工联合会（塞纳）；劳工总联盟；劳工骑士；玻璃工人（阿尔比）
37	盖拉尔，斐迪南	职业介绍所（贝济耶）；店员（塞纳）；劳工骑士（巴黎）；室内装饰工人联合会（亚眠）
38	盖里诺	五金抛光工人（巴黎）
39	盖昂，保尔	总罢工组织委员会（巴黎）
40	哈莫，奥古斯特	职业介绍所（南特）；劳工骑士（巴黎）
41	杰罗尔德，劳伦斯	社会艺术小组
42	克费，奥古斯特	图书工人协会；工会联合会（布洛涅）
43	拉沃，J. B.	革命社会主义工人党（总书记）；工会小组（克利希）；革命社会主义工人党（克利希）；社会学习小组（特纳和赛佛尔）；平仓工人联合会
44	莱唐	中央革命委员会（科芒特里）
45	洛尔西恩	职业介绍所（蓬皮尼昂）
46	马拉泰斯塔，恩利科	五金工人（亚眠）
47	马尔尚	革命社会主义工人党（圣路易斯医院小组）
48	马雷夏尔，茹尔	社会主义不妥协联盟
49	马丁，查理	面包师联合会（塞纳）
50	梅坦，阿尔伯特	社会主义图书馆
51	迈耶尔，查理·路易	糕饼师和面包师联合会（塞纳和法国）；服务员（巴黎）；食品供应业劳资调解委员警戒委员会；废除劳工登记处联盟（巴黎）
52	梅内特，诺埃米	革命社会主义工人党；制椅女工支部（塔布）
53	蒙塔加德	工会联合会（罗讷河口省）

(续表)

	第一支部	
	姓名	组织
54	米瑟克斯,埃内斯特	革命社会主义者同盟(巴黎第6区)
55	帕奇尼,伊萨亚	革命社会主义工人党(塞蒙塞勒)
56	帕森斯,莱昂	职业介绍所(巴黎,克利希)
57	帕斯卡尔	纸箱制作工联合会(巴黎);玻璃工人(阿尔比)
58	佩洛捷,费尔南	法国及殖民地职业介绍所联盟;染工和清洁工(亚眠);玻璃工(阿尔比)
59	皮洛,马尔克	革命社会主义工人党(桑斯)
60	普热	五金工人(博韦);石匠(柯纳克);国家工人(特雷拉泽)
61	里斯,查理	社会主义者协会(夏朗德)
62	雷米,莱昂	革命社会主义工人党(巴黎第5区和勒韦,亚眠);纺织工人(亚眠)
63	雷纳德,马蒂兰	中央革命委员会,巴黎第18区;园丁(巴黎);石板工(昂热-特雷拉泽)
64	里厄塞	革命社会主义工人党(普莱桑斯)
65	罗班,保尔	社会党科学艺术界协会(巴黎);社会主义者合作社(巴黎)
66	罗奇耶,欧仁	金属压模工和雕刻工联合会(巴黎)
67	桑巴,马赛尔	工会联合会(安德尔-卢瓦尔省);独立社会主义者联盟(巴黎)
68	西蒙	制靴工(里昂);皮革工(里昂)
69	斯滕斯,阿希尔	纺织工人(亚眠);社会艺术小组(巴黎)
70	泰里乌,L.	清洁工联合会(巴黎)
71	蒂埃拉尔,雷米	纺织工(兰斯);细木工(兰斯);社会共和主义者小组(叙普)

（续表）

	第一支部	
	姓名	组织
72	托马斯，茹尔	中央不妥协委员会，第 19 区
73	托沙提，T.	革命社会主义工人党（马罗姆）
74	托尔特利耶，约瑟夫	细木工联合会（塞纳河）
75	杜山，爱德华	革命社会主义工人党（巴黎第 11 区）；委员会办事处（塞纳河）
76	蒂罗，昂利	中央革命委员会；共和社会主义者同盟（圣昆廷和埃纳河）；伐木工人联合会（维耶尔宗农村地区）
77	瓦扬，爱德华，国民议会议员	中央革命委员会，第 15 区；第 20 区第 2 分区和贝尔维尔（巴黎、丁香镇）；五金工人（维耶尔宗）
78	瓦凯特，查理	平版印刷工人联合会（塞纳河）；装订工人和镀金工人联合会（巴黎）

	第二支部	
	姓名	组织
1	贝尔特兰德	法国工人党，巴黎城区，人民之家，巴黎第 13 区
2	博尼埃，查理	法国工人党，北部联盟（121 个小组，37 个协会，5 个中央委员会）；图卢兹小组和旺弗小组
3	布鲁斯，保尔	巴黎市议会副主席；法国社会主义工人联合会全国委员会（云杉区和古得多）；中央联合会；社会主义者俱乐部，巴黎第 17 区
4	卡雷，克拉尔	法国工人党；缝纫女工联合会（巴黎）
5	卡雷，埃米尔	法国工人党，巴黎第 2 区
6	沙文，勒奈，国民议会议员	法国工人党（全国委员会，867 个支部）；法国皮衣制作工联合会
7	达尔，吉尔	法国工人党（巴黎）

(续表)

		第二支部
	姓名	组织
8	德科克	鲁贝市市长助理；法国工人党，鲁贝（代表41个小组和11个工会）
9	德尔克吕兹·阿尔弗勒德	市议员，加来；法国工人党（加来）；社会主义者同盟（敦克尔克）；战斗小组（加来）；缝纫工人联合会（加来）
10	德隆，J. H. A.	法国工人党（阿莱、昂迪兹、阿韦兹、克拉朗萨克、蓬皮尼昂、塞尔、沃韦尔）；圣伊莱尔德布雷特马的社会主义农业工人
11	德洛里，古斯塔夫	里尔市市长；法国工人党（里尔），1个协会，19个小组
12	德维尔，加布里埃尔，国民议会议员	塞纳河共和社会主义者同盟；社会主义和共和主义者联合会委员会（巴黎第4区）
13	多尔莫瓦，J.	蒙吕松市市长；阿尔希尼亚、塞里伊、尚贝拉、拉沙普朗、代塞尔蒂讷、埃斯蒂瓦雷耶、于列勒、利盖罗莱、莫勒、蒙吕松、罗阿讷、圣维克托、于尔赛、维普莱、科芒特里、安第斯、迪尔达拉勒基耶、圣埃卢瓦等市议会；法国工人党；蒙吕松共和主义工人俱乐部；五金工人、店员、印刷工人、玻璃工、市政工人，工会联合会，铁路职工联合会，蒙吕松；矿工联合会，圣埃卢瓦和贝兹内；科芒特里工人；圣埃卢瓦、艾奈堡、奥埃尔河畔科讷、利盖罗莱、贝兹内、蒙吕松等地社会主义小组；共和社会主义者同盟，蒙吕松
14	迪皮耶，路易	里尔市市长助理；法国工人党（北部联盟）；纺织工人（里尔）
15	费雷尔	法国工人党，巴黎第19区小组
16	富克斯，法菲	加来市市长助理；法国工人党（加来）；加来妇女工会联合会

(续表)

	第二支部	
	姓名	组织
17	热罗－里沙尔，国民议会议员	中央社会主义小组（勒芒）
18	盖斯基埃，昂利	市议员；里尔市市长助理；法国工人党（北部联盟）总委员
19	盖得，茹尔，国民议会议员	法国工人党（鲁贝，41个小组和11个工会）；马西亚格小组和市议会；法国工人党（罗什福尔）；法国工人党全国委员会（里昂和格勒诺布尔，47个工会）；职业介绍所
20	吉亚	法国工人党（里昂和格勒诺布尔，47个工会）；职业介绍所
21	埃默里，爱德华	法国工人党（巴黎）
22	埃米诺，埃米尔	饰带工人联合会（加来）
23	饶勒斯，让，国民议会议员	矿工联合会（卡尔莫）；玻璃工（阿尔比）
24	茹尔德，安东，国民议会议员	法国工人党（吉伦特联盟）
25	科托夫斯基，A. M.	法国工人党（巴黎第5区）
26	拉法格，保尔	法国工人党（全国委员会，代表867个小组）；农业工人（下卢瓦尔省）
27	拉维涅，亚历山大	法国工人党（吉伦特联盟）
28	拉维涅，雷蒙德	法国工人党（吉伦特联盟）；利布尔讷共和社会主义者；职业介绍所和共和社会主义者（里摩日）
29	勒科克	法国工人党，尚贝隆社会学习小组，巴黎第14区

(续表)

	第二支部	
	姓名	组织
30	龙格,让	法国工人党(下诺曼底联盟)
31	洛尔什	法国工人党(里昂和维勒班人民之家)
32	马耶,阿尔伯特	法国工人党(下诺曼底联盟);区议员
33	马丁,茹尔	饰带工人(加来)
34	米勒兰,亚,国民议会议员	社会主义议员小组(50名成员)
35	米勒,昂利	人民之家(特鲁瓦);法国工会联合会和全国委员会;奥布河联盟
36	佩德龙,埃蒂耶纳	法国工人党(马恩河)和奥布河联盟;法国工会全国委员会
37	佩尔蒂埃	缝纫工人联合会(巴黎)
38	雷纳德,乔治	社会学习小组(巴黎);革命社会主义党竞选委员会,巴黎第20区
39	里维埃	法国工人党,第13区;集体主义学生(巴黎)
40	鲁瓦奈,古斯塔夫,国民议会议员	社会党人委员会,第13区
41	鲁塞尔,斐迪南	伊纳河畔伊夫里市市长;伊夫里市议会;法国工人党;社会行动小组,伊夫里;白炽灯工人(男工和女工)联合会;平板工人联合会(巴黎)
42	萨朗比耶,埃米尔	加来市市长;法国工人党(加来);工会联合会(加来)
43	索瓦内,国民议会议员	法国工人党;工会联合会,五金工人,市政职员,印刷工人,玻璃工人,店员,共和主义工人俱乐部(蒙吕松);市议会,于列勒(阿列河)
44	赛绍,安德里安	缝纫工人和裁缝联合会(巴黎)

(续表)

第二支部		
	姓名	组织
45	西科,古斯塔夫	法国工人党(巴黎和格勒诺布尔)
46	西蒙,鲁道夫	法国和殖民党社会主义市议员联盟;巴黎第18区人民之家
47	维维安尼,勒奈,国民议会议员	社会主义议员小组(50名成员)
48	武雷,阿贝尔	革命社会主义者联盟,圣但尼第5区
49	瓦尔内伊	伊西勒布林诺革命社会主义者协会

德 国

	姓名	城市	组织	成员
1	奥古斯特·倍倍尔,帝国国会议员	柏林	德国社会民主党,执委会和国会社民党议员	
2	威廉·李卜克内西,帝国国会议员	柏林	德国社会民主党,执委会和国会社民党议员	
3	保尔·辛格尔,帝国国会议员	柏林	德国社会民主党,执委会和国会社民党议员	
4	奥蒂莉·巴德尔	柏林	社会民主党,柏林	
5	M.比尔	伊灵	社会民主党,科特布斯	
6	W.博克	哥达	社会民主党,施瓦茨堡,鞋匠协会,哥达	
7	海尔曼·博格曼	柏林	社会民主党,柏林	
8	弗兰茨·迪德里希	不来梅	社会民主党,不来梅	

(续表)

	姓名	城市	组织	成员
9	奥古斯特·德雷斯巴赫	曼海姆	社会民主党,巴登	
10	W.埃尔贝	柏林	社会民主党,柏林	
11	理查·费舍,国会议员	柏林	社会民主党,柏林	
12	格里伦贝格尔	纽伦堡	社会民主党,巴伐利亚	
13	C.F.格林贝格	哈尔塔	社会民主党,萨克森	
14	保罗·胡格	班特	社会民主党,奥尔登堡和东弗里斯兰	
15	埃玛·伊雷尔	柏林	社会民主党,社会主义妇女,德国	
16	弗兰茨·伊泽洛	吕登沙伊德	社会民主党,韦斯特伐利亚	
17	J.约斯	哥达	社会民主党,施瓦茨堡	
18	W.克勒斯	马格德堡	社会民主党,马格德堡	
19	卡·列金,帝国国会议员	汉堡	社会民主党,荷尔斯泰因	
20	卡尔·麦斯特	科隆	社会民主党,莱茵省	
21	阿尔弗勒德·梅切克	阿尔滕堡	社会民主党,阿尔滕堡,德国制帽工人协会	
22	H.莫尔肯布尔,帝国国会议员	汉堡	社会民主党,汉堡	
23	R.舍布斯	布雷斯劳	社会民主党,西里西亚	
24	布鲁诺·舍恩兰克,帝国国会议员	莱比锡	社会民主党,莱比锡	

(续表)

	姓名	城市	组织	成员
25	恩斯特·舒尔采	科瑟包德	社会民主党,萨克森	
26	布鲁诺·舒曼	比勒费尔德	社会民主党,明登,明斯特,利珀,代特莫尔德,绍姆堡-利珀	
27	M.泽基茨	菲尔特	社会民主党,菲尔特,五金工人联合会	
28	L.陶舍尔	斯图加特	社会民主党,符腾堡	
29	K.乌尔里希	奥芬巴赫	社会民主党,黑森	
30	F.韦特斯	美因河畔法兰克福	社会民主党,法兰克福	
31	埃·武尔姆,帝国国会议员	柏林	社会民主党,罗伊斯	
32	克拉拉·蔡特金	斯图加特	社会民主党,社会主义妇女,德国,奥芬巴赫,法兰克福,缝纫工人	
33	爱·伯恩斯坦	伦敦	纺织工人,科特布斯	
34	F.比绍夫	汉堡	铜匠	
35	埃尔穆勒	苏黎世	瑞士德国社会民主俱乐部	
36	理查·雅恩	夏洛滕堡	瓷器工人	
37	J. H.云格	不来梅	烟草工人	
38	A.凯尔	不来梅	烟草工人	
39	K.克洛斯	斯图加特	木工	
40	F.列斯纳	伦敦	共产主义俱乐部,伦敦	
41	尤利乌斯·莫特勒	伦敦	共产主义俱乐部,伦敦;国际社会主义俱乐部,伦敦	
42	奥托·内特	柏林	五金工人	

(续表)

	姓名	城市	组织	成员
43	O.波布索	沃金	理发师联合会	
44	W.申克	巴黎	德国社会民主俱乐部,巴黎	
45	A.施特默	汉堡	海员联合会,汉堡	
46	H.施蒂默	汉堡	缝纫工人联合会	
47	P.托马斯	里克斯多夫	石匠	
48	R.维勒	汉诺威	啤酒工人	

英　国

工　会

	姓名	城市	组织	成员
1	托马斯·伍尔德里奇	达德利	砧匠	300
2	威·查·斯特德曼,伦敦郡议会	伦敦	驳船制造工人	400
3	托马斯·多布森	伦敦	伦敦编筐工人联合会	250
4	弗里德里希·瑞安	伦敦	面包师联合会	2000
5	乔治·H.李	伦敦	面包师联合会	
6	托马斯·文特尔斯	伦敦	面包师联合会	
7	约翰·詹金斯	伦敦	面包师联合会	
8	帕特里克·沃尔斯	坎伯兰	全国高炉工人联盟	4000
9	托马斯·卡尔顿	米德尔斯伯勒	全国高炉工人联盟	
10	H.B.金	伦敦	图书装订工	1200

（续表）

	姓名	城市	组织	成员
11	威廉·B.霍尔尼基	莱斯特	全国靴鞋工人联合会	41000
12	W.沃蒂尔	伦敦	全国靴鞋工人联合会	
13	托马斯·F.理查兹	莱斯特	全国靴鞋工人联合会	
14	理查·科特	莱斯特	全国靴鞋工人联合会	
15	约翰·格罗	伦敦	伦敦马车夫工会	7000
16	弗兰克·纳什	伦敦	伦敦马车夫工会	
17	威廉·穆林	曼彻斯特	梳棉清棉工联合会	2300
18	迈克尔·康诺利	曼彻斯特	梳棉清棉工联合会	
19	威廉·H.卡尔	阿什顿安德莱恩	梳棉清棉工联合会	
20	威廉·帕涅尔	伦敦	细木工联盟	4000
21	理查·汤克	伦敦	细木工联盟	
22	F.沃肖斯基	伦敦	细木工联盟	
23	罗伯特·哈珀	伦敦	细木工，进步分子	300
24	弗朗西丝·沃森	伦敦	细木工，不屈不挠者	95
25	挪亚·福雷斯特	斯塔福德郡	链条制造工人全国联盟	840
26	弗兰克 W.高尔顿	伦敦	雕刻工	50
27	威廉·卡格尔	伦敦	雪茄工人	1900
28	托马斯·摩尔根	伦敦	马车车厢制作工	234
29	E.J.伍德	利物浦	联合王国马车制作工	6000
30	帕舒尔·P.菲力浦斯	伦敦	马车制作工联盟	910
31	亨利·布里尔	伦敦	煤炭搬运工联合会	6000
32	托马斯·特威格	埃塞克斯	煤炭搬运工联合会，双轮马车分会	70
33	托马斯·韦斯特伯里	伦敦	伦敦煤炭搬运工联合会，全国煤炭搬运工联合会	500
34	C.斯凯尔顿	伦敦	吊车司机	1400
35	J.加尔布雷思	伦敦	伦敦排字工人协会	10400
36	C.W.鲍尔曼	伦敦	伦敦排字工人协会	

（续表）

	姓名	城市	组织	成员
37	威廉·韦斯	伦敦	犹太排字工人联合会	14
38	威廉·韦斯	伦敦	国际排字工人联合会	217
39	本·蒂耶，伦敦郡议会	伦敦	码头工人	11000
40	哈里·奥尔别尔	伦敦	码头工人	
41	汤姆·麦卡锡	伦敦	码头工人	
42	托马斯·E.巴恩斯	伦敦	家庭佣工协会	562
43	西奥菲勒斯·沃纳	布拉德福德	染工联合会	4100
44	约瑟夫·海霍尔斯特	布拉德福德	染工联合会	
45	J.詹姆斯·拉奇	曼彻斯特	无色玻璃工人	220
46	阿·A.W.R.珀塞尔	伦敦	漆匠	2100
47	W.E.克利里	伦敦	福西特协会	2900
48	弗雷德里克·黑兹尔	伦敦	蹄铁匠永恒联盟	1520
49	弗兰西斯·基茨	伦敦	衣物染色工	143
50	Chas.布里顿	伦敦	玻璃磨边工，全国平板玻璃工人协会	750
51	Chas.罗伯特·布里顿	伦敦	玻璃磨边工，全国平板玻璃工人协会	700
52	乔治·罗斯	伦敦	玻璃吹制工，伦敦	270
53	A.格林伍德	卡斯尔福德	约克郡玻璃瓶制作工联合会	2541
54	特奥巴尔德·弗尔克尔	卡斯尔福德	约克郡玻璃瓶制作工联合会	
55	约瑟夫·派伊	伦敦	金箔匠	300
56	萨姆·鲍尔	诺丁汉	针织工人，扶轮社	650
57	詹姆斯·霍姆斯	莱斯特	莱斯特针织工人协会	3500

(续表)

	姓名	城市	组织	成员
58	W. 吉尔德	伦敦	伦敦建筑工人和杂工联合会	4500
59	W. 史蒂文森	伦敦	伦敦建筑工人和杂工联合会	
60	约瑟夫·凯利	纽卡斯尔	纽卡斯尔杂工联合会	22000
61	A. 汉弗莱,伦敦郡议会	伦敦	纽卡斯尔杂工、砌砖工	5000
62	W. 索恩,镇议会	伦敦	煤气工人和杂工联合会	24000
63	J. 卡拉汉	伦敦	煤气工人和杂工联合会	
64	爱德华·艾威林	伦敦	煤气工人和杂工联合会	
65	亨利·阿什波尔	伦敦	煤气工人和杂工联合会	
66	爱琳娜·马克思-艾威林	伦敦	煤气工人和杂工联合会	
67	C. E. 布朗	切斯特	煤气工人和杂工联合会	
68	J. 沃克	布里斯托尔	煤气工人和杂工联合会	
69	S. 莱金	伯明翰	煤气工人和杂工联合会	
70	R. 肯尼	伦敦	煤气工人和杂工联合会	
71	G. W. 霍尔	伦敦	煤气工人和杂工联合会	
72	G. H. 杨格	伦敦	煤气工人和杂工联合会	
73	J. T. 沙利文	伦敦	煤气工人和杂工联合会	
74	詹姆斯·乔治·金	伦敦	劳工保护联盟	160
75	詹姆斯·罗伯特·	伦敦	全国石板印刷艺术家协会	200
76	乔. D. 凯利,太平绅士①	曼彻斯特	平版印刷工人协会	3000
77	M. 迦伯列	伦敦	全国石板印刷艺术家协会	

① 太平绅士(Justice of the Peace,简称 J. P.)是由政府委任民间人士担任维持社区安宁、防止非法刑罚及处理一些较简单的法律程序的职衔,又译为治安法官、治安官。——编者注

(续表)

	姓名	城市	组织	成员
78	约瑟夫·普雷斯伯里	伦敦	机械工人国际联合会	80
79	约瑟夫·J. A. 迪舍	伦敦	披风制作工联合会	350
80	亚历克斯·罗伯逊	阿伯丁	石匠	2000
81	路易斯·摩尔根	伦敦	火柴工人联合会	500
82	赫伯特·伯罗斯	伦敦	火柴工人联合会	
83	托马斯·西奇	斯塔福德郡	中部各郡联盟	5000
84	威廉·穆勒切普	沃尔索尔	中部各郡联盟	
85	托马斯·琼斯		中部各郡联盟	
86	约翰·泰勒，太平绅士	西约克郡	中部各郡联盟	
87	W. J. 萨蒙	伦敦	磨坊主全国协会	200
88	B. 皮卡德，下院议员	巴恩斯利	矿工联盟	156000
89	托马斯·阿什顿	曼彻斯特	矿工联盟	
90	E. 爱德华兹，镇议会	斯塔福德郡	矿工联盟	
91	詹姆斯·哈斯拉姆，太平绅士	切斯特菲尔德	矿工联盟	
92	托马斯·格林哈尔	曼彻斯特	矿工联盟	
93	T. 夏普	苏格兰	矿工联盟	
94	本杰明·迪安，太平绅士	沃尔索尔	矿工联盟	
95	斯坦利·艾伯特，太平绅士	亨斯福德	矿工联盟	
96	威廉·约翰逊	沃里克郡	矿工联盟	
97	斯蒂芬·本特拉姆	兰开夏郡	矿工联盟	
98	托马斯·廷克	曼彻斯特	矿工联盟	
99	詹姆斯·默里	巴恩斯利	矿工联盟	
100	托马斯·阿斯平沃尔，太平绅士	兰开夏郡	矿工联盟	
101	W. E. 哈维	切斯特菲尔德	矿工联盟	

（续表）

	姓名	城市	组织	成员
102	克雷·埃尔登	伦敦	艾尔郡矿工联盟	4000
103	M. L. 德鲁	埃塞克斯	乐器制作工	190
104	J. 德勒坦特	伦敦	乐器制作工	
105	H. A. 巴克	伦敦	画家之家联合会	4000
106	E. C. 吉布斯	伦敦	画家之家联合会	
107	威廉·摩西	曼彻斯特	制模工人联合会	3424
108	查理·特恩布尔	伦敦	压印机工	170
109	丹·亨尼西	伦敦	全国泥水匠联合会	9210
110	詹姆斯·米切尔	伦敦	旅行皮包制作工	114
111	哈里·斯塔基	兰开夏郡	动力织布机检查员	
112	约翰·塞德博特姆	阿什顿安德莱恩	动力织布机检查员	3740
113	詹姆斯·E. 塔特索尔	曼彻斯特	动力织布机检查员	
114	约翰·格里菲思	格拉摩根郡	铁路工人联合会（阿斯特勒费拉分部）	200
115	安德鲁·克拉克	伦敦	铁路工人，总工会	4000
116	阿米·希克斯	伦敦	制绳工人联合会	200
117	W. K. 霍尔	爱丁堡	马具制作工联合会	80
118	莱斯利·M. 约翰逊	伦敦	全国海员和消防员联合会	
119	B. 克西	伦敦	全国海员和消防员联合会	20000
120	E. 凯瑟瑞	伦敦	全国海员和消防员联合会	
121	威·亚伍德	北湾	盐碱业工人	1000
122	乔·弗·哈拉特	设菲尔德	制锯工人保护协会	350
123	威·G. 阿尔诺德	伦敦	店员协会	150

(续表)

	姓名	城市	组织	成员
124	约翰·詹金斯，镇议会，太平绅士	加的夫	造船工人联合会	13900
125	亚历克斯·威尔基	纽卡斯尔	造船工人联合会	
126	H.卡特	伦敦	科学仪器制造工人	480
127	詹姆斯·贝利·霍华德	设菲尔德	银匠工会	468
128	弗兰克·华莱士·高尔顿	伦敦	白银行业工人，伦敦	354
129	约翰·克罗宁	格拉斯哥	钢铁工人联合会	3000
130	威廉·克拉克	约克郡	熔炼工联合会	2991
131	约翰·福克斯	贝德明斯特	西英格兰互助会	8000
132	J.胡珀	普利茅斯	西英格兰互助会	
133	埃德·麦克劳德	伦敦	缝纫工人，西伦敦区	820
134	阿龙·罗斯伯里	伦敦	独立缝纫工人联合会	846
135	赫曼·罗兰	伦敦	缝纫工人联合会	65
136	马克斯·沙耶尔	伦敦	缝纫工人联合会	59
137	詹姆斯·麦克唐纳	伦敦	缝纫工人联合会	820
138	特伦斯·A.弗林	曼彻斯特	缝纫工人联合会	20000
139	爱德华·马登	伦敦	缝纫工人联合会	
140	约翰·霍林斯	布拉德福德	缝纫工人联合会	
141	迈克尔·伯恩	巴尔萨尔希斯	缝纫工人联合会	
142	迈克尔·弗兰奇曼	曼彻斯特	犹太缝纫工人	156
143	萨姆·弗里德曼	利兹	犹太缝纫工人	1200

（续表）

	姓名	城市	组织	成员
144	约翰·迪瑟克	利兹	犹太缝纫工人	1000
145	伊萨伯拉·O.福特	利兹	女缝纫工人联合会	100
146	托马斯·拉弗蒂	伦敦	工具制作工、工程师和机械工人	1646
147	约翰·J.查珀尔	伦敦	牙刷指甲刷制作工联合会	130
148	威·约翰逊	伦敦	剧院和音乐厅协会	800
149	J.帕尔默	伦敦	室内装饰工联合会	200
150	约瑟夫·乔治·巴特勒	伦敦	政府工人联盟	3600
151	艾伦·吉	约克郡	纺织工人	3000
152	W.H.德鲁	约克郡	纺织工人	600
153	戴维·霍姆斯，太平绅士	伯恩利	纺织工人联合会	
154	威·科克特	布莱克本	布莱克本区纺织工人	11000
155	乔治·霍克特	布莱克本	布莱克本区纺织工人	
156	威·H.威尔金森	阿克灵顿	北部各郡纺织工人联合会	83325
157	罗伯特·帕金森	阿克灵顿	北部各郡纺织工人联合会	
158	斯夸尔·格林哈尔希	阿克灵顿	北部各郡纺织工人联合会	
159	查理·法勒	兰开夏郡	北部各郡纺织工人联合会	2400
160	阿道夫·斯密斯	伦敦	妇女工会联盟	2000
161	马里艾姆·巴里	伦敦	妇女工会联盟	
162	玛格丽特·A.格莱斯顿	伦敦	妇女工业理事会	136
163	弗朗西丝·詹姆斯	伦敦	妇女工业理事会	
164	珍妮·莫尔	利物浦	妇女工业理事会	173

工联理事会

	姓名	城市	委员会	成员
1	弗雷德里克·威·乔伊特	布拉德福德	工联布拉德福德理事会	10000
2	威·乔治·休	布赖顿	工联布赖顿理事会，建筑业联合会	1500
3	亨利·巴克科斯	克鲁	工联克鲁理事会	1800
4	阿瑟·菲尔德	梅德斯通	工联多佛和区理事会	250
5	阿瑟·肖	利兹	工联利兹理事会	1400
6	康斯尔·H. H. 伍利	莱斯特	工联莱斯特理事会	20000
7	乔治·香农	利物浦	工联利物浦理事会	25000
8	乔治·威·马丁	伦敦	哈克尼劳工选举委员会	8450
9	乔治·摩尔根	伦敦	工联伦敦理事会	59000
10	本·库珀，伦敦郡议会	伦敦	工联伦敦理事会	
11	道格拉斯·克拉克	伦敦	工联伦敦、西汉姆和区理事会	8000
12	亨利·普雷斯顿	曼彻斯特	工联曼彻斯特和索尔福德理事会	22000
13	康斯尔勒·J. E. 萨顿	曼彻斯特	曼彻斯特和索尔福德理事会	
14	托马斯·威尔金森	泰恩河畔纽卡斯尔	工联纽卡斯尔理事会	5000
15	亨利·斯塔顿	诺丁汉	工联诺丁汉和区理事会	30000
16	J. R. 克莱因斯	奥尔德姆	工联奥尔德姆理事会	20000
17	詹姆斯·弗里	罗奇代尔	工联罗奇代尔和区理事会	5550

（续表）

	姓名	城市	委员会	成员
18	W. F. 沃德雷，地方议员	设菲尔德	工联设菲尔德理事会	18000
19	斯图亚特，厄特利，地方议员	设菲尔德	工联设菲尔德理事会	
20	查理·霍布森，地方议员	设菲尔德	工联设菲尔德理事会	
21	大卫·理查兹	绍斯波特	工联绍斯波特和区理事会	700
22	托马斯·萨默贝尔	森德兰	工联森德兰理事会	6000
23	乔·迪尤	伦敦	工联查塔姆和区理事会	1800
24	大卫·吉尔	坦布里奇韦尔斯	工联坦布里奇韦尔斯理事会	270
25	托马斯·琼斯	伍尔弗汉普顿	工联伍尔弗汉普顿和中部各郡理事会	5000
26	本·特纳	巴特利	工联约克郡联合理事会	57000

社会民主联盟

	姓名	城市	支部	成员
1	波息·伍德沃德	伦敦	阿什顿安德莱恩	40
2	查理·M.利恩	伯恩利	巴卡普	40
3	马修·谢泼德	巴里	巴里	90
4	Jas.埃德蒙·诺埃尔	巴罗福德	巴罗福德	100
5	约瑟夫·格雷戈里	伯明翰	伯明翰，东部	44
6	约翰·迈克尔·奥法伦	伯明翰	伯明翰	67
7	托马斯·贾维斯	塞文欧克斯	布莱克本	150
8	阿伯特·布鲁克斯	布莱克本	布莱克本	50

(续表)

	姓名	城市	支部	成员
9	J. 弗朗斯	博尔顿	博尔顿	150
10	M. 霍尔盖特夫人	伦敦	布拉德福德	24
11	彼得·沃克	伯恩利	伯恩利	1000
12	E. 惠勒	伯恩利	伯恩利	
13	理查·德赖弗	伯恩利	伯恩利	
14	丹·欧文	伯恩利	伯恩利	
15	詹姆斯·亨利·赖利	伯恩利	克利瑟罗	30
16	怀廷夫人	伦敦	科恩	89
17	S. 乔·普尔	考文垂	考文垂	140
18	詹姆斯·C. 希维赛德	考文垂	考文垂	
19	J. 汉特·瓦茨	伦敦	考文垂	
20	罗伯特·艾伦	爱丁堡	爱丁堡	250
21	亚历山大·米勒	爱丁堡	爱丁堡	
22	乔治·耶茨	爱丁堡	爱丁堡	
23	约翰·贝恩	爱丁堡	爱丁堡	
24	弗雷德里克·威利斯	伦敦	格拉斯哥（布里奇顿）	35
25	丹·欧文	伯恩利	大哈伍德	50
26	S. 马克斯	伦敦	格里姆斯比	32
27	威廉·斯莫尔	布兰太尔	汉密尔顿	11
28	R. 韦斯顿	伦敦	汉利，塔福德郡	70
29	约翰·伯奇	海伍德	海伍德	30
30	德斯帕德夫人	伦敦	伊尔基斯顿	50
31	约瑟夫·查特顿	伦敦	利兹（阿姆利）	40
32	W. J. 巴威克	伦敦	利兹（西沃特利）	60
33	约翰·迪金森	利兹	利兹	30

(续表)

	姓名	城市	支部	成员
34	W. J. 巴威克	伦敦	兰开夏郡利镇	60
35	约翰·曼森	林肯	林肯	200
36	杰贝兹·达顿	林肯	林肯	
37	弗雷德·劳奇	林肯	林肯	
38	约瑟夫·古德曼	利物浦	利物浦	87
39	亨利·M. 海德门	伦敦	伦敦执行委员会	10536
40	哈里·奎尔奇	伦敦	伦敦执行委员会	
41	亨利·威·李	伦敦	伦敦执行委员会	
42	约翰·E. 威廉斯	伦敦	伦敦执行委员会	
43	伊迪丝·兰彻斯特	伦敦	伦敦执行委员会	
44	威·S. 卡尔哈姆	伦敦	伦敦巴特西	183
45	玛丽·格雷夫人	伦敦	伦敦巴特西	
46	威廉·罗伯茨	伦敦	伦敦伯蒙德西	67
47	阿瑟·马歇尔	伦敦	伦敦贝思纳尔格林	50
48	乔治·兰斯伯里	伦敦	伦敦弓和布罗姆利	120
49	玛丽·E. 邦德	伦敦	伦敦布里克斯顿	80
50	夏绿蒂·布洛赫	伦敦	伦敦布里克斯顿	
51	Chas. 布莱克韦尔	伦敦	伦敦坎伯威尔，北部	55
52	奥古斯特·齐莱恩斯基	伦敦	伦敦坎宁镇	85
53	桑顿·斯密斯	伦敦	伦敦克拉肯威尔	50
54	哈里·T. 马格里奇	伦敦	伦敦克罗伊敦	7
55	约翰·W. 斯特劳恩	伦敦	伦敦克罗伊敦	
56	W. T. 古德	伦敦	伦敦德特福德	40
57	洛伦佐·E. 奎尔奇	伦敦	伦敦芬斯伯里公园	75
58	瓦尔特·鲍尔	伦敦	伦敦哈克尼	48

（续表）

	姓名	城市	支部	成员
59	乔·鲍威尔	伦敦	伦敦霍克斯顿	30
60	克里斯蒂安·库伊佩斯	伦敦	伦敦伊斯灵顿，南部	25
61	阿奇博尔德·斯蒂文斯	伦敦	伦敦肯宁顿	40
62	G. J. 霍德森	伦敦	伦敦肯宁顿	
63	詹姆斯·布特彻尔	伦敦	伦敦肯特镇	91
64	约翰·亚洛普	伦敦	伦敦肯特镇	91
65	克拉拉·亨迪恩	伦敦	伦敦肯萨尔镇	75
66	查理·S. 亨迪恩	伦敦	伦敦肯萨尔镇	
67	约翰·爱德华·弗里斯比	伦敦	伦敦基尔伯恩	52
68	威廉·温特克尔	伦敦	伦敦金斯兰	54
69	埃德蒙·G. 罗	伦敦	伦敦兰贝斯，北部	60
70	罗伯特·罗塞蒂	伦敦	伦敦雷顿斯通	30
71	阿尔弗勒德·E. 希金斯	伦敦	伦敦马里波恩，东部	50
72	F. 绍尔博恩	伦敦	伦敦马里波恩，西部	60
73	威廉·乔·皮尔逊	伦敦	伦敦麦尔安德	60
74	哈里·A. 伯福德	伦敦	伦敦纽因顿，西部	49
75	埃伦·伯福德	伦敦	伦敦纽因顿，西部	
76	约瑟夫·贝塞	伦敦	伦敦纽因顿，西部	
77	罗伯特·罗菲	伦敦	伦敦普拉斯托	30
78	乔·斯托克斯	伦敦	伦敦普拉斯托	
79	阿尔弗勒德·奥尔德兰德	伦敦	伦敦佩卡姆	60
80	查理·马丁	伦敦	伦敦普拉姆斯特德	26
81	查理·埃利斯	伦敦	伦敦圣乔治沃平	25
82	E. 贝尔福特·巴克斯	伦敦	伦敦斯特兰德	121

（续表）

	姓名	城市	支部	成员
83	J.卡瓦纳	伦敦	伦敦斯特拉特福德	48
84	威·亨利·费舍	伦敦	伦敦斯特拉特福德	
85	撒母耳·罗宾斯	伦敦	伦敦斯特拉特福德	
86	莫里斯·罗素	伦敦	伦敦斯特拉特福德	
87	C.坎纽	伦敦	伦敦沃尔瑟姆斯托	68
88	撒母耳·奥利弗	伦敦	伦敦沃尔沃思	70
89	马克斯·沙耶尔	伦敦	伦敦怀特查佩尔	50
90	约翰·马勒	伦敦	伦敦怀特查佩尔，圣玛丽，东部	26
91	威·雷蒙德·赛西尔	伦敦	伦敦温布尔登	67
92	詹姆斯·亨利·赖利	伯恩利	纳尔逊，兰开夏郡	150
93	罗斯·贾维斯夫人	克洛伊登	纳尔逊，兰开夏郡	
94	约翰·尼古拉斯	利兹	新沃特利	30
95	J.迪金森	伦敦	埃德蒙顿	
96	弗雷德里克·列斯纳	伦敦	北安普敦	300
97	詹姆斯·布兰德	北安普敦	北安普敦	
98	瓦尔特·斯密斯	诺里奇	诺里奇	29
99	查理·A.吉布森	伦敦	诺丁汉	34
100	威廉·海因斯	牛津	牛津	21
101	爱德华·惠勒	伯恩利	帕迪厄姆	66
102	玛丽·霍姆斯	罗奇代尔	罗奇代尔	120
103	路德·韦林	雷丁	雷丁	250
104	欧内斯特·B.萨维奇	雷丁	雷丁	
105	汤姆·贾维斯	塞文欧克斯	罗滕斯托尔	100
106	詹姆斯·麦克弗森	伦敦	罗滕斯托尔	

（续表）

	姓名	城市	支部	成员
107	弗雷德里克·列斯纳	伦敦	索尔福德，曼彻斯特	31
108	托马斯·马修斯	泰晤士河畔金斯顿	索尔福德（克雷森特）	60
109	约瑟夫·利奇	威根	索尔福德（西）	82
110	H. W. 约尔丹	伦敦	斯梅西克	30
111	托马斯·李	南安普顿	南安普顿	150
112	弗兰克·波特	南安普顿	南安普顿	
113	Chas. 阿尔弗勒德·霍斯福尔	托德莫登	托德莫登	81
114	J. 布拉姆韦尔	伦敦	特拉福德，索尔福德	40
115	Chas. 罗伯特·文森特	特鲁罗	特鲁罗	11
116	罗斯·贾维斯	克罗伊登	坦布里奇韦尔斯	50
117	乔治·内勒	威根	威根	100
118	查理·卡特	伦敦	伍德格林	48
119	查理·霍恩	伦敦	伍德格林	
120	爱德华·普拉姆	伦敦	伍德格林	
121	亚当·泰勒	伦敦	伍德格林	

哈默史密斯社会主义协会

	姓名	城市	支部	成员
1	梅·莫里斯·斯帕林	伦敦	哈默史密斯	150
2	撒母耳·布洛克	伦敦	哈默史密斯	
3	托马斯·J. 科布顿·桑德森	伦敦	哈默史密斯	

布里斯托尔社会主义协会

	姓名	城市	支部	成员
1	罗伯特·S.吉利亚尔	布里斯托尔	布里斯托尔	150

牛津区社会主义协会

	姓名	城市	支部	成员
1	弗雷德里克·J.亨蒂	伦敦	牛津	38

工人教会联合会

	姓名	城市	支部	成员
1	玛丽·A.福斯特	利兹	利兹	130
2	埃德温·哈尔福德	布拉德福德	布拉德福德	17
3	H.C.鲍尔	萨莱	曼彻斯特	90

伯克郡社会主义协会

	姓名	城市	支部	成员
1	夏绿蒂·伊丽莎白·斯凯瑞特	沃金厄姆	沃金厄姆	4

独立工党

	姓名	城市	支部	成员
1	汤姆·曼	伦敦	行政委员会	

（续表）

	姓名	城市	支部	成员
2	理查·M.潘克赫斯特	曼彻斯特	行政委员会	
3	J.基尔·哈第	老卡姆诺克	行政委员会	
4	伊妮德·斯泰西	布里斯托尔	阿布罗斯	40
5	泼息·维德灵顿	牛津	阿布罗斯	
6	詹姆斯·塞克斯顿	利物浦	阿什顿安德莱恩	170
7	阿瑟·赫德森	巴特利	巴特利，约克郡	95
8	詹姆斯·弗兰克兰	布莱克本	布莱克本	60
9	查理·L.鲁滨逊	布拉德福德	布拉德福德	1100
10	约翰·C.亨德里	布里金	布里金	20
11	阿瑟·菲尔德	梅德斯通	布赖顿	25
12	D.比克尔-卡尔滕	南安普顿	布里斯托尔	50
13	J.斯卡拉德	南安普顿	布里斯托尔	
14	托马斯·加斯科因	布罗姆利	布罗姆利，肯特	22
15	大卫·娄	格拉斯哥	肯布斯兰	40
16	阿瑟·菲尔德	梅德斯通	查塔姆	25
17	埃达·S.古尔登	曼彻斯特	科恩瓦利，哥尔卡工人教会	24
18	埃莉诺·基林	利物浦	科恩瓦利劳工协会	200
19	汤姆·班福特		科恩瓦利劳工协会	200
20	J.F.格林	伦敦	康塞特	30
21	维尔·基德	邓迪	邓迪	187
22	约翰·沃森	邓迪	邓迪	
23	詹姆斯·布雷姆纳	邓迪	邓迪	
24	詹姆斯·奥利弗	邓迪	邓迪	
25	玛丽·S.沃森	邓迪	邓迪	
26	安妮·基德	邓迪	邓迪	

（续表）

	姓名	城市	支部	成员
27	康拉德·诺埃尔	曼彻斯特	边山	
28	M.罗斯·罗斯·麦克·吉尔克里斯特-吉尔克里斯特	伦敦	爱丁堡，东部	32
29	D.布莱克本	爱丁堡	爱丁堡，市中心	38
30	约翰·罗伯逊	伦敦	爱丁堡，南部	75
31	亚历克·弗兰克	伊里斯	伊里斯	60
32	R.米尼菲	布罗克雷	盖茨黑德	36
33	J.肖·马克斯维尔	格拉斯哥	格拉斯哥，拉纳克郡区议会	200
34	约翰·布鲁斯·格莱西尔	格拉斯哥	格拉斯哥，哈奇森镇	120
35	J.伊文思·伍拉科特	伦敦	格拉斯哥，圣罗洛克斯	93
36	J.肖·马克斯维尔	格拉斯哥	格拉斯哥，丹尼斯镇	28
37	约翰·特威代尔	格拉斯哥	格拉斯哥，特雷德斯镇	150
38	罗伯特·雷伊	希尔黑德	格拉斯哥，市中心	60
39	弗里茨·E.加德纳	伦敦	哈德斯菲尔德	
40	约翰·李斯特	哈利法克斯	赫布登布里奇	17
41	托马斯·M.瓦特	利兹	利兹，市中心	200
42	约瑟夫·克莱顿	利兹	利兹，区议会	400
43	玛丽·福斯特	利兹	利兹，东部	30
44	芬顿·麦克弗森	利兹	利兹，西部	40
45	约瑟夫·伯吉斯	恩费尔德	莱斯特	500
46	罗伯特·T.曼森	利物浦	利物浦	220
47	H.J.马斯特斯	伦敦	利物浦，西德比	140

（续表）

	姓名	城市	支部	成员
48	C. H. 查普曼	伦敦	伦敦，柏孟塞	45
49	W. C. 波特曼	伦敦	伦敦，柏孟塞	
50	哈罗德·克雷斯韦尔	伦敦	伦敦，中心区支部	50
51	贝西·瓦尔特	伦敦	伦敦，中心区支部	
52	埃米·莫兰特	伦敦	伦敦，芬斯伯里中心区	23
53	L. A. 托克	伦敦	伦敦，芬斯伯里中心区	
54	豪威耳·戴维斯	伦敦	伦敦德特福德	26
55	约翰·彭尼	伦敦	伦敦东达利奇	33
56	内莉·坎伯尔	伦敦	伦敦东达利奇	
57	保罗·坎伯尔	伦敦	伦敦执委会	
58	A. 麦克法林	伦敦	伦敦哈克尼	25
59	威廉·贝尔	伦敦	伦敦哈克尼	
60	R. A. 芒西	伦敦	伦敦哈姆斯密	70
61	E. J. 内维尔	伦敦	伦敦哈姆斯密	
62	汤姆·内勒	伦敦	伦敦伊斯灵顿	40
63	弗雷德·希莱克尔	伦敦	伦敦伊斯灵顿	
64	H. B. 塞缪尔斯	伦敦	伦敦基尔伯恩和汉普斯特德	30
65	保罗·福格尔	伦敦	伦敦马里波恩	30
66	丹·卡罗尔	伦敦	伦敦北肯辛顿	50
67	弗雷德里克·赫德	伦敦	伦敦北帕丁顿	68
68	A. 梅	伦敦	伦敦佩卡姆	40
69	H. T. 马格里奇	诺伍德	伦敦彭奇	28
70	汤姆·钱伯斯	伦敦	伦敦圣潘克拉斯	36
71	亨利·戴维斯	伦敦	伦敦西汉姆	60

（续表）

	姓名	城市	支部	成员
72	理查·特里格斯	伦敦	伦敦西伊斯灵顿	25
73	詹姆斯·莱昂	伦敦	伦敦南索思沃克	18
74	G. T. 蒙森	伦敦	伦敦威尔斯登	40
75	W. J. 平科姆	伦敦	伦敦威尔斯登	
76	詹姆斯·克尔	伦敦	伦敦伍尔维奇	60
77	爱德华·安斯蒂	伦敦	伦敦伍尔维奇	
78	埃德蒙·比林斯	伦敦	朗伊顿	76
79	爱德华·艾威林	伦敦	梅德斯通	40
80	吉姆·康奈尔	伦敦	梅德斯通	32
81	撒母耳·斯莫利	曼彻斯特	曼彻斯特	101
82	赫伯特·布伦德尔	曼彻斯特	曼彻斯特	
83	埃米琳·潘克赫斯特	曼彻斯特	曼彻斯特	
84	詹姆斯·赖利	曼彻斯特	曼彻斯特	70
85	N. H. 格里菲思	曼彻斯特	曼彻斯特	
86	萨姆·布赖尔利	曼彻斯特	曼彻斯特	
87	约翰·马奥尼	米德尔斯伯勒	米德尔斯伯勒	60
88	玛丽·尼尔	伦敦	马瑟韦尔	32
89	詹姆斯·尼尔	埃塞克斯	泰恩河畔纽卡斯尔	100
90	G. S. 克里斯蒂	诺丁汉	新米尔恩斯	16
91	J. H. 罗伯茨	纽波特	纽波特，蒙茅斯郡	36
92	埃尔西·哈克	伦敦	纽波特，蒙茅斯郡	
93	埃德娜·弗兰克	伦敦	尼尔森	50
94	劳伦斯·M. 拜尔斯	伦敦	诺里奇	86
95	Rev. 汤姆·沃伦	伦敦	佩斯利	100

（续表）

	姓名	城市	支部	成员
96	弗兰克·斯密斯	伦敦	帕尔蒂克	60
97	亨利·乔·迪克斯	彭德尔伯里	彭德尔伯里	80
98	C.St.约翰·康韦	格拉斯哥	彭德尔伯里	
99	W.F.瑞恩	普利茅斯	普利茅斯	60
100	约翰·J.惠特勒	朴次茅斯	朴次茅斯	110
101	威廉·A.艾伦	朴次茅斯	朴次茅斯	
102	W.萨瑟兰	朴次茅斯	朴次茅斯	
103	理查·霍沃思	朴次茅斯	朴次茅斯	
104	约翰·亨普塞尔	索尔福德	索尔福德，曼彻斯特	40
105	安德鲁·C.伯恩	伦敦	索尔福德，曼彻斯特	90
106	弗雷德·布罗克赫斯特	柴郡	索尔福德，曼彻斯特	
107	阿瑟·希克莫特	塞文欧克斯	塞文欧克斯	13
108	伊丽莎·帕斯莫尔	南安普顿	南安普顿	170
109	伊莎贝尔·金小姐	伦敦	索厄比布里奇	
110	詹姆斯·特纳	森德兰	森德兰	70
111	大卫·贝尔	森德兰	森德兰	
112	威廉·基	森德兰	森德兰	
113	罗伯特·A.佩迪	伦敦	斯托克顿	30
114	乔·贝茨	伦敦	泰波特	14
115	亨利·戴维斯	伦敦	泰波特	
116	R.W.布罗德班克	伦敦	托特纳姆	63
117	查理·E.道森	伦敦	伊登	40

费边社

	姓名	城市	支部	成员
1	约翰·W.威尔金森	布里斯托尔	阿伯里斯特维斯大学	34
2	奥斯瓦尔德·S.格里菲思	巴斯	阿伯里斯特维斯大学	
3	罗伯特·斯蒂尔	伦敦	贝德福德	5
4	马齐埃·欧文	剑桥	剑桥大学	13
5	乔·萧伯纳	伦敦	都柏林	24
6	詹·拉·麦克唐纳	伦敦	汤希尔	28
7	悉尼·韦伯	伦敦	格拉斯哥大学	46
8	维尔·克鲁克斯	伦敦	贾罗	15
9	泼息·迪尔默	伦敦	肯德尔	12
10	珍妮·莫尔	利物浦	利物浦	98
11	埃玛·F.布鲁克	伦敦	伦敦	785
12	悉尼·奥利维埃	伦敦	伦敦	
13	爱德华·R.皮斯	伦敦	伦敦	
14	杰西·霍克斯	梅德斯通	梅德斯通	20
15	阿尔弗勒德·希克斯	泰恩河畔纽卡斯尔	泰恩河畔纽卡斯尔	35
16	哈丽奥特·斯坦顿·布拉奇	贝辛斯托克	纽卡斯尔,斯塔福德郡	20
17	威廉·奥克利	纽霍尔	纽霍尔	38
18	卢西恩·R.F.奥尔德肖	牛津	牛津大学	35
19	于贝尔·布兰德	伦敦	拉姆斯博滕	49
20	A.哈利迪	伦敦	斯卡伯勒	25
21	悉尼·韦伯夫人	伦敦	索厄比里奇	16
22	弗雷德里克·惠伦	伦敦	斯温顿	36

荷 兰

	姓名	城市	组织	成员
1	约瑟夫·洛普伊特	阿姆斯特丹	社会民主工党	
2	亨利·波拉克	阿姆斯特丹	社会民主工党	
3	彼·耶·特鲁尔斯特拉	乌得勒支	社会民主工党	1000
4	亨·范科尔	艾瓦耶	社会民主工党	
5	W.H.弗利根	马斯特里赫特	社会民主工党	

（下列代表在大会决定支持议会行动后退出大会）

	姓名	城市	组织	成员
1	克·科内利森	阿姆斯特丹	社会主义者联盟	
2	J.拉恩	阿姆斯特丹	木工联合会	
3	梅特霍弗尔	阿姆斯特丹	社会主义者联盟	
4	斐·多·纽文胡斯	阿姆斯特丹	社会主义者联盟	3500
5	范·索梅兰	阿姆斯特丹	联合协会	
6	P.M.费尔多尔斯特	阿姆斯特丹	联合协会	
7	范·布鲁斯费尔	阿姆斯特丹	社会民主主义教师联合会	103
8	H.J.J.艾歇斯海姆	阿姆斯特丹	雪茄制造者	1500

匈牙利

	姓名	城市	组织	成员
1	维克多·阿德勒	维也纳	社会民主党	
2	伊万·安采尔	阿格拉姆	社会民主党	

意大利

	姓名	城市	组织	成员
1	卡尔·科诺提	米兰	意大利社会党	
2	M.多尔·奥罗	雷焦艾米利亚	意大利社会党	
3	J.多米尼科	那不勒斯	意大利社会党	
4	恩里科·费里	佛罗伦萨	意大利社会党	
5	M.费里	佛罗伦萨	意大利社会党	20000
6	康斯坦丁诺·拉查理	米兰	意大利社会党	
7	L.里卡迪	特尔尼	意大利社会党	
8	A.斯基亚维	托斯蒂	意大利社会党	
9	R.索尔迪	罗马	意大利社会党	
10	G.查蒂奇	佩鲁贾	意大利社会党	

波 兰

	姓名	城市	组织	成员
1	安东·布热斯克维尼维茨	柏林	波兰社会党	
2	达申斯基	克拉科	波兰社会党，奥属波兰西加利西亚区	
3	A.邓布斯基	伦敦	波兰社会党，俄属波兰中央委员会，波兰工人协会，"姿格达"，苏黎世，波兰社会党官方"公报"	

（续表）

	姓名	城市	组织	成员
4	B. A. 延德热尤夫斯基	伦敦	波兰社会党，俄属波兰中央委员会，不来梅波兰工人协会，波兰社会主义者国外联盟	
5	维·约德科	伦敦	波兰社会党，俄属波兰中央委员会，普属波兰中央执行委员会，社会主义月刊《黎明》	
6	J. 卡拉基		波兰社会民主主义工人国外联合会	
7	扬·科扎凯维奇	伦贝格	波兰社会党，奥属波兰东加利西亚区议会	
8	J. 莫希齐茨基		波兰社会党，俄属波兰中央委员会，波兰社会主义者国外联盟	
9	J. 毕苏茨基		波兰社会党，俄属波兰中央委员会，波兰社会主义者国外联盟	
10	W. 雷格	普热梅希尔	波兰社会主义协会，奥属波兰	
11	S. 沃耶夫斯基		伦敦波兰和立陶宛社会主义协会	
12	A. 泽尔切尔		伦敦波兰和立陶宛社会主义协会（"平等"）	
13	罗莎·卢森堡		普属波兰社会主义者，波森、布雷斯劳、扎布热	

葡萄牙

	姓名	城市	组织	成员
1	欧多克西奥·赛扎尔·阿泽多·格内科	里斯本	工会和社会主义者联盟	15000

罗马尼亚

	姓名	城市	组织	成员
1	约翰·阿塔纳西奥	加拉茨	社会主义工人党	15000

俄 国

	姓名	城市	组织	成员
1	帕维尔·阿克雪里罗得	沃索	俄罗斯南部某镇、西北部3个镇社会民主协会,立陶宛工人联合会,犹太社会民主工人	340
2	伊万·丹尼洛夫	圣彼得堡	工人阶级解放联盟	
3	季米特里·柯尔佐夫	下诺夫哥罗德	社会民主联盟	
4	格奥尔基·普列汉诺夫	圣彼得堡	工人阶级解放联盟,俄罗斯西北某镇社会民主联盟	
5	罗莎莉·普列汉诺夫		俄罗斯西部某镇社会民主联盟	982
6	维拉·查苏利奇	莫斯科	社会民主联盟 俄罗斯西北某镇社会民主联盟 纽约俄国移民社会民主联盟	1000 200
7	亚历山大·施米特	伊万诺沃	社会民主协会	

西班牙

	姓名	城市	支部	成员
1	帕布洛·伊格列西亚斯	马德里	社会主义工人党	
2	卡齐米尔·穆尼奥斯	罗德里戈城	社会主义工人党	
3	海梅·薇拉	马德里	社会主义工人党	
4	安东尼奥·G.克西多	巴塞罗那	西班牙劳动者总同盟（代表70个工会）	
5	F.巴拉盖	巴塞罗那	美发师联合会	
6	L.乌内曼特	沙勒罗瓦	比利时代表，间接代表农业工人联盟	

瑞 典

	姓名	城市	组织	成员
1	亚尔马·布兰亭	斯德哥尔摩	社会民主党	12000
2	查理·林德利	斯德哥尔摩	社会民主党，码头工人	600

瑞 士

	姓名	城市	组织	成员
1	保罗·布兰特	圣加仑	社会民主党	5000
2	卡尔·毕尔克利	苏黎世	社会民主党	
3	克洛伊斯·福凯	洛桑	工人联合会，洛桑 工人联合会，蒙特勒	4000 2000

(续表)

	姓名	城市	组织	成员
4	路易·埃里蒂埃	洛桑	工人联合会，洛桑 工人联合会，沃韦、蒙特勒 工人协会，洛克勒 工人党，拉绍德封 工人党，日内瓦	4000 2000 350 2200 3200
5	亨利·梅厄	巴塞尔	工人联合会，洛桑 工人联合会，蒙特勒	4000 2000
6	保罗·潘乔德	巴塞尔	工人联合会，洛桑 工人联合会，蒙特勒	4000 2000
7	海尔曼·格罗伊利希	苏黎世	格吕特利联盟 钟表工人联合会 排字工人联合会 铁路工人联合会	14000 3000 1500 16000
8	J.凯勒-施温	巴塞尔	格吕特利联盟，巴塞尔	200
9	海尔曼·福格尔赞格	温特图尔	格吕特利联盟 五金工人	14000 250
10	弗兰茨·考日姆斯基	苏黎世	缝纫工人	600
11	罗伯特·宰德尔	苏黎世	工会联合会	10000
12	让·济格	日内瓦	社会主义工人党 建筑工会联合会	3500 600

议事规程委员会

美国：马·马奎尔，C.F.贝希托尔德

奥地利：维·阿德勒

比利时：埃·王德威尔得

保加利亚：巴卡罗夫

丹麦：J. 延森，彼·克努森

法国：爱·瓦扬，欧·盖拉尔（第一支部）
　　　埃·佩德龙，亚·米勒兰（第二支部）

德国：威·李卜克内西，保·辛格尔

英国：E. 贝·巴克斯，弗·布罗克赫斯特

荷兰：亨·范科尔，W. H. 弗利根

意大利：恩·费里，R. 索尔迪

波兰：维·约德科，扬·科扎凯维奇

罗马尼亚：约·阿塔纳西奥

俄国：格·普列汉诺夫

西班牙：帕·伊格列西亚斯

瑞典：亚·布兰亭，查·林德利

瑞士：让·济格，罗·宰德尔

议会委员会

爱·考威　约·霍奇　詹·莫兹利　亚·威尔基　戴·霍姆斯
威·英斯基普　威·索恩　萨·伍兹　E. 哈福德　J. M. 杰克
J. H. 威尔逊　F. 钱德勒

苏黎世委员会

爱·艾威林　爱·皮斯　威·查·斯特德曼　威·索恩　E. 哈福德
哈·奎尔奇　汤姆·曼　詹·麦克唐纳　阿·斯密斯　J. 弗登

会议经费决算表

苏黎世委员会提交1896年伦敦国际代表大会的对账清单

收 入

	镑	先令	便士①
1895年8月前			
煤气工人联合会	10	0	0
共产主义俱乐部	0	10	0
布鲁姆斯伯里社会主义协会	1	0	0
法定八小时工作日同盟	5	0	0
社会民主联盟,亨·威·李转交	12	0	0
费边社	10	0	0
哈默史密斯社会主义协会	2	0	0
中部各郡联盟	1	0	0
工联奥尔德姆理事会	1	10	0
工联伦敦理事会	10	0	0
缝纫工人和衣服熨烫工联合会	0	5	0
L.莱昂斯转交			
1895年			
8月8日 女缝纫工人,芬恩转交	0	10	0
8月23日 斯特兰337号举办的音乐会	4	4	6
8月22日② 克拉珀顿	0	3	6
11月4日 伦敦排字工人协会	5	0	0

---

① 1971年英国货币改革前,1英镑等于20先令,1先令等于12便士。——译者注

② 原文如此,22日和23日颠倒。——译者注

		镑	先令	便士
11月6日	独立工党格拉斯哥区	7	1	8
11月9日	熔炼工联合会	5	0	0
11月11日	伦敦靴鞋工人联合会	5	0	0
11月19日	黄铜工人联合会	3	3	0
11月21日	巴克西（社会民主联盟）	1	0	0
11月28日	工联莱斯特理事会	5	0	0
	爱丁堡募捐，迪克夫人转交	1	0	0
	弗利	0	2	0
	特里哈里斯独立工党	0	3	0
	A.吉尔克里斯特	0	10	0
12月6日	伯蒙德西镇公所招待会募捐	5	0	0
	巴罗福德社会民主联盟	0	5	0
12月10日	弗兰茨曼（社会民主联盟）	0	5	0
	纳尔逊社会民主联盟，爱·艾威林转交	0	10	0
	全国在俗教士协会，爱·艾威林转交	1	7	10
	工联克鲁理事会	1	0	0
	工联梅德斯通理事会	0	10	0
	工联布拉德福德理事会	3	0	0
	T.G.罗杰斯（社会民主联盟）	0	2	0
12月16日	肯特人	0	18	0
12月17日	肯特镇社会民主联盟	1	0	0
	布拉德福德染工	1	0	0
12月18日	工联西哈姆理事会	1	0	0
	工联森德兰理事会	0	10	0
12月19日	雷丁社会民主联盟	0	10	0
	布莱克本社会民主联盟	3	7	7
12月24日	F.雪莉	0	2	0
12月30日	巴罗克拉夫	0	5	0
	普莱斯陶社会民主联盟	0	2	0

		镑	先令	便士
	独立工党，布罗克赫斯特转交	10	0	0
12月31日	哈密尔顿社会民主联盟	0	3	7
	梅德斯通号角童子军	0	10	0
	马克思之子①	12	10	0
	费边社诸社员	12	8	6

1896年

1月1日	动力织布机检查员	0	10	6
	威顿、布莱克本社会民主联盟	0	6	0
1月3日	莱斯特靴鞋工人联合会	10	0	0
	达温社会民主联盟	0	4	0
	伯明翰社会民主联盟	0	3	0
1月16日	普利茅斯独立工党	0	10	0
	汉利面包师联合会	1	1	0
1月17日	梅德斯通号角童子军	0	3	6
1月18日	工联奥尔德姆理事会	1	0	0
1月21日	W.莱恩（社会民主联盟）	0	1	0
	工联坦布里奇韦尔斯理事会	0	10	0
1月27日	漆匠	3	0	0
1月28日	温布尔登社会民主联盟	0	0	3
1月29日	利物浦社会民主联盟	0	1	0
1月30日	利兹社会民主联盟	0	2	6
	M.E.格莱斯顿小姐	0	10	0
	E.贝尔福特·巴克斯，社会民主联盟转交	4	13	6
2月4日	利兹织布工人联合会	2	0	0
	索尔福德染工联合会	2	0	0
	阿伯丁石匠	5	0	0
2月13日	莱斯特织袜工	5	0	0

① 组织名称。——译者注

		镑	先令	便士
2月14日	社会主义邮递员	1	3	6
2月17日	北安普顿靴鞋工人俱乐部	1	0	0
2月18日	诺里奇独立工党	0	4	3
	工联贾罗理事会	1	0	0
	伍利奇独立工党和社会民主联盟	1	1	0
2月20日	工联米德尔斯伯勒理事会	1	0	0
2月25日	伦敦织布、裁布工联合会	0	10	6
2月28日	伯蒙德西协作委员会	0	15	0
3月2日	肯瑟尔镇招待会募捐	5	0	0
	钢铁工人	2	0	0
3月5日	九榆树煤气工人	0	5	0
3月16日	动力织布机检查员	2	0	0
	细木工联盟	5	0	0
3月20日	索尔福德区社会民主联盟	20	0	0
3月28日	什凯丽特小姐	0	5	0
3月30日	亨斯勒特独立工党	0	15	0
	运煤工联合会	2	0	0
3月31日	工联绍斯波特理事会	0	10	0
4月2日	哈克尼工人俱乐部	0	5	0
	伯明翰面包工人	1	0	0
	伯明翰工具制造工	2	2	0
	科学协会招待会募捐,爱·艾威林转交	7	18	10
	科学协会会议募捐,爱·艾威林转交	2	9	9
	报刊复印社,爱·艾威林转交	0	16	1
	P.伍德沃德,社会民主联盟	0	2	6
	莱昂·卡吕尔	1	14	6
5月5日	肯特镇社会民主联盟	1	8	1
5月7日	利兹国际缝纫工人	0	10	6

		镑	先令	便士
	马车制作工协会	2	0	0
	工联伯明翰理事会	1	1	0
	国际社会民主主义俱乐部	0	10	0
	面包师和甜点师	1	0	0
	码头工人联合会	5	0	0
5月14日	蹄铁匠保护协会	2	2	0
5月15日	店员联合会	0	10	0
5月16日	伯明翰工人教会	0	10	0
5月18日	利兹女缝纫工人	0	10	0
5月20日	R.巴顿	0	2	0
5月21日	平板印刷机工	0	10	0
	独立缝纫工人，罗斯伯里转交	1	0	0
	铁路货运工人	0	10	6
5月23日	进步细木工人	0	10	0
5月28日	马车车厢和车轮制造工联盟	2	0	0
	希伯来细木工人支部	0	10	0
5月30日	格拉斯哥卷烟工人	0	10	0
	布里斯托尔社会主义协会	0	10	0
	高级机械工人	0	10	0
	磨房工人联合会	0	10	0
6月1日	抵抗联盟	0	10	0
	国际缝纫工人联合会	0	10	0
6月3日	曼彻斯特工人教会	0	10	0
6月4日	矿工联盟	25	0	0
	劳工保护联盟	0	10	0
6月8日	盐碱业工人	1	0	0
6月9日	独立工党，汤·曼转交	9	2	9
6月11日	斯特西、布里斯托尔独立工党，汤·曼转交	0	4	2
	格拉斯哥钢铁工人	0	10	0

		镑	先令	便士
6月15日	J.洛德，肯特镇社会民主联盟	0	5	0
	布拉德福德纺织工人	0	10	0
6月16日	伦敦玻璃吹制工	0	10	0
6月17日	制绳工人	0	10	0
	妇女工会联盟	1	1	0
6月23日	锡伯恩煤矿搬运工联合会	0	10	0
	工联诺里奇理事会	0	10	0
	莱蒙和莫厄特，社会民主联盟	0	10	0
6月24日	斯塔福德链条制造工人	1	0	0
	工联布赖顿理事会	0	10	0
6月29日	旅行皮包和行李箱制造工人	0	10	0
	建筑工人和杂工联合会	1	0	0
	乐器制作工	1	0	0
6月30日	机车司机联合会	0	10	0
	工联坦布里奇韦尔斯理事会	0	10	0
	哈默史密斯社会主义协会	1	0	0
	西英格兰和南威尔士行业协会	1	0	0
7月1日	象牙制品工人工会	0	10	6
	缝纫工人协会	0	10	0
	缝纫工人协会韦斯滕德分会	0	10	0
	缝纫工人协会国际分会	0	10	0
	设菲尔德银匠	0	10	0
	钟表制作工人联合会	1	0	0
	编筐工人联合会	0	10	0
	曼彻斯特缝纫工人协会	2	0	0
	邓迪独立工党	0	10	0
7月6日	联合王国马车制作工	0	10	0
	雪茄工人联合会	0	10	0
	动力织布机工联合会	0	10	0
	索尔福德的一位友人	0	2	0
	室内装饰工联合会	0	10	0

		镑	先令	便士
7月8日	驳船制造工人协会	0	10	0
	工联查塔姆理事会	0	10	0
	衣物染色工联合会	0	10	0
	斯蒂尔费边社	0	10	0
7月10日	中部各郡联盟	2	10	0
	利兹犹太缝纫工人	0	10	0
7月13日	约克郡联合理事会	0	10	0
	海员和消防员联合会	1	10	0
	泥水匠协会	5	0	0
	伯明翰工具制造工	0	10	0
7月14日	利物浦"零一"①	0	5	0
	剧场技工协会	0	10	0
	哈默史密斯社会主义协会	0	10	0
	工联克鲁理事会	0	10	0
7月15日	曼彻斯特犹太缝纫工人	0	10	0
	工联多佛尔理事会	0	10	—
	制模工人协会	0	10	0
7月16日	韦斯滕德室内装饰工	1	0	0
	挖土工人联合会	0	10	0
7月17日	铁路工人联合会	0	10	0
	盐矿工人联合会	0	10	0
7月18日	工联锡尔弗理事会	0	10	0
	工联设菲尔德理事会	1	10	0
	雕刻工协会	0	10	0
7月20日	石板印刷工人协会	2	0	0
7月21日	利物浦独立工党	0	15	6
	图书装订工协会	0	10	0
	铁路服务员联合会	0	10	0
7月22日	工联诺丁汉理事会	0	10	0

① 组织名称。——译者注

		镑	先令	便士
7月23日	马车夫联合会	1	0	0
7月24日	伯克郡社会主义协会	1	0	0
7月27日	布拉德福德染工联合会	1	0	0
	科学仪器制造工	0	10	0
7月28日	全国杂工联合会	1	0	0
	独立缝纫工人	0	10	0
	细木工人	0	10	0
7月31日	工联纽卡斯尔理事会	0	10	0
8月5日	皮斯,供印刷示威正式安排	0	3	4
8月7日	丝绒工人联合会	0	4	0
8月12日	费边社	1	12	0
	威·莫里斯	5	0	0
	共计	364	7	8

结算表

收入	支出
上表金额共计:364镑7先令8便士	中央委员会:威·英斯基普
司库预支　　1镑8先令5.5便士	200镑0先令0便士
	威·索恩　　150镑0先令0便士
	印刷费　　　1镑15先令0便士
	邮费和杂费　2镑1先令1.5便士
	出席大会代表费用　12镑0先令0便士
365镑16先令1.5便士	365镑16先令1.5便士

经本·库珀、亨利·W.麦克罗斯蒂审核无误。

1896年8月27日

1896年伦敦国际社会主义工人和工会代表大会

书记现金账目

收入	支出
威·英斯基普交　　524镑2先令0便士	委员会联席会议费用　58镑10先令3便士
哈·奎尔奇交 150镑0先令0便士	邮票　　　　　　　　17镑6先令2便士
爱·R.皮斯交	明信片、包装纸、包裹
皇后大厅门票售票所得	及汇票　　　　　　11镑4先令5便士
60镑14先令9便士	印刷、打字、文具　144镑18先令4便士
爱·R.皮斯交	电报　　　　　　　　0镑19先令11便士
皇后大厅门票售票所得	租金：
9镑4先令0便士	皇后大厅　　　　　200镑0先令0便士
威·索恩交	圣马丁堂　　　　　31镑10先令0便士
皇后大厅门票售票所得	联盟俱乐部大楼　　　2镑2先令0便士
0镑10先令0便士	委员会会议室　　　　8镑5先令0便士
C.劳恩海姆交	翻译费（爱·艾威林25镑，
水晶宫招待会所得	阿·斯密斯25镑）　50镑0先令0便士
67镑5先令4便士	办事人员劳务费
8月18日J.佩里交	威·索恩（书记）　40镑0先令0便士
圣马丁堂租金 2镑0先令0便士	威·英斯基普（司库）
J.R.贝蒂捐　　0镑5先令0便士	5镑0先令0便士
	哈·奎尔奇（司库）　5镑0先令0便士
	J.科茨（为各委员会服务）
	5镑0先令0便士

收入	支出
	皇后大厅售票员　　　　3 镑 0 先令 0 便士
	皇后大厅秩序维护员 31 镑 8 先令 0 便士
	各委员会费用：
	旅馆　　　　　　　10 镑 3 先令 4 便士
	招待　　　　　　　57 镑 3 先令 3.5 便士
	示威游行　　　　　11 镑 1 先令 4 便士
	议程表　　　　　　3 镑 2 先令 10 便士
	印刷　　　　　　　5 镑 0 先令 0 便士
	会议用品：
	主席用摇铃　　　　　　8 先令 0 便士
	红桌布　　　　　　5 镑 10 先令 3 便士
	会议桌安装维修　　9 镑 11 先令 6 便士
	皇后大厅公告书写、张贴
	1 镑 11 先令 6 便士
	委员会和翻译所用花饰
	2 镑 10 先令 3 便士
	办公室用品打包及清洁
	0 镑 9 先令 11.5 便士
	橡皮图章　　　　　0 镑 5 先令 0 便士
	车马费　　　　　　1 镑 6 先令 2 便士
	贝特伦公司，
	举办水晶宫招待会　81 镑 16 先令 0 便士
	将 18 份题词送回苏黎世 0 镑 4 先令 0 便士
	运送马克思画像　　　0 镑 8 先令 0 便士
	审计费　　　　　　　<u>1 镑 1 先令 0 便士</u>
	共计：805 镑 16 先令 4 便士
	结余：<u>8 镑 4 先令 9 便士</u>
共计：814 镑 1 先令 1 便士	814 镑 1 先令 1 便士

账目一览表

收入		支出	
议会委员会交	324 镑 2 先令 0 便士	上述支出共计	805 镑 16 先令 4 便士
苏黎世委员会交	350 镑 0 先令 0 便士	书记现有结余	8 镑 4 先令 9 便士
销售皇后大厅门票所得	70 镑 8 先令 9 便士		
销售水晶宫门票所得	67 镑 5 先令 4 便士		
圣马丁堂租金	2 镑 0 先令 0 便士		
捐款	0 镑 5 先令 0 便士		
	814 镑 1 先令 1 便士		814 镑 1 先令 1 便士
负债		**资产**	
印刷会议经费决算表及出席大会代表名单预计费用	20 镑 0 先令 0 便士	书记现有结余	8 镑 4 先令 9 便士
		负债	11 镑 15 先令 3 便士
	20 镑 0 先令 0 便士		20 镑 0 先令 0 便士

根据簿记和收据审计无误。

审计员签名：威·H. 威尔金森
审计员签名：威廉·帕罗特
书记：威廉·索恩

1896 年 9 月 10 日

格拉斯哥工人文学协会向代表大会捐献了价值 5 镑的文具。

补充账目

收入	支出
1896年9月10日结余 　　　　　8镑4先令9便士 招待委员会交　3镑18先令1便士 议会委员会交　11镑15先令3便士 　　　　　　　　　――――――― 　　　　　23镑18先令1便士	20世纪出版有限公司，印刷会议 经费决算表及代表名单　20镑0先令0便士 约·海伍德，安装和出借 皇后大厅会议桌　　　2镑0先令0便士 将簿记送往爱丁堡　　0镑4先令0便士 邮费，亨·威·李　　0镑6先令4便士 邮票费　　　　　　　0镑3先令6便士 　　　　　　　　　22镑13先令10便士 索恩现有结余　　　　1镑4先令3便士 　　　　　　　　　23镑18先令1便士

附录一

提交大会的抗议和声明

正式委任的法国代表团对代表大会同志的声明

同志们：

作为正式委任的法国代表团 72 名代表的成员，我们简单地告诉在座各位，我们代表团委员会中所发生的真实情况。

你们不知道真相，原因在于公民米勒兰是带着敌对的情绪描述这些真相的。

公民王德威尔得只能讲原则问题。

星期一会议一开始，主席团成员公民瓦扬、佩德龙和委托书审查委员会委员的任命被一致通过。

随后，指派公民瓦扬和欧仁·盖拉尔在代表大会主席团任职的决定同样被一致通过。

会议首次展开讨论的是公民加布里埃尔·德维尔的提案，该提案要求每一名代表，即使收到了某个工会的委托书，也应该在宣布其委托书合法之前质询其是否坚持政治行动。

多数代表决定反对德维尔的提案，**没有人退出会议**。

下午，在公民德洛里的提议下，同样的讨论被恢复了。他提出法国人应该在代表大会上投票支持第 11 条，应坚持苏黎世决议。

但是，在这里，同志们，我们呼吁你们注意这场争论最重要的事实。公民加布里埃尔·德维尔和公民茹尔·盖得以最明确的立场宣布，苏黎世决议涉及驱逐代表大会的每一名拒绝坚持代表大会的公共权力的代表，即使他拥有某个工会的委托书。正是这个声明，导致了反对第

11条的投票。这一投票只是意味着法国代表团的多数代表想要确保工会的完全自由。

现在，在第二天（周二），得到公民王德威尔得支持的主席（辛格尔）以代表大会主席团的名义，正式宣布苏黎世决议从未想要限制工会的委托书，由工会正式委任的每位代表都被允许参加代表大会。

因此，代表大会确认了法国代表团的真实的观点，法国代表团除此之外从未要求任何事情。

由于翻译的错误，我们代表团进行了投票，因此，法国代表团的投票无效。

在我们代表团于周一投票之后，多数派中的部分代表退出，宣布他们与多数派断绝关系；即将离职的书记由公民拉沃取代。少数派的一名代表企图用暴力抢走一捆委托书。

鉴于对少数派的借口作出谴责的有关苏黎世决议意义的正式声明，**做什么才是有诚意呢？** 那就是认识这部分人已被引向错误的泥潭，要求少数派回归。

非但如此，坚持反抗多数派立场的少数派向代表大会要求，法国代表团应该分成两个支部，而不顾对第11条的投票决定，即反对议事程序的任何修改。

代表大会对令多数派成为牺牲品的欺骗行为一无所知，甚至没有听取多数派任何一名代表的意见，就投票支持法国代表团分成两个支部。

为了部分少数派领袖和德国社会民主党领袖的阴谋而准备的投票主要是由于后者的努力而得到支持，并得以通过。

因此，我们看到像保加利亚、罗马尼亚和波西米亚等国家阻止了社会运动更加彻底和发达的国家，英国、法国、意大利、比利时、荷兰就是这样的国家，其代表不是十几名，而是上百名。

这就是事实。

同志们，代表大会的时间已经被一个以欺骗为开始的讨论浪费了，并且还在被浪费，或者以伤害代表自尊的方式，或者由于某些人的私心。

我们宣布：

1. 法国代表团从未要求什么，除了："绝对维护工会组织的权利，反对所有的政治高压。"

2. 当代表证分发完毕之后，代表团秘书长公民拉沃声称，没有代表证发给无政府主义团体的任何一名代表。

他们（少数派）希望确立这样的看法，即法国代表团的多数派是由无政府主义者或者无政府主义者的同盟组成。

这是绝对错误的。

多数派是由社会主义者政治团体的代表和工会团体的代表组成，这两个团体的代表已经声明，他们将严格遵守其组织授予他们的委托书的规定。

同志们，你们将作出判断。

以正式委任的法国全体代表的名义。

爱·瓦扬

欧仁·盖拉尔

致 1896 年伦敦国际社会主义工人和工会代表大会的英国代表团

同志们：

根据 1893 年 4 月 3 日在比尔举行的瑞士工人代表大会通过的决议，瑞士工人联盟执行委员会奉命于 1894 年召集一次代表大会，以审议劳工保护立法问题。这个代表大会向所有工人阶级的组织和俱乐部开放，无论其政治和宗教观如何，只要他们支持国家为了工人阶级的利益，通过立法限制劳动时间、禁止周日工作、制定特别的女工、青工和童工保护法而进行干预，认为这样的国家干预是公正的、必要的和迫切的，并且保证竭尽所能地推动这种劳工立法。

在 1894 年 2 月 11 日的第一次通报中，组织委员会作出如下评论：

"以竞争为基础的资本主义生产制度已经进入'自由'竞争的漩涡，首先是人的劳动力，接着是人自身。无视性别、年龄、职位以及对家庭、政治或宗教信条的责任，这种竞争想方设法地谋求从劳动人口身上压榨最大限度的劳动，最大限度地延长劳动时间。在这种条件下，无产阶级的生活标准被降低，所有国家都出现了大众的道德败坏和堕落这类不可避免的结果。

这些事实使小心谨慎的观察家们警觉了，他们——在工人自己积极主动要求的支持下——促成了以劳工立法为方向的第一次运动。

在与雇佣阶级进行了诸多艰苦卓绝的斗争之后，许多国家开始规定了某些不许对劳动的剥削逾越的法律限制。这些有益的立法成果有助于使许多人相信，国家应该沿着同一条道路继续前进。但是，仍然有许多国家在劳工立法方面非常落后；某些国家没有任何劳工立法，另外一些国家则存在不足，要么是执行乏力，要么是只针对特定的工会，其他的工会完全不受保护。然而，处于快速发展的资本主义生产正在攫取新的领地，彻底变革旧的生产模式，创造剥削劳动的新方法；另一方面，在我们中间，就业危机和需求正成为我们的痼疾。因此，狂热而不正常的社会状况预示着可怕的灾难，唯一的选择就是有力社会改革。不过，首先和最为必需的社会改革就是立法保护工人免受过度的剥削。

瑞士政府不断地倡议，试图劝导工业国家的政府就这些问题达成一些共识。然而，迄今为止，没有取得任何重要的成果。各国政府的观点分歧太大。但是，各社会主义工人组织通过其举行的代表大会和 5 月示威游行，开始了一个缩短工作时间的强有力的运动。因此，比尔代表大会认为，应该把支持国家干预的所有工人阶级组织召集起来，共同讨论他们已经提出的共同目标以及实现这些目标的手段。

毫无疑问，在所有国家努力开展一场所有尽管在政治和宗教方面存在差异，但赞同劳工立法的必要性的组织都能参加，在各地都提出同样要求的运动是值得的，这场运动将用团结的力量证明自己是不可阻挡的。如果所有的政府都发现自己面对着这种团结一致的努力时，就可能在不久之后达成某种国际共识，并采取彻底的社会改革措施。

如果参会各方都同意国家为了工人阶级的利益，通过立法限制劳动时间、禁止周日工作、制定特别的女工、青工和童工保护法而进行干预，那么，代表大会当然就只能有一个预定的议题。只有那些支持这样的行动、保证认真地致力于这样的行动的人，才能接到代表大会的邀请，并被允许参加大会。大会不讨论国家干预是否公正、必要和迫切，只讨论劳动立法的数量是否令人满意以及为确保其实施而采取的手段。

正如瑞士工人联盟执行委员会本身是从联盟的不同团体中按比例选举产生的那样，在 1893 年 11 月 4 日的会议上，劳动保护立法国际代表大会组织委员会由出席的赞同这一事业并希望帮助推动这一事业的各方代表选举产生。代表大会得以举行的广泛基础因此得到了保证。每个支持劳工立法并渴望争取这种立法的思想流派的声音都将得到倾听。"

在第一个通报发出之后，组织委员会通过信件同支持劳工保护立法的许多著名人士作了进一步的交流，要求他们与代表大会进行合作。从收到的回复来看，很明显，无论政治和宗教观念如何，召开劳工保护立法支持者代表大会的想法在各地都受到了热忱的欢迎；另一方面，也有一些人对于这样一个代表大会是否会取得实际的成果感到疑虑。

德国和奥地利社会民主党的执行委员会婉拒参加代表大会；一些工人组织根本就没有给出任何回复；一些组织表示，希望代表大会圆满成功，但遗憾的是他们自己不能出席。在这种情况下，组织委员会认为，他们有责任通过如下决议：

"鉴于一个不代表所有工人阶级政党的国际工人代表大会，可能容易失去无产阶级的特点，而这对于无产阶级至关重要；鉴于迄今为止，劝导所有这些政党参加这样一个代表大会已经不可能，组织委员会决定，**现在推迟代表大会的召开，但是，支持召开这样一个代表大会的宣传在未来一段时期仍将继续进行。**"

瑞士政府一再被我们的议会要求与其他国家的政府进行沟通，以便就广泛的劳工保护立法达成国际共识。但是，这些政府并不关心这类立法，除非这类立法的一切支持者掀起一场大规模的运动迫使他们重视起来。我们想要召开的劳工保护立法国际代表大会将是这样一个运动的准备工作。

英国同志们！

出席国际社会主义工人和工会代表大会的瑞士代表，来到了你们气候宜人的海滨，向你们劳动保护法的先驱们表示热情问候。我们知道，你们为这一法律进行了最初的和最艰苦的斗争，因而请求你们给予支持，即使你们工会的民主章程不会授权你们给予我们一个明确的答复。但是，我们恳请你们，作为英国代表，提议支持国际代表大会赞成瑞士工人联盟提出的劳动保护法。通过这样做，你们将促使其他国家的工人加入我们。如果我们赢得了你们的团结，我们将一定会得到其他国家工人的支持。

你们的兄弟，代表瑞士代表团：

海尔曼·格罗伊利希

辩护书

波兰代表团多数派不惜以最卑劣的手段，不遗余力地把我们的同志马尔赫列夫斯基置于不清不楚的境地，从而否决他的委托书。他不愿意——也不能够———让这些人成为他个人名誉的审判官。不幸的是，代表大会对超越了一切私人的恩怨的著名革命家彼得·拉甫罗夫的来信置若罔闻。正是他主持了上述调查委员会的工作。由于他对波兰和俄国的革命事务了如指掌，他应该是当之无愧的调查员。我们只能把代表大会否决委托书一事归咎于误会和不了解情况，特将此信呈报给代表大会。

关于公民 A. 马尔赫列夫斯基事件的报告

（大报告的节选，经授权）

1893年8月27日，波兰和俄国社会民主党会议在苏黎世举行。根据参会人员的说法，由苏黎世代表大会主席团波兰代表团所作的关于马尔赫列夫斯基公民的声明声称：（1）马尔赫列夫斯基公民为一家俄国社团工作；（2）马尔赫列夫斯基公民在汉德尔斯曼-萨维茨基事件中可能扮演了不光彩的角色。该声明是否有真凭实据，由马尔赫列夫斯基公民签署的委托书是否因此就无效了呢？会议恳请我对这个问题进行调查，并加以解决。马尔赫列夫斯基公民也请求我调查并解决这个问题。

我接下了这个任务，并有意识地撇开一切其他问题。有关马尔赫列夫斯基公民的详细情况，我都着手进行了搜集：有关他的为人、他的经历、他在社会主义界内的口碑、俄国社团的有关情况、他受雇于俄国社团的情况（在起草声明的人看来，这不太光彩）以及他在汉德尔斯曼－萨维茨基事件中的参与情况，等等。

带着这些问题，我特意找到了波兰的社会主义者，找到以各种方式保证将保持公正态度的人士和汉德尔斯曼－萨维茨基事件中的主管人员，找到和马尔赫列夫斯基公民属于不同社会主义派别的人士以及那些凭借其为人和资历在波兰和俄国社会主义团体中德高望重的人士。

我得到的所有评价都把马尔赫列夫斯基公民描绘成一个诚实善良、完美无瑕的人，"波兰社会民主党的组织者之一"、"罗兹和华沙工人中最具有影响力的人物之一"、"'波兰工人联盟'组织里举足轻重、德高望重的人"、"曾经在要塞监狱度过11个月、而且充分表现出不屈不挠和正直的个性"。各种材料都证明，马尔赫列夫斯基公民在社会主义界内"口碑非常好"，是大家所公认的优秀的社会主义活动家。已故萨维茨基的朋友们所提供的材料证明，在谈及马尔赫列夫斯基公民时，萨维茨基"措辞恭敬"。他们之间的私交更加证实了这一好评，而这一好评是以前在一些共同朋友和他讲述过的事情基础上建立起来的。

根据所有这些材料，我坚信，我完全可以说，在马尔赫列夫斯基公民的过往经历中，不仅没有任何材料表明他不值得信任；而且，恰恰相反，要想提出疑问，就要拿出"强有力的、不容置疑的"证据。

至于俄国社团的有关情况（在起草声明的人看来，他受雇于俄国社团一事疑点重重），我觉得，俄国社团在过去和现在均系纯属商业性质的组织，受雇于这样一家以通过劳动获取生活资料为目的的社团，"对任何人而言，都不能以信念为名而受到指责"。因此，声明声称"一个俄国社团的公职人员"的话居然会被视为可疑的东西，大家对此"只能表示遗憾"。

彼得·拉甫罗夫（签字）

对于上述信件的内容，我们没有什么需要补充说明的。我们坚信，那些污蔑马尔赫列夫斯基公民的人永远拿不出彼得·拉甫罗夫所要求拿出的证据。显然，党派仇恨促使这些先生们无端臆造了最为荒诞离奇的指控，而这是他们在反对我们社会民主党的斗争中所能够使用的唯一手段。

波兰代表团
社会民主党少数派

致 1896 年伦敦社会主义工人和工会代表大会的抗议书

我们——如下署名人——特此提出我们对违反旧的国际工人协会的最初原则的抗议,这一原则体现在 1866 年日内瓦国际代表大会的如下宣言中:

"工人屈从于资本是一切政治、道德、物质奴役的根源;因而,劳动者的经济解放应该是一切政治运动遵循的伟大目标。"① 各国工人必须根据情况决定自己使用的方法和策略。

此外,作为英国工会和社会主义团体的代表,我们坚决重申反对将那些持有革命主张、自称为无政府主义共产主义者或反议会主义共产主义者、但坚信有组织的工人团体为了工人的经济解放采取直接行动的人驱逐出大会。我们认为,由于把这些人排除在外,代表大会将使社会主义运动失去迄今为止一直是其特征的极致的纯洁性和不搞宗派的做法,确立起教条的、拿破仑式的社会主义,这必然使社会主义运动变成不进行任何革命活动、只搞议会改良的政党的运动。

M. 加布里埃尔 ｝伦敦石板印刷艺术家协会
J. R. 利特勒

---

① 见本书第 9 卷第 333 页。——编者注

威廉·韦斯	{ 格拉斯哥国际香烟工人联合会 伦敦犹太排字工人联合会
W. K. 霍尔	爱丁堡马具制作工联合会
约·普雷斯伯里	机械工人国际联合会
吉·康奈尔	德特福德独立工党
内莉·坎伯尔	伦敦东达利奇独立工党
埃米·C. 莫兰特	独立工党
詹·塞克斯顿	独立工党阿什顿支部
埃·哈尔福德	工人教会联合会
威·帕涅尔	细木工联盟
汤姆·麦卡锡	伦敦码头工人
威·阿尔诺德	店员协会
W. F. 瑞恩	独立工党普利茅斯支部
保罗·坎伯尔	独立工党伦敦执委会
赫·罗兰	缝纫工人联合会国际支部

致社会民主党和工会代表大会

鉴于社会民主党多数派将持不同政见代表（而他们已经郑重声明，他们是真正的社会主义者）驱逐出会场的事件，半数意大利籍代表——作为工会和共产主义无政府主义协会的代表——对社会民主党和工会企图垄断国际工人运动的行径表示强烈抗议，并对这股想要以难以容忍的排斥异己行为为基础组织工人反抗资产阶级剥削的斗争的反动逆流，保留号召意大利工人阶级予以抵制的权利。

北美意大利工人社会主义—无政府主义联合会、帕特森织布工人和北美匹兹堡泥瓦工人联盟意大利各分会以及苏黎世意大利无政府主义工人团体的代表。

彼得罗·科里　E. 马拉泰斯塔
F. 奇尼　佩尔蒂埃

意大利工人联合会

附录二

1896 年伦敦国际工人代表大会全记录

历 史[*]

在工人运动的发展进程中，国际社会主义者代表大会并非一个新的事件。1864年，旧的国际工人协会在伦敦成立。第一次会议随后召开。值得注意的是，当时举行第一次会议的圣马丁堂就是最初准备安排此次代表大会举行的地方。

卡尔·马克思是主要发起人，和他在一起的有：乔治·奥哲尔，即当时伦敦工联主义的主要代表；威·兰德尔·克里默，他后来成为和平协会的资产阶级书记；海尔曼·荣克，瑞士人；格奥尔格·埃卡留斯，德国人，以及其他名气较小的人。大陆的革命运动在1848至1849年经受了火的洗礼，除了马克思，国际工人协会的其他创始人也都是在伦敦安家的流亡者。

第一国际的目标是双重的：一是工人阶级夺取政权；二是运用这一政权来解决经济问题。当时，蒲鲁东新近发表了其关于政治经济学方面的著作，在其中主张无政府主义，这使得马克思出版了他著名的著作《资本论》作为反驳。

新的运动像燎原之火一般席卷了大陆，其支持者中有后来的茹尔·西蒙以及其他著名人物。

---

[*] 这份记录的作者为组织委员会书记威廉·索恩，由格拉斯哥工人领袖出版社出版。本节关于第一国际的历史回顾有很多与史实不符之处，由于篇幅所限，恕不一一指出。——编者注

1866年,第一国际在日内瓦召开会议,乔治·奥哲尔为当时第一国际的主席,马克思是幕后的主事之人。在这次代表大会上,海尔曼·荣克担任会议主席,代表之间存在的巨大意见分歧很快就变得明显。大会讨论了以下议题:

1. 协会的组织:其目标及其行动方式。

2. 工会:它们的过去、现在和未来;假期;罢工及阻碍它们的手段;初等教育和职业教育。

3. 从道义和卫生的角度考虑妇女和儿童在工厂的工作。

4. 缩减劳动时间;为所有人工作的义务。

5. 协会、原则及申请;合作。

6. 劳资关系、外国的竞争、贸易条约。

7. 直接税和间接税。

8. 国际机构、互惠信贷、纸币、度量衡、硬币和语言。

9. 通过实现民族自决权和在民主与社会基础上恢复波兰,消除俄国在欧洲的影响的必要性。

10. 常备军,与生产的关系。

11. 各种宗教观念及其对社会、政治和精神发展的影响。

12. 建立一个互助的社会帮助孤儿。

针对这份伦敦拟订的议题,法国代表提交了如下替代议题:

借款不收利息。

无障碍自由交易。

任何人都不该拒绝工作。

不设公立学校,不搞免费和义务教育。

任何人都有教学的自由。

对所有合作社作出共同规定。

在罢工之前进行充足的调查。

直接税。

武装人民，取消职业军队。

每个人都可以像自己喜欢的那样进行祈祷，只要他是合理的和道德的，并且不把"他的上帝"带进车间和旅馆。

不讨论波兰问题。

最后大会执行了法国的议程。值得说明的是，在这次大会上，邀请当时就在附近的加里波第前来出席的提议被否决。

一年后，第二次代表大会在瑞士洛桑召开。1名比利时代表、6名英国代表、17名法国代表、6名德国代表、2名意大利代表以及37名瑞士代表参加了大会。两年前去世的塞扎尔·德巴普是比利时代表。如同以前的代表大会一样，讨论大多都集中在同样的问题上。正是在洛桑，预示了结局的开始。米哈伊尔·巴枯宁在萨克森参加革命，结果被判处死刑，但因其在俄国法院的高官亲戚而被流放到西伯利亚。他后来偷逃出境。经过多次犹豫之后，在亚历山大·赫尔岑的影响下，米哈伊尔·巴枯宁成为一名不可知论者和虚无主义者。他自己定下的目标是夺得第一国际的领导权。大多数权威人士认为，从其行为看，他绝非是一个坚定的人，对他影响更多的是他对马克思的反感而不是任何坚定的原则。发现自己处于新的运动之外，并认识到无望取代马克思的位置，巴枯宁成立了国际社会民主联盟①，后来成为国际和平同盟。

随后，就无政府主义抑或马克思主义者的国家社会主义应当成为国际的主导思想，开始了一场艰苦的斗争。1869年，旧国际的第四次代表大会在巴塞尔召开。在这次会议上，多数代表投票支持巴枯宁的纲领，其主要内容如下："我是国家和所有阶级差别的坚决反对者。我主张摧毁所有在民族和领土意义上的国家，并在它们的废墟上建立工人的

---

① 原文有误，应为"社会主义民主同盟"。——编者注

国际共同体。"

第五次代表大会在海牙召开。巴枯宁未能出席,因为被逐出法国和德国,而且当时住在瑞士,如果不经过上述一个或其几个国家,他就不能抵达荷兰。结果,马克思主义者发现自己取得了主宰地位。但是,巴枯宁进行了报复,因为他要求由日内瓦的汝拉联合会来主办下一次代表大会。巴枯宁及其追随者在这里一直占据优势。与此同时,第一国际在法国遭到镇压,由于其成员参加了1872年公社,但是可以说,第一国际随着汝拉代表大会的召开而消亡。

马克思主义者在举办国际代表大会的问题上一直碌碌无为,直到1888年。当时,在法国工人党的鼓动下,工联代表大会的议会委员会在伦敦圣安德鲁大厅举行了一次会议。此次会议同意于1889年在巴黎举行下次代表大会。巴黎的可能派与马克思派之间就谁将有幸召集这次会议产生了分歧,结果是召开两个代表大会——不过,值得注意的是,两个会议通过的决议实际上是相同的。正是在这两次会议上,五一集会首次被提及。威廉·莫里斯、肯宁安-格雷厄姆、约翰·白恩士、亨·迈·海德门、贝赞特夫人以及詹·基尔·哈第均在英国代表成员之列。参加两个巴黎代表大会的代表总数大约为800人。下次会议确定于1891年在布鲁塞尔召开,大约350人出席。鉴于梅利诺博士是一名无政府主义者,他被警察流放到了边远地区。1893年,代表大会再次于苏黎世召开,出席会议的代表人数大约与上次相同。在苏黎世,代表本国出席大会的工会超过了以前所有的代表大会,有证据表明,出席上述所有会议的无政府主义者,尤其是在苏黎世,最后都遭到驱逐。独立工党也出席了会议。

从这个简介和对过去运动史的必要的粗略回顾中可以注意到,从一开始,目前这种国家行动和反国家行动之争就一直在进行。这在很大程度上演变成为个人之间的争执。每一方都决心互不相让。对观察者而言，显而易见的是，如果能够消除个人之争，无政府主义者和国家社会主义者就能带着最良好的愿望坐下来开会讨论各自原则。在当前为经济自由而斗争的阶段导致两个学派分离的分歧更多的是人们想象出来的，而不是真实的，这也是众所周知的事实。只要代表大会被称为"社会主义者和工会代表大会"，它就应该向工人运动的所有组成部分开放。如果希望把它变成一个国家社会主义者代表大会，就必须清楚地把事实说明，然后再开那样的代表大会。

不可能说出未来的社团组织将会是什么样的，以"自由、平等、博爱"为自己座右铭的社会主义政党应该襟怀宽广，足以容纳谋求通过任何手段推翻目前的制度、成立工业共和国的运动的每一个组成部分。

苏黎世决议

在苏黎世代表大会上，在自由意志社会主义者被驱逐之后，通过了如下决议作为1896年代表大会的议事规程，该决议由倍倍尔提出、奥地利的阿德勒博士附议：

一切工会，以及承认工人组织和政治行动的必要性的社会党和团体都可以参加代表大会。

所谓"政治行动"指的是，工人阶级的组织努力利用或设法夺取政治权利和立法机构，以促进无产阶级利益和夺取政权。

在该决议通过之后的第二天，大会作出进一步的解释，即：

补充提案绝对不是说，每一个参加代表大会的人都要承担义务，在任何情况下都要一丝不苟地按照我们的定义采取政治行动。它只是要求承认工人有根据是否符合促进工人阶级利益的标准利用本国的全部政治权利，并把自己组织成为一个独立的工人政党的权利。①

记住这一点是重要的,即在伦敦代表大会的最初两天,所有的麻烦都是由这个决议所引起的。最好还要记住,没有无政府主义协会或团体寻求参加代表大会,因为无政府主义者作为最鲜明的个人主义者并不赞同这个代表原则。参加大会的社团是相信自由共产主义而不是国家社会主义的共产主义者。记住这些将使读者能够理解随后发生的事情。

和平示威游行

星期天上午11点30分,道路两旁没有任何最细微的迹象表明即将发生任何不同寻常的事情,唯一有趣的迹象是一个小贩,他的手推车里装着一些伪装成冰淇淋的可疑物品。在警察干涉时,他用多种不同的语言恶狠狠地咒骂着,这似乎证明至少他有资格做国际代表大会的翻译。

不过,大约在11点45分出现了一个迹象:一些双手长满老茧、身穿灯芯绒裤子(每条裤缝里满是泥巴)的家伙们,使劲地举着许多大旗和旗杆。人们还能听到通知其他代表团到来的军乐声,它们一个接一个地从四周有序走来,站在指定的地方。每一个代表团都有自己的旗帜,伦敦的每个代表团也都有自己的旗帜。

第一个到达这里的是联合激进分子俱乐部代表团及旗帜,连同科布顿和布莱特的画像,一支40人的乐队演奏着《不知道在哪里》。随后是贝特纳尔格林区的独立激进分子俱乐部及其旗帜,一个英国人、爱尔兰人(那个爱尔兰人非常像吉姆·康奈尔)和苏格兰人发誓永远效忠于激进派的事业(我认为那个威尔士人非常不满)。他们之后是玻璃磨

---

① 见本书第16卷第69页。——编者注

边工人及其旗帜，上面的标语是"劳资和解"。当他们站在对面的位置时，中午的太阳光照在斯芬克斯像头部左边的耳朵上，穿过其嘴巴的一角，留给近距离的观察者的印象是他完全是在看笑话。

在此之前，在人群开始聚集前的某个时候，我注意到约翰·白恩士沿着黑修士桥的方向慢慢地走了。由于渴望与他进行交谈，我暂时擅离职守，骑上破旧的自行车追上去。我找了好长时间，终于发现他在桥的扶壁后面观察着排队经过的代表团，没有什么人向他致敬，除了全国地方工人联盟，他们的旗帜上展示着约翰的照片，一支乐队在前面演奏着格斯·埃伦的新歌《这是一个巨大的耻辱》。他们在斯芬克斯像的对面继续演奏着。到这时，我才对斯芬克斯的观点怀有极大的尊重——你相信吗？当我站在雕像下的时候，我仿佛清楚地听到了他在笑。

这时，所有的代表团都已经抵达，并在示威开始之前迅速排好队，号角自行车童子军在在查灵十字街桥下集合，在每个乐队经过时都不停地按着铃铛，这只是斯芬克斯稍显倦意的迹象。

12点半，开始的信号立即发出，游行队伍按照大方阵前进，骑着白马、身穿令人悦目服装的典礼官走在前面，这是吉姆博士和一名啤酒运送车夫之间的妥协。看到众多工人的真诚和热情真是令人高兴，当我测定他们通过某一个已知点时，我情不自禁地大声说出了我的想法。这些人真是可怜，由于自身的缘故，他们不知道自己的力量，不知道如何运用这种力量；另一方面，就像在这威斯敏斯特教堂围墙的阴影里所显示的那样，这里正锻造着束缚他们的手铐。对于锻造者而言，这是一个非常好的工作，因为他们的牺牲品是如此愚昧无知。

当庞大的游行队伍的队尾经过斯芬克斯像（刚好用了一个小时）并消失在拐角时，我几乎幻想我发现这个冰冷的身影沉醉于不朽的瞬间，同时，"很多时候以前他们就曾在这里"的表情逐渐在其冰冷的面庞扩散开来。

威廉·索恩担任主典礼官,各项活动有条不紊地进行。

在海德公园

就在游行队伍的队首抵达海德公园拐角的时候,开始下雨了。从查灵十字街开始,游行路线穿过俱乐部区,但是,"伦敦人"并不在城里,因而,在俱乐部的窗户里只有几个闲散人员。那些人狂笑不已,不过,这是没有敌意的游行。但是,游行路线唤起了什么样的记忆!这是特拉法加广场,1887年,就是在这里,肯宁安-格雷厄姆、约翰·白恩士的头被打破了,可怜的林内尔被杀害,所有这一切都是因为他们想要反抗对爱尔兰的压迫。这确实是一个"血色星期日"。也是在这里,在这个拐角,有一个联合服务俱乐部,在1886年的一次游行中,失业工人义愤填膺,打碎了窗户玻璃。稍远一点,我们拐过街角,亨·海·泰平就是在这里全力反对他的父亲。作为军队的一名将军,他的父亲被派遣过来支持镇压自己的儿子参与其中的起义。经过国防办公室,然后是威尔士王子的住宅——马尔伯勒大厦。之后,穿过宫殿般的住宅和皮卡迪利大街上的豪华店铺。当然,如果需要用什么把工人们从麻木中唤醒,那么就要把财富拥有者的住宅和财富生产者的住房进行对比。公共交通并没有受到阻碍,每隔几分钟,游行队伍必须在海德公园拐角停下来,让公共汽车通行。而欢迎德国军阀的好战分子游行并不是这样。

不过,最后的旗帜终于从拱门下通过,只有号角自行车童子军留在外面,为基尔·哈第和社会主义革命欢呼。但是,噢,下雨了!下起了瓢泼大雨。汤姆·曼摘掉帽子,直接呼喊着国际和平与博爱。旗帜变成了帐篷,人们立即挤在一起,但是,大雨毫无怜悯之心,人们很快就四下散开。当比以往更像农民的保尔·拉法格讲了几句时,汤姆说,"让我们为国际团结欢呼三次"。他说:"摘掉帽子,欢呼!"雨水从他的头发上流下来。欢呼声响起,在声音消失之前,一道闪电从头顶上的乌云中划出,紧接着天空中响起一阵雷声——真是一个戏剧性的结局。随后开始了漫长而又疲惫的回家之路。从坎宁镇来了一支基尔的老选民的庞大队伍。他们早上9点出发,跋涉10公里,现在他们又要走类似的距离才能回家。他们当中的两人参加了宪章运动。确实,这种热情得到了巨大的回报。

招待会

大会组委会在托特纳姆法院路马蹄酒店租了三间宽敞的房间,星期天晚上,在这里正式招待与会代表。受下午雷雨天气的影响,参加人数有所减少,因为一些代表还躺在床上,而他们唯一能穿的西装正在烘干。许多出席的代表穿着借来的服装,这并不能总是给他们增添光彩。到晚上时,穿戴整齐的人逐渐增多,到10点钟时,聚会盛大而隆重。李卜克内西早早来到会场,似乎认识所有人,而且所有人也都认识他。吕西安·萨尼亚尔以及后来成为社会主义工人党美国副总统提名人选的马特·马奎尔结识了许多朋友。亨利·波拉克及其荷兰同事,法国的饶勒斯、拉法格、盖德和瓦兰特继续昔日的友谊,并建立了新友谊。倍倍尔和辛格尔先生和他们代表团的纪律严明的党员也一道出席了一段时间。大多数英国代表也来到这里。不幸的是,威廉·莫里斯由于糟糕的健康而未能出席。梅·莫里斯·斯帕林——莫里斯的女儿——在她游走于各个团体并与所有人愉快地交谈时,吸引了很多人的关注,是房间里最像女王的人物。罗塞蒂美丽的达摩泽尔再次与她母亲的女儿生活在一起。作为组织委员会的主席,威·查·斯特德曼讲了几句欢迎词,此外就没有其他的发言了。夜晚在愉快中度过,并且在下周激烈而艰苦的工作开始之前,给代表们提供了互相了解的好机会。

独立工党的秘密会议

在8点钟,大多数独立工党的代表曾一度退出招待会,就他们明天的行动进行商讨。会议通过口头匆忙召集,因而,一些人并不知情,而另一些人当时还没有到达。乔治·希普顿先生设法在克兰伯恩找到了一个大房间。当时,独立工党的代表去了120多人。基尔·哈第主持并建议他们应该首先考虑自己对待那些寻求参加代表大会的社会主义者的态度,这些人不进行政治行动但又不反对其他人成为议员。他说,如果他们支持这些人的要求,就会被人们说同情无政府主义者。对他而言,他更担心是对一大批社会主义者以及与他看法不一致的人做了一件不公平的事情,而不是他被称为无政府主义者。约·伯吉斯提,独立工党的代表们支持这样的决议——使议会行动成为被准许参加代表大会的那些人的宣传的必要部分。这个得到支持的提议遭到汤姆·曼的反对,他指出,明天上午可能不经讨论就试图仓促通过议事日程,其影响就是驱逐了那些能够在社会主义方面给我们很多教导的人,而代表大会的目标就是要传播社会主义。在一般性讨论之后进行投票表决,伯吉斯的提议以绝大多数代表的反对而被否决。汤姆·曼被选为英国代表团的主席,詹·拉·麦克唐纳被选为书记。皮特·柯伦准备竞选议事规程委员会主席,基尔·哈第准备竞选代表大会副主席。没有一个所通过的决议对个人代表具有约束力,因为有些代表在特定的事务方面受到明确的指示。主席建议,在任何情况下,独立工党的投票都应该支持社会民主联盟的候选人——只要没有独立工党的候选人,或者独立工党的候选人在第一轮投票中就落选了。即使如此,正如他所指出的那样,他们不需要期待社会民主联盟支持他们的候选人——对星期一确认委托书之事的一个预测。

代表大会的描述性报告

最初是打算在查灵十字街的圣马丁堂举行代表大会，但由于不断增加的代表人数——超过800人——就选择了兰厄姆酒店的皇后大厅。皇后大厅是英国最好的会议场所之一。它以半圆形的结构建造，能轻松容纳1万人。一周租金为200英镑。这个漂亮大厅的巨大建筑空间专门用来接待代表，向公众开放的旁听席须收费入场。代表们大致可分成英国人和外国人。英国工会（198人）、独立工党（115人）、社会民主联盟（120人）、苏黎世委员会（12人）、费边社及其他社会主义团体（27人），总计472人。单独的桌子留给每个国家和每个国家的不同党派。星期一上午11点，代表大会正式开幕的时间，除了法国代表团之外的所有代表都出席了。法国的同志们于一小时之前召开会议，对他们在本周内作为一个国家来处理事务的行动作出安排。他们太专注于讨论，以至于代表大会一直等到11点30分才在他们缺席的情况下开始了议程。在等待的间隙，乐队演奏了管风琴，人们一遍一遍齐唱着《马赛曲》。为社会革命进行了三次令人振奋的欢呼。

没有一个旁观的人不对代表大会的潜力和活力印象深刻。就人数和影响而论，这是迄今为止所举办的规模最大的代表大会。从旁听席的大部分观众和桌边强大的新闻代表阵营就很容易看出，普通观众有着同样的看法。其中的几个记者，如资深记者莫里森·戴维森认为，他们还从未在哪一次公开会议上看到如此之多的新闻记者——这个事实相当于一个衡量公众对社会主义发展所表现出的兴趣的希望指数。确实，从大厅一边延伸到另一边的长长的桌子旁边都挤满了世界各地新闻报纸的记者。一个人只需要在代表中待几分钟就会确信，无论他们在意见和方法上有多么大的分歧，他们所有的目标都是朝着同一个冉冉升起的太阳。

英国矿工联合会和工联代表大会的议会委员会主席爱德华·考威主持大会。在台上就座的还有李卜克内西（德国帝国国会议员）、辛格尔（德国帝国国会议员）、威廉·索恩（组织委员会书记）、艾威林博士及马克思-艾威林夫人、王德威尔得（比利时）和汤姆·曼。顺便提一下，主席看起来情绪不高。他在发言中说，如果代表大会出现一些一致的行动，他将会很高兴。最后，他以英国代表团的名义欢迎外国代表们。此时出现了第一个热烈的迹象，英国代表们站起来了，热烈鼓掌欢迎外国代表。主席的发言由李卜克内西翻译成德语，由阿道夫·斯密斯翻译成法文。辛格尔（三位柏林社会民主党党员之一）代表德国作出回应。在表达了他和代表们对弗里德里希·恩格斯不能出席代表大会感到遗憾之后，他说，德国党是一个政治性的和工会的政党。似乎是为了平息英国人有关德国党是一个机会主义政党的各种谣言，他坚称他们与资产阶级政党没有任何共同之处。他们知道只有一个联盟，即反对其敌人的世界工人的联盟。王德威尔得发表了一个精彩的演说，作出回应。其语调、举止和气质都十分完美。他殷切希望代表们要忘记自己属于哪个国家，只记住他们是共同的兄弟。瓦扬（法国国民议会议员和公社的战士）也作出回应。他说星期日海德公园的示威游行是英国人热情欢迎的独特证明。这是来自一个唯一获得工人政治自由的国家的欢迎。

每个发言或者评论都必须翻译成法语和德语，因而，时间过得飞快，并且因为同样的原因，时间尤其宝贵。当艾威林博士继续发出一系列的为代表提供1先令4便士的旅馆和半价音乐厅门票的相关通知时，代表们感觉有点沮丧。所说的通知被翻译了两次。宣读了几封贺电，其中一封来自因病不能参加的威廉·莫里斯，一封来自匈牙利社会民主党。非常具有意义的是一封来自在约翰内斯堡举行会议的德兰士瓦工人的贺电。在1点钟之前，几乎没有时间审议议事规程，时间都花在了决定周一的活动安排上面。快到1点钟时，会议变得非常紧张、激烈，因为反议会主义者渴望知道他们的命运。一般认为，临时议程规程应该在当天会议结束之前全部提出。如果这些规程被通过，那么所有有关承认或驱逐反议会主义者的讨论都将会避免，因为第11条指出："**星期一之后，将不再接受或讨论有关议事规程或议程安排的任何修正案。**"主席提醒代表们注意这一事实，如果议事规程全部通过，就将毁掉在周一下午审议修正案的委员会，但是，德国的和几名英国的代表要求立即投票表决。讲英语和法语的威·帕涅尔（伦敦细木工人）提议，把议事规程的审议推迟到周二上午。该提议得到支持。然而，反议会主义者决心要有一个发言的机会，于是就出现了一个非常骚动的场面。当马拉泰斯塔只讲到一半的时候，主席的铃声就响起来了。

铃声和讲话声一度相持不下。接着，每个人似乎都要立即发言。即使是旁听席上最认真的人也发出了叫喊声。大厅主人也开始添乱，威胁要把他们所有人都驱逐出场。身材矮小、眼睛深邃、热心、坚定的马拉泰斯塔等待着。主席保持秩序的要求徒劳无果；同样徒劳无果的是辛格尔，他努力地通知代表大会，德国代表团已经同意接受全部的议事规程。喧哗声和吵闹声混杂在一起。荷兰社会主义者同盟和《大众权利报》的编辑克里斯特·科内利森走到前台发言，但遭到否决。回到大厅里多梅拉·纽文胡斯旁边的位置之后，他用三种语言向代表大会发表演说。法国代表、精密仪器制造工人德勒萨勒以微弱的声音询问是否允许他到前台去发言。在得到时间提问之前，激动得嘴唇苍白的法语翻译布尔昂把他推下楼梯。他大发脾气，如果不是担任主席的考威先生相当无助地宣布代表大会推迟到周二上午，事态的发展可能会更加复杂。许多代表对于严厉处理德勒萨勒表示出强烈不满，但为了公平起见，必须补充说布尔昂事后道歉了。

星期二的会议

周二上午，遭到嘘声的马克思主义者决心坚决抵制并驱逐所有反对他们的主要势力。值得注意的是，旁听席被关闭了，以防止游客进入，整个大厅都布满了工作人员。大家也知道，艾威林博士去过警察局，要求警察应该准备随时听候召唤。然而，当局在确实发生伤害事件之前不愿意派警察到大厅。幸运的是，更明智的协商占据了上风，议事规程及预计造成所有麻烦的第11条经过投票表决而得以顺利通过。

有传闻说，如果要严格遵循苏黎世决议，法国代表团的大部分将坚持要落实到每一个代表。另一方面，法国代表团中的马克思主义者威胁说，除非这样，否则就要离开代表大会。由于较为审慎的安排，这些事情都没有发生，会议过程就像自由党的部长白费力气一样平淡。

当天的主席是辛格尔先生。他是一位体重280磅、沉着冷静的德国人，精通三门外语，也是最仁慈的专制君主。德国军团、英国工联主义者和独立工党由于说得很少而对事情有帮助。其他代表团的大多数人不断地叫喊，除了俄国人——如果他们知道是什么事，也会那样做的。大厅里没有警察，只有工作人员的强大武力。

辛格尔先生将正在讨论的问题限定为每方两位发言人，每人10分钟，然后大会开始。副主席基尔·哈第提出一个呼吁，要宽容少数派，随即饶勒斯提出要支持苏黎世决议。他受到了热烈的鼓掌欢迎，他强烈主张通过议会行动实现我们的理想。在他之后是汤姆·曼发言。他已经被善良的朋友们的无数质询激怒到极点，这些朋友们想知道他是否已成为一名无政府主义者。他说，绝无此事，但是他认为，出于公平，应该让反议会主义者出席。没过几分钟，他就大发雷霆，在其最言辞激烈、慷慨激昂的一次演讲中强烈要求宽容。他指出，自由共产主义者为工人的事业做了很多工作，也遭受了很多苦难。他们的目标和我们的目标是一样的，尽管他们的方法不一样。他认为代表大会应该欢迎所有准备为社会变革而奋斗的人。在这一点上，他似乎得到了独立工党大多数代表的支持——虽然现场有一些著名的独立工党成员，他们从前无可指责的形象令人听到他们对此的诅咒而感到惊讶。这些人坚持认为，同样的观点可能允许让救世军，甚至或许是樱草会参加大会。

之后是亨·迈·海德门。他跳上椅子，像摩西征服亚玛力人时那样伸出一只胳膊，他希望看到事情进展顺利。他个人对无政府主义者满怀宽容；确实，他热爱无政府主义者。但是，如果会议没有按照他们的方式进行的话，无政府主义者就无所顾忌地终止任何会议。他们绝对反对社会民主党人的每一种方法。那么，他们怎么能够一起协商以达成任何有益的目的呢？无政府主义者对他的抨击几乎都导致了另一场骚乱。

多梅拉·纽文胡斯站在自由主义者的一边，并说如果代表大会决定反对他们，荷兰代表团将会安静地离开。他有着灰色的头发，看起来非常高贵，是一个理性的人，唯一的缺点就是发表了一个太长的演说。

投票表明，18个国家支持议事规程第11条；2个国家反对（法国代表团的多数代表反对，比利时一致反对）；一个国家（意大利）支持的代表数和反对的代表数相等；一个国家（塞尔维亚）没有投票。18个国家中包括声称代表澳大利亚的艾威林博士。因为超过100人的大多数人赞成，英国决定支持。

艾威林夫人一再声称，代表大会是在对坚持政治行动必要性的苏黎世决议进行投票表决，而对事情的真正要点却视而不见。表决确实是针对议事规程第11条，它规定周一之后将不再对议事规程进行任何修改。尽管人们试图在周二匆忙通过该议案，但大会对该议案还是进行了充分的讨论。当然，最终的直接结果是维持苏黎世决议。

午餐之后，将近下午3点时，代表大会再次开会，听取所有关于委托书审查的事宜。由于委托书被拒绝的每一个外国代表从一开始就对全部问题坚持进行争辩，因而整个下午，代表大会就陷入可怕的漫长而又枯燥的讨论之中：现在，是一个生活在伯尔尼、希望代表俄国的俄国人；现在，是一个跋涉了3500英里去代表某个合作社的美国人；现在，是一名无政府主义者，他宣布自己是作为一名工联主义者来到这里的；现在，是饶勒斯，他与米勒兰和里沙尔可以说都是法国费边主义者，作为国民议会的社会党议员，他没有委托书就出席了代表大会。这一使大会在下午5点休会的议程，不知怎的与大多数议事规程一起不再受到讨论了。在试图就饶勒斯和他同伴的问题进行投票之后，大会在7点钟结束。主席将大会议程延期到周三下午2点。经选举产生的各委员会聚集在一起，吸收有关议程的众多议案的内容，并把它们简化到可以供明早会议讨论的程度。

周二工作的主要困难在于代表们很不确定他们所要投票表决的每个国家的报告真正意味着什么。吵闹声持续不断，翻译们并不能一直确定他们语言版本的准确性。艾威林夫人的翻译太随意了，并且呈现出这样一种不恰当的倾向，即英国人是复杂的和可疑的。无论是希望投票反对无政府主义者还是希望投票支持他们的人都不太清楚该如何去做。比如，某位报告人反对某些代表的理由是他们来自某些纯粹"中产阶级"的社团。萧伯纳提出了这一问题，他一直渴望赞美费边社的中产阶级。在大厅里，费边社有20多人。其他人起来向萧伯纳进行解释，他们把所有这些翻译了大约4次。

星期三

7月29日（星期三），代表大会仍然不停地忙于讨论委托书的问题。我们可以立即指出，要不是海德门先生的能干、老练和公正，当天的会议进程就很可能是灾难性的。在讨论中，海德门先生容易使自己听任某种狭隘逻辑的摆布，这种逻辑使他成为英国社会主义的救世主，他似乎相信如果他死于战斗，他将会直接进入社会民主联盟的天堂——无论它在哪里。但是，他在主席这一位置上创造了本周的记录。他讲三种语言，以绝对公正和相当坚定的方式与每个人打交道，带领这个庞大的军团安全地驶过非常危险的海域。他的主持并非一直合乎程序，但是，他对于公正的显而易见的渴望使大会作出了非常多的修改。因为几乎没有人能够完全理解的某些原因，在他们以社会主义议员的身份是否有资格参加大会的问题上，饶勒斯、盖德和里沙尔先生决定检验代表大会的态度。在浪费了差不多整整一上午的时间之后，他们发现代表大会不承认任何这种委托书，于是出示了正式的委托书。基尔·哈第提议把这些委托书交给法国代表团审查，詹姆斯·康奈尔附议，他谨慎地说，一旦这件事情得到处理，代表大会将乐意欢迎他们参加。这个友好的意见得到法国人的鼓掌欢呼。他们立即以绝大多数人赞成而采纳了这个意见，而且决定接受委托书。

现在，悉尼·奥利弗（费边社）提议讨论委员会报告；莫兰特女士提议，所有余下的有关委托书的报告都不必讨论。但是，委员会的报告还没有准备好，波兰、奥地利、匈牙利、捷克、丹麦、瑞典、意大利、西班牙、葡萄牙和荷兰代表团的报告已提交。一名波兰人被怀疑是警探，他拒绝向本国人作出解释，理由是他们自己都是骗子。由于12个国家赞成、7个国家反对，他被否决了。由于波西米亚在地理上是奥地利的一部分，有代表提议把捷克的报告提交给奥地利，但是，该提议没有通过。一个匈牙利代表的委托书来自纯粹的国家主义而不是社会主义组织，被否决。一个丹麦人来自一个名为宽容俱乐部的无政府主义团体，被否决了。意大利的报告指出，该国的社会党有25000名党员，派出7名代表。还有10名意大利的无政府主义者出席，其中3名是以工联主义者的名义参加的。余下的7人被驱逐出场。路易丝·米歇尔和7人当中的1人想发言，以示抗议，但是鉴于周二的投票结果，主席拒绝听取他们的意见。在一片混乱之中，少数人离开大厅，该报告被通过。在荷兰的报告上浪费了大量时间，最后以同意大多是工联主义者的自由共产主义者或者自由意志论者出席大会而告终。

  在允许法国代表团分成两个支部的问题上进行了激烈的讨论。英国代表团开始并不理解，倾向于把这当做无关紧要的事情，但是，主席和保罗·辛格尔却认为，对于法国人来说，这件事是最重要的事情之一。在113名法国代表中，微弱的多数是革命社会主义工人党的支持者。该党在法国中部和东部是最重要的势力，采取议会行动，但是希望实现伟大的工人革命，其中首先是要进行工人大罢工。出席大会的让·阿列曼是著名领袖之一。另一边是可以被称为法国费边社式政党的强大的少数派，其中有盖德主义者、像饶勒斯这样的独立社会主义者、米勒兰式的激进社会主义者。他们相信市政和立法的发展，推崇社会制度的突变思想。周二，在法国的投票中，革命主义者以一票的多数（57票对56票）站在反议会主义者的一边（在允许他们参加代表大会这一问题上）。这在温和人士看来是不可忍受的。现在，温和人士反对与他们坐在一起。

  基尔·哈第认为，如果把这个问题推迟到第二天上午，将会节省时间；两个支部的人在此期间可以彼此协商，努力达成一定的共识。但是，主席并不这样认为。米勒兰已经发言了，指责那些主张总罢工的人仅仅把他们的工联主义当做无政府主义的借口。那些受到这一指责的人对他发出怒吼。王德威尔得（比利时）发表了一个精彩的演讲，反对允许将一国代表团一分为二，并敦促少数服从多数。一份文件刚刚提交上来，指出法国代表团已同意拆分，主席将问题提交给大会，是否允许他们这样做吗？

大会对整个事情感到厌倦，而且已经将近7点了。结果，同意允许他们这样做的提案以14个国家赞成、5个国家反对的结果得以通过。代表们去找东西吃。这样，议事规程被推翻、被违反了，因为马克思主义者由此获得了另一票——法国代表团的每个支部现在都被作为一个独立的国家来对待。

星期四

周四的事情比前三天的事情加在一起还要更加有趣。代表大会终于决定了谁出席，谁不出席。大会开始习惯于各种语言的混用，各国和各支部代表之间的个人友谊精神通过会议得以传播。无政府主义者被"驱逐"——精神上的驱逐，并不是所有的无政府主义者都被逐出了。周四下午之后，他们就没有再参加大会的活动。纽文胡斯及荷兰社会主义联盟的成员正式退出，以示抗议，由于无政府主义者得不到承认，因此这种代表大会就不再是整个运动的代表。在余下的时间，纽文胡斯和科内利森就待在新闻席。

主席是埃米尔·王德威尔得，著名的意大利刑法学家恩里科·费里教授为副主席。主席说，将就法国形势进行解释，而不是进行讨论，他然后严肃地提醒代表大会，以数百万忍饥挨饿、辛苦工作的工人为代价派出代表到这里是来工作的，不是来讨论无用问题的。

在通过了一份向被停职的里尔市社会党市长表示同情的决议之后，爱德华·瓦扬代表法国多数派站起来说，他和他的朋友们是希望运用政权实现变革的革命的共产主义者。他认为，工会代表不应该受到质疑，无论他们是不是无政府主义者——这是代表大会已经通过的一项原则。总罢工派的领袖让·阿列曼随后抗议苏黎世决议被翻译得太狭隘了。之后，大会开始讨论农业问题。

农业委员会的少数派派报告由威·乔·皮尔逊和瓦特博士发布。他们主张进行某些特定的改革，如将铁路和市场社会化以及提供更多的技术教育。该报告没有得到英国代表团的赞同。然而，多数派却满足于提出一份支持将土地和其他所有生产工具进行社会化的抽象的提案。他们指出，在欧洲，问题的状况是如此千差万别，以至于他们还不能试图起草一份在所有细节方面适用于每个国家的国际性方案。因此，王德威尔得指出，在英国，有少数地主拥有大量的私有土地，而在法国和比利时则有数百万的人拥有少量私有土地。在农业问题方面，我们还只是处于研究阶段。拉法格说，现在对于工人来说，组织起来比讨论细节更为重要，他们正在组织起来。他指出，有一位代表来自一个纯粹的农业地区。在那个地区，整个市镇委员会都是社会主义者，包括市长在内。

这是一个冗长的演讲，以至萧伯纳提议，除了报告人之外的所有发言者的时间都应限定在3分钟之内。遗憾的是，该提议没有被通过。委员会主席舍恩兰克说，在德国有国有铁路，没有比这更好的了。在普鲁士，地主们自己在鼓动失业人员回到土地——回到他们的土地。随后，大多数报告以绝大多数的赞成被通过，上午的会议结束了。

下午，有代表要求代表大会注意这一事实，即俄国工人第一次直接出席国际代表大会。接着，政治行动委员会由乔治·兰斯伯里作报告。报告号召工人们团结起来，独立于所有资产阶级政党之外，要求一切成年公民有普选权、一人一票、决选投票、在全国和地方都有动议权和全民公决权、妇女解放和民族自治。殖民扩张问题被提交给战争委员会。

一名法国代表托尔特利耶准备了一份少数派报告，反对完全依赖政治行动，并声称他们在法国正在禁止政治行动。他主张应该举行反对租金的罢工，以结束地主所有制。这个享受免租金的可爱的主意令英国和德国代表发出阵阵笑声，饶勒斯站起来为政治行动进行辩护。

让·饶勒斯或许是法国最伟大的演说家。他在主席台上的样子就像在剧场一样打动了冷静的英国人的心灵，而他在下面发言时这并不明显，他那极具震撼力的口才使代表大会达到了狂热。在演讲和翻译期间爆发出一阵又一阵的掌声，最后，几乎全部与会代表都在一片雷鸣般的欢呼声中站起来，挥舞着帽子和手帕。这是本周的最精彩的演讲。

他说，法国工人正远离政治行动——这不是真的。他们为此正在越来越多地组织起来。选举结果表明，社会主义者选票的增长是多么迅速。这是因为他们渴望经济自由，为了政治行动而组织起来。的确，在每一个阵营里都有叛徒。在议会里都有背叛的议员，但是，当他们要去战斗时，必须面对的最黑暗和最危险的敌人是告诉他们要把武器放在家里的那些人。工人们拥有的最有力的武器就是政治行动的武器。这个演讲使代表们达到狂热。

在激动稍微平息之后，伦敦的泥瓦匠丹·亨尼西提议删除"独立于一切资产阶级政党"这句话。他把资产阶级称为"bur-go-jee"，这使代表大会出现骚动。该提案得到伦敦郡议会的威廉·斯特德曼的附议。他说他看不出中产阶级的独立工党成员与中产阶级自由党人有什么区别。然后，有代表提出了结束讨论，遭到汤姆·曼的反对，并被否决。皮特·柯伦立即跳到椅子上，很快就赢得了英国社会主义阵营的阵阵欢呼。他说，他宁愿是一名中产阶级的社会主义者，而不是一名变节的工人。这句话在翻译时赢得了一片喝彩声。但是，首先而且最重要的是他需要一个独立的工人政党，他认为，看一看法国代表团和德国代表团，我们就应该感到羞耻。

倍倍尔和费里随后就德国和意大利社会主义的发展详细地介绍了一些有趣的数字。在后者的国家，他们在1892年的得票数达到27000张，选举产生了5名议员。之后，出台了一部反无政府主义者法，它被歪曲地用来反对他们，还有一部选举修订法，从每三个登记选民中减去一

名。即使如此,在1895年,他们仍获得了8万张选票,选举产生了15名议员。(热烈鼓掌)

随后修正案被付诸表决,以大多数的反对而被否决。代表以极大的热情通过了原封不动的报告。

星期五

7月31日(星期五)上午10点30分,法国第一支部的革命共产主义者、巴黎公社老战士爱德华·瓦扬担任主席。美国的马特·马奎尔、苏格兰的肖·马克斯韦尔担任副主席。主席一开始就声明,代表大会的时间没有被浪费。最初几天讨论的事情非常重要,他相信这一切已经为未来代表大会奠定了基础。他否认了新闻界有关代表大会没有代表性的断言,并指出,英国人几乎一致投票支持成立一个独立的工人政党,这证明声称代表团发生了分裂是不正确的。

伦敦郡议会的悉尼·韦伯随后汇报了教育委员会的报告。该报告主张将不用全天上课的年龄提高到16岁;禁止在危险行业或夜班雇用18岁以下的任何人员;将半日制工作的年龄提高至18岁;在初等教育和中等教育阶段,对所有孩子实行完全免费的教育制度;在高等教育阶段,开始通过奖学金免除生活费。他客气地反对英国代表团根据基尔·哈第的提议而通过的建议。他不相信能为所有孩子免费提供生活费直到21或22岁。这种制度将意味着欧洲每年近1亿英镑的开支。他认为并不是每个人都想要甚或将会想要完整的大学教育。

基尔·哈第在其提出的修正案中说,当我们在教育方面达到能够花费1亿英镑的时候,我们在战争和刑事的开支方面会节省数亿英镑。工人们缴了税,但他们并没有投票支持这些开支。他反对这样的政策,即受到良好照料的中产阶级的孩子应比工人阶级的孩子拥有更多的教育优势,在奖学金制度下将会如此。他要求工会投票支持所有阶级的孩子的平等权,他在热烈的掌声中主张工人的孩子要有一种适合他们的教育,不能仅仅成为其雇主的做苦活的人,而要成为他们自己的命运和自己生活的主人。从随后的欢呼声中可以明显看出,奖学金制度的竞争性思想并不符合代表大会的意愿。

德国妇女社会主义者的领袖克拉拉·蔡特金夫人随后要求为每一名"有能力的"的学生提供大学课程,并谴责奖学金制度是隐性慈善。不过,她有点轻视大学教育的价值,其他几个发言人也是如此。当她坐下时,整个会议期间看起来都有些无聊的下院议员 J. H. 威尔逊提议休会,但没有得到支持。

赫伯特·伯罗斯随后发表了一场有力的演说。伦敦郡议会技术教育委员会主席认为,为所有人提供生活费的思想是不可行的,人们一直这样说。这儿不是一个立法机构,修正案并不比已经通过的任何一个决议更有可行性。至于成本,今天的工人为他自己的孩子和富人的孩子的教育付费,因此,这只是一个利益的重新安排的问题。他反对"有能力的"这个词,因为它实际上与最初的决议意味着同一件事情。

悉尼·韦伯回应说,打算使教育完全免费,完全免去生活费,但把这些好处只赋予那些能够由此受益的人。并非所有的孩子都是天才,这引起英国代表团讽刺性的嘘声。他再次反对为每个人提供生活费直到21岁的建议。

随后,主席要求基尔·哈第撤回其修正案——当然,后者没有同意,接着进行投票。悉尼·韦伯要求,应该根据国家投票,修正案以14∶6得以通过。代表们对这一结果报以高声欢呼。取代"这一整套体系应完全免费并通过提供包含全部生活费的奖学金向每一个公民开放"的是决议现在的表述"应完全免费并通过公共负担经费"。第 2 条"学校应每天安排一次午餐"等被删掉,报告经过进一步修改并被通过。会议休会、就餐。

下午的会议一开始，有关组织方面的报告由查·A.吉布森进行汇报，令人熟悉的发行一份国际报纸的梦想再次走上舞台。幽灵在英国上一次出现是在1894年的曼彻斯特纺织工人代表大会上。为使国际代表大会的工作更有连续性，决定成立一个3人委员会，在伦敦召开会议，收集有关设立一个常设组织的方法和手段的信息。之后，该建议被撤回，因为人们发现根据法律，禁止德国人和其他国家的人在这样一个委员会里工作。

随后是战争委员会。正如报告人埃·武尔姆所称的那样，这确实是一个和平委员会。他们未接受一项支持通过总罢工来反对战争的决议，也未接受通过革命手段来结束战争的提议（他们认为革命手段只是一个毫无意义的短语）。他们不愿意与中产阶级一起不指出战争的根源而笼统地反对战争。资本主义制度是战争的原因和起源，报告建议消灭这一制度。同时，第1条规定，"取消常备军，建立国民军队"。

潘克赫斯特博士提议删除"常备军"后面的词句，在"取消"之前插入"同时"。在他看来，该条款的第一部分拒绝常备军，在第二部分又以另一个名义重建。但是，军队是战争持续不断的原因，他强烈要求仲裁与裁军。

但是，代表大会处于太好战的情绪之中，以至于没有考虑在资产阶级有钱雇用士兵之时放下武器。乔治·兰斯伯里质问，如果仲裁法庭背后没有武器的话，如何执行仲裁法庭有关德国皇帝的决定。阿列曼希望无产阶级能够通过武装力量保卫自己，如果必要的话。潘克赫斯特博士的修正案被提交，但被否决，除了按照他建议的那样加上"同时"。伍拉科特先生（独立工党）提议在"国民军队"之后加上"仅用于国防"，但是遭到德国和法国的反对，该提议作废。拜尔斯先生（独立工党）因宣称阿散蒂远征纯粹是人道主义的而引起哄堂大笑。

贝尔福德·巴克斯成功地提议使仲裁法庭的决定成为最终决定,并补充说这样的法庭应该直接由人民选举产生。

第3条要求,如政府拒绝接受仲裁法庭的决定,应由人民直接对战争或和平问题作最终决定,贝尔福德·巴克斯提议把它删除。瑞士的M.罗利施先生强烈反对,他认为如果法国的全民公决不是由政府"密谋"的,那么,德法战争就不会发生。删除的提议以绝大多数的反对而被否决,除了费边社,几乎没有人投票支持。

斯坦顿·布拉奇夫人提议,要表达本次代表大会对于英美之间的仲裁条约在近期即将达成的满意。

美国的萨尼亚尔先生说,仲裁是所有"中产阶级的蜜糖"。它从未被中产阶级的政府采取过,除非在和平比战争带来更多的金钱时。

另一个美国代表站起来声明,萨尼亚尔先生并不代表美国代表团在这件事上的立场。

布拉奇夫人的提议以绝大多数的反对而被否决,报告作为一个整体被通过。一些幽默的人随即建议"应作出特别的努力,以使不自觉的沙文主义者转向不太狭隘的观点",但是被人一笑置之。

星期六

由于工作的压力,代表大会在最后一天于上午9点30分举行,但准备成立许多无产阶级大军并为决议而战的代表们并不准备起得太早。当瑞士人让·济格就任主席时,已经10点钟了。济格是一位身材高大、脸庞刮得干干净净、看起来令人愉快的人,很像奥尔德姆独立工党的一名重要成员。作为翻译,他在会议期间表现得非常出色,即使在这个时候把他安排在一排空位上也是稍显不公平的。最初,英国代表团的出勤率比较低,他们当中的许多人去圣马丁堂参加上午的例会,然而会议却被取消了。由于本土的代表占代表大会代表的5到3成，他们的缺席非常明显。许多工联主义者和北部的代表已经回家了。

没有耽误时间，主席传达了议程上的事项，经过一些准备之后，在鼓掌欢呼声中通过了向索非亚的保加利亚社会党代表大会致敬的决议以及另一个由于在苏黎世的意大利人和瑞士人之间严重的骚乱而谴责资本主义制度的决议。只有两个多小时来处理代表大会的一些最重要的事情。至少外面的听众愿意在今天上午就重大经济问题听到更多的意见表达。

德国的莫尔肯布尔先生宣读了经济委员会的报告。这是一份又长、又复杂的文件，尽管可能是此次代表大会上最有趣的。它首先号召各国工人为民主组织之下的工业的社会化而继续奋斗，鉴于巨大垄断企业的成立使自由竞争消失，强烈主张采取国际行动，建议成立一个国际机构，注意这些公司的动向。报告相信，由于不断增长的生产力被证明是供过于求和全球商业危机的原因，而这是工人无力控制的，因此，由社会所有制的需要正逐渐被承认，"大型煤矿、大型钢铁厂、化工厂、铁路和大工厂都已经发展到这样的阶段，即它们的国有化和社会化从经济上来说已经没有任何困难了"。报告进一步要求工人应该立即行动起来，采取明确的社会主义改革的手段；此外，它还规定了一个详细的方案。

在提议通过该报告时，莫尔肯布尔先生强烈谴责费边社试图立即对烟草和烈酒实行国家垄断的建议。

法国铁路职工联合会的盖拉尔代表法国代表团提出少数派报告，报告被提交给代表大会表决，以绝大多数的反对而被否决。

大会决定对12个修正案进行投票表决，通知未经讨论就发布，法国的多数派大声抗议。

所有的修正案都获得通过，在报告结尾处可以看到。

提交的经过修改的报告以几乎一致同意而被通过。

随后，综合委员会由布鲁斯·格莱西尔报告了包括世界通用语言在内的一般事项。世界通用语言因太像一个美丽的梦想而被否决，该报告被通过了。接着，开始处理下次代表大会的组织问题。英国代表团在这一问题上产生了严重分歧。老工联主义者对于发现自己被孤立的事实感到非常气愤。独立工党和社会民主联盟的社会主义者在私下的会议上承诺采取使下次代表大会成为一个纯粹的社会主义者代表大会的方案。由于社会民主联盟的大多数和独立工党一小部分人的赞成，通过了把未宣布支持社会主义的那些工会组织排除在外的决议。工联主义者主张比例代表制，无政府主义的问题仍然非常严重。

李卜克内西先生以其极具特色的有力措词和冷静态度宣布，他们不打算在将来的代表大会上讨论无政府主义和社会主义各自的价值，在讨论他们自己的事情时，他们要抛开那些妨碍他们的人。国际代表大会目前已耗费了太多的金钱，不能再像过去一周那样浪费时间了。下次代表大会将只由社会主义者和真正的而不是冒牌的工会代表组成。他们打算抛开所有他们不想要的分子。对此，社会民主联盟和德国人大声鼓掌。

丹·欧文随即提交了社会民主联盟的决议。

伦敦建筑工人W.史蒂文森站起来抱怨对于"确实代表某人"的工会代表的不宽容处理方式。他们在英国代表团内陷入困境，在整个代表大会期间实际上什么也没做。至于决议，他认为这只是社会主义者企图以"工联主义的体面的名义"掩盖他们不切实际的思想。

随后进行投票，对于与史蒂文森先生持相同观点的代表而言，结果是一个有趣的研究对象。代表大会否决了社会民主联盟的修正案，几乎一致通过了原来的报告。在英国代表团，社会民主联盟的提案以129票对109票被否决——尽管有几个老工联主义者投票支持，以示抗议。这20人中的大多数或许主要来自工会代表；应注意另一个与"陷入困境"问题有关的事实：正如上周所报告的那样，在选举委员会的人选时，尽管社会民主联盟坚决抵制独立工党提出的候选人（无论他们提出的是本党还是他党的候选人），尽管独立工党只有115名而工联主义者有185名，前者有16名大会官员，社会民主联盟有9名，工联主义者有2名，费边社有1名。众多工会社会主义者的投票是造成这种局面的唯一关键所在，随之而来的结论是，如果说老工联主义者受到抑制，那么，这种行动是由他们自己的派系所为。

随后是闭幕式。像以前一样，在管风琴的伴奏下，英国人站起来唱《友谊地久天长》。法国温和派唱起《马赛曲》，当铿锵有力的战斗圣歌在这个会场响起时，德国人跟着唱起来，热情高涨的英国人也加入到进行曲之中。法国代表团内强烈反对这首庄严圣歌的阿列曼主义者戴上帽子并保持沉默。曲子结束之后，他们跳起卡曼纽拉舞，在社会主义革命的欢呼声中，代表们告别了迄今为止所举办的规模最大的国际代表大会。

随后，许多人在水晶宫聚会，愉快地度过了下午和晚上的时光。他们于4点30分拍了照片，6点30分在音乐厅就餐。艾威林博士担任主持。之后是宴会和焰火晚会。

各委员会的报告

议程分为 8 项，各委员会由各国各派 2 名代表组成，负责准备一份由代表大会作为整体审议的报告。以下是最终修改并通过的报告。

议事规程

报告人：李卜克内西先生

大会主席团受托起草下一次代表大会的邀请书，下次大会仅邀请：

1. 一切以社会主义所有制和社会主义生产代替资本主义所有制和资本主义生产为目标，并把立法斗争和议会斗争视为实现上述目标的一种必要手段的组织的代表；

2. 一切虽未参加政治斗争但声明承认立法斗争和议会斗争的必要性的纯工会性质的组织的代表。因此，无政府主义者被排除在外。

代表委托书的审查由各国分别进行，除非是向出席代表大会各国所选出的专门委员会提出申诉。代表少于 5 名的国家，其委托书与存有疑问的委托书一样，应提交委托书审查委员会审查。

下次代表大会

大会决定下次代表大会将于 1899 年在德国召开，如大会届时不可能在德国举行时,则改于 1900 年在巴黎召开。

社会民主联盟的修正案

1. 下次国际代表大会的委托书将限于真正的社会民主主义组织（以及工会）的代表。其目标是在民主的所有制和民主管理下为了全体人民的利益将生产、运输、分配和交换手段及工具社会化；这种组织通过议会和其他一般性政治方法努力实现上述目标,支持在每个国家建立议会并建立不依附并且独立于其他一切政党的政党,准备在现有环境下接受并遵守多数人的统治。

农业委员会报告

主席：舍恩兰克

资本主义剥削,包括地主所有制,给土地耕种者以及整个社会造成的日益深重的灾难,只有在这样的社会里才能被完全消灭：在这种社会里,土地和其他生产资料一样归社会所有,也就是说,成为社会倾其全力使之为了公共的利益并以最科学的方法来耕种的共有的土地。

然而,土地所有制的情况以及农业居民的阶层划分,在各个国家里是不一样的,因此,对于实现这个目标的方式或需要争取的特定的阶层,不可能为各国的工人政党制定一份都必须遵守的方案。

至于农业问题,世界各国工人政党的首要任务仍然是把农村无产阶级组织起来与剥削他们的人作斗争。

根据这些原则,代表大会让每个国家自行为实现这一目标制定最适合本国情况的方法和手段。

大会宣布，在存在由工人政党任命的统计委员会的每一个国家中，这些委员会应通过在它们中间交流统计摘要等方式，把这些结果综合并集中起来。

农业委员会中英国少数派代表的报告

农业委员会中英国代表团的代表向代表大会提交了其少数派的报告。

他们实际上同意委员会报告中提及的决议，除了最后一段。然而，他们希望大家注意到这一事实，即他们提交的其他决议均被委员会拒绝了。

以下是被拒绝的决议：

一、除了地主和资本家对农业工人的直接剥削，这些工人将他们的剩余产品销售给他们的同胞时在一些国家受到阻碍，因为铁路和其他交通工具以及市场归资本家所有，只有将上述交通和交换手段社会化才能排除这些有效使用土地的障碍。

二、然而，资本主义制度在许多国家的发展导致农业工人在相当大的程度上受到取代，本次代表大会认为，这种劳动应该由最适合承担它的公共机构科学地组织起来的时机已经到来。

这份决议被拒绝了，但是，农业委员会决定将它提交给工业委员会审议，该委员会回答如下：

"经济和工业委员会的意见是，农业委员会提交给他们审议的提案不能由他们来审议，上述提案本质上属于农业委员会的领域。

(签名) 亨利·波拉克"

然而，工业委员会主席后来通知说，被否决的决议引起了他们的注意。

三、该委员会请求教育委员会在向代表大会提交的决议案中纳入他们的建议，呼吁各国的教育部门：

1. 在所有的公立学校里安排初级农业知识课程。
2. 与其他政府部门、市政府等进行合作，建立一套农业科技教育的有效体系。

上述决议案被否决，其理由是它们在委员会的质询范围之外，或者不适合几个国家的需要。对于第一个反对的理由，我们的意见是委员会应该审议他们面前的每一个重要的问题；对于第二个理由，在承认并允许各国农业问题性质存在区别的同时，对于外国代表明显不愿意讨论包括在主要决议之外的任何问题的情况，我们表示不满。

最后，为了未来的代表大会，我们慎重建议，每个委员会都应该有独立和正式的翻译人员。

此致

敬礼

托·M.瓦特

威·乔·皮尔逊

政治行动委员会报告

报告人：乔·兰斯伯里

大会认为，政治行动是指工人阶级为了夺取政治权力和在全国和地方性的立法和行政机关中行使这种权力来争取自身解放而进行的各种形式的有组织的斗争。

大会宣布，为了实现工人的解放、争取到全体人民的公民权以及建立国际社会主义共和国，夺取政治权力至关重要；大会号召各国工人联合起来，不依附并且独立于一切资产阶级政党，并且要求：一切成年公民有普选权，一人一票，决选投票，在全国和地方都有动议权和全民公决权。

大会同样宣布，妇女的政治解放是与工人的解放不可分割的，因此号召各国妇女在政治上组织起来，并与工人联合在一起。

大会主张，所有民族都有完全的自决权，并对目前正遭受军事的、民族的或其他形式的专制统治压迫的工人表示同情；大会号召所有这些国家的工人团结一致，与全世界具有阶级觉悟的工人肩并肩，为推翻国际资本主义和实现国际社会民主主义的目标而组织起来。

大会宣布，无论是以宗教为借口的还是以传播文明为借口，殖民扩张的实质都只是为了资本家阶级独占的利益而扩大资本主义的剥削范围。

经济和工业委员会报告

报告人：莫尔肯布尔先生

一

大会认为，各国工人应该作为一个阶级，为生产、运输、分配和交换手段的社会化而不断奋斗；为了整个社会的利益，所有这些手段应被置于一个完全民主的组织的管理之下，从而将工人阶级和人民从资本主义的统治中完全解放出来。大会认为，由于自由竞争的消失以及由资产阶级的庞大组织控制的全国性和国际性垄断企业的快速增长，因此，秉着这种纯粹的社会主义精神，全国性和国际性的行动正日益变得越来越有必要。石油、棉纱、某些矿产品、大五金产品等，所有这些现在都被资本家的联合体所控制，他们企图规定这些行业的价格和工资。这种强大的公司，靠普通的工会或者孤立的政治行动是不可能有效地加以反对的。为了成功地粉碎这些大公司的图谋，非有更为广泛的工人组织不可；大会建议采取步骤成立一个国际机构，注意这些不断利用政治阴谋以达到其目的公司的动向，并努力通过国家和国际立法实现这种企业的社会化。

另一方面，人类日益增长的创造财富的能力，不仅没有为社会的利益服务，反而成为国内与国际供过于求及商业危机的原因。各国煤炭、钢铁、皮革、棉花和其他行业的工人，因这种他们迄今还无能为力的经济危机而失去工作，被剥夺了生计。在所有文明国家中，人们正认识到由社会所有制来取代这样一种混乱的制度是完全必要的；大型煤矿、大型钢铁厂、化工厂、铁路和大工厂都已经发展到这样的阶段，即它们的国有化和社会化从经济上来说已经没有任何困难了。

因此，大会号召各国工人在各自的国家立即着手敦促采取明确的社会化、国有化和市有化措施，同时，相互通报每个国家在这方面所做的工作，以便使决定采取的政策能够尽可能地在各国同时加以应用。

二

为了反对资本的经济专制和改善工人目前的状况，工人的工会斗争是必不可少的。没有工会，就不可能有最低生活工资，就不可能缩短工作时间。然而，通过这种斗争，对劳动的剥削只会得到减少，而不是消灭。只有当社会掌握了所有的生产资料（包括土地和分配的方式）时，才能完全消灭对劳动的剥削。然而，这首先要求采取一系列立法措施。为了完全实行这些措施，工人阶级应该掌握政权，而这取决于所达到的组织水平。因此，工会因其在组织方面进行的努力而有助于巩固工人阶级的政权。工人阶级的组织如果仅仅是政治性的，那么，它就是不够的，是不彻底的。

但是，经济斗争也要求工人阶级采取政治行动。无论工人在公开的斗争中从雇主那里获得了什么，都必须通过法律予以确认，以使之得到保障；另一方面，工会斗争则可能因为法律措施而变得不再必要。

资本主义世界市场的国际组织与合作越完善，工人阶级在工会行动方面，尤其是在保护劳动的立法方面的合作就越有必要。

在最近期间，无产阶级有必要在如下方面采取国际合作：

1. 废除所有关税、消费税和出口奖励金。
2. 制定国际性的工厂和劳动保护法。

在后一个问题上，大会重申巴黎代表大会的决议，并决定暂时将鼓动工作集中在如下缓解措施：

（1）要求法定八小时工作日。

（2）废除血汗制度，并为那些不在工厂、车间等地工作的工人提供完善的法律保护。

（3）承认男女工人拥有无可置疑的集会结社权。

在巴黎代表大会上通过的决议是：

1. 法定八小时工作日，有代表提议加上6小时夜班相当于8小时的白班。

2. 禁止使用未满14岁的童工，所有14岁至15岁之间的未成年人的工作日不得超过6小时。

3. 禁止夜间工作，除了某些需要不间断地进行生产的行业。

4. 禁止未满18岁的男工和女工上夜班。

5. 每周至少36小时的完整休息时间。

6. 禁止尤其损害工人健康的工业和生产方式。

7. 取消实物工资制。

8. 由领取薪俸的视察员（其中至少有一半人应由工人选举）对一切行业——无论是在工厂、小车间还是家庭进行生产——实行监督。①

为了实现上述目标，经济行动和政治行动必须结合起来。

因此，大会宣布，把工人组织起来成立工会是工人阶级解放斗争的迫切需要，根据巴黎和苏黎世通过的类似决议，大会认为加入各自行业的工会是所有致力于把工人从资本主义制度枷锁中解放出来的工人的职责。

为使工会尽可能地发挥作用，大会建议它们在各自的国家组建全国性的工会，从而避免因为独立的或者地方的小组织而浪费力量。尤其是，政治观点的分歧不应成为经济斗争中单独行动的理由；另一方面，阶级斗争的性质使得教育它们的会员认识到社会民主主义的真理成为工人组织的职责。

工会也应该允许女工加入他们的行列，保证女工们同工同酬。

在争取更高的工资和更好的工作条件的斗争中，工会应该运用现有的法律来保护工人。

大会认为，罢工和抵制是实现工会目标的必要武器。至关重要的是把工人阶级完全组织起来；因为成功地举行罢工取决于其组织的力量。

为了有统一的国际工会运动，应在每个国家成立中央工会委员会。这些委员会应收集有关劳动力市场的统计资料，并交换这些统计资料以及其他有关各国重要事件的定期报告。

---

① 1889年巴黎代表大会通过的决议见本书第14卷第217—218页，由于文本原因，上述引文与之有明显不同。——编者注

注意吸收来自其他国家的工人加入居留国的各自行业的工会，使他们不以低于工会标准的工资受雇，这应当是各国工会的特别职责。

在发生罢工、同盟歇业以及工人抵制这种歇业时，各国工会应尽自己的力量相互支援。

三

经济和工业的发展如此迅速，可能在相当短的时期内就会发生危机。因此，大会请各国无产阶级牢记这一点，即他们作为具有阶级意识的公民，必须懂得如何为了共同的利益而管理各自的国家。

经济和工业委员会少数派报告

报告人：福尔泰利耶

在法国的几次全国代表大会——马赛（1892年）、巴黎（1893年）、南特（1894年）和利摩日（1895年）——上，工联主义者都宣布支持把所有行业的总罢工作为一种解放的途径；

在比利时，一场尽管组织得并不完美的总罢工对于从资产阶级手中争取到普选权产生了重大的影响；

瑞典和奥地利在争取同样的普选权的斗争中采取了同样的手段；

如果假定国际总罢工似乎是不可能的，那么，全国性总罢工则可能并不如此；

但事实上，全国性罢工的问题并没有在不同的国家得到充分的调查；

有鉴于此，大会邀请各国工人，尤其是工联主义者研究这一可能在下次代表大会上决定的重要问题。

代表大会通过的经济和工业委员会报告修正案

（1）禁止妇女在产前产后6周内在工厂或车间工作，而且在此期间从国家妇产部门领取生活费（希克斯夫人）。（2）将童工的最低年龄提高至16岁（奎尔奇先生）。（3）无论哪里的私人企业无法提供就业，都应该以合理的工资提供公共就业（潘克赫斯特博士）。（4）不应要求反对外国移民的限制性立法（犹太工人）。（5）五一游行应成为反对军国主义和支持八小时工作日的游行（瑞士代表团）。（6）在发生劳资争端时，应相互协助，反对"外来的"工贼（丹·亨尼西先生）。（7）无论何时，只要有可能就取缔家庭工作（赫伯特·伯罗斯先生）。（8）吸收学徒工为会员，以便使他们组成工会的特别分会，并对他们进行社会主义教育和职业教育（法国代表团）。

战争委员会报告

报告人：埃·武尔姆

在资本主义制度下，战争的主要原因并非宗教或民族的纠纷，而是各国剥削阶级在追逐利润的生产制度的驱使下进行的经济对抗。

正如这种制度在劳动场所不断地拿工人阶级的生命和健康作牺牲一样，它通过打开新的市场，为追逐利润而毫无顾忌地让工人们流血牺牲。

因此，各国工人阶级应该像反抗欺压他们的统治阶级所采用的其他一切剥削形式一样，起来反抗军事压迫。

为了实现这一目标，他们必须夺取政治权力，以消灭资本主义生产制度，同时在一切国家里拒绝作为资产阶级工具和维持现有秩序的政府。

其费用由工人阶级负担、即使在和平时期其维持也使国力耗竭的常备军，加剧了国家之间的战争危险，同时助纣为虐，残酷镇压世界无产阶级。正因为如此，资本家阶级才对"放下武器"的口号，以及向他们发出的其他人道主义的呼吁充耳不闻。

只有工人阶级才有实现世界和平的热切愿望，只有他们才有实现世界和平的力量。

他们要求：

1. 取消常备军，同时建立国民军队。
2. 成立仲裁法庭，和平解决国家间的争端。
3. 如政府拒绝接受仲裁法庭的决定，应由人民直接对战争或和平问题作最终决定。

工人阶级反对签订秘密条约。

只有通过取得对立法机构的控制，通过与国际社会主义运动结盟，工人阶级才能实现这些目标；只有这样，才能最终保障和平，并使各国人民世世代代真正友好。

教育和体力发展委员会报告

主席：悉尼·韦伯（伦敦郡议会）

在向大会陈述其报告之际，教育和体力发展委员会希望阐明这一问题对于社会主义运动和全世界劳动阶级的幸福的重大意义。在当前的资本主义剥削制度下，普通民众的孩子们的身体发育受到阻碍，有益于其健康的休息时间——协调发展的条件——被剥夺，无法获得全人类的共同遗产——教育和知识。在目前的情况下，无产阶级的父母们力求使自己的子女能得到抚养、受到教育，但这是做不到的；而做不到这一点，就既不可能有安康的家庭，也不可能有组织良好的社会。

而且，资本家雇主们用儿童和少年的劳动来代替成年人的劳动，这甚至对最有组织的工人来说，也是对其生活水平的一个严重的威胁；同时，降低工资标准也不会给受雇用的儿童和少年的家庭带来任何经济上的好处。最后，鉴于未来社会的幸福要靠不断发现更多的科学真理，特别是经济、工业和社会组织方面的科学真理，因此，大会敦促各国社会主义者尽最大努力推进这方面的科学调查和研究，并要求从公共基金中提出必需的资金进行这项工作。

委员会将下列决议提交大会：

决议案

1. 大会充分认识到独立的教育试验的重要性，并声明每个国家的公共管理机构的一项基本职责是提供一套在民主的公共监督之下、从幼儿园到大学（包括体力、科学、艺术和技术［手工］培训）的完整的教育体系，这一整套体系应完全免费并通过公共负担经费向每一个公民开放。

2. 儿童不用全天上课并按照法律的许可而由工厂或家庭作坊雇用的最低年龄，应在各国尽可能快地提高到至少16周岁。

3. 从法律上完全禁止被证明有害健康或有危险的行业雇用任何18岁以下的儿童，并完全禁止他们上夜班。

4. 为了确保教育应有的连续性，制止资本家非法使用少年劳动，无论工厂还是家庭作坊的任何雇主都不得让18周岁以下的男童或女童每周工作超过24个小时（半日制），这些儿童必须到补习班上课。

5. 在关于童工问题上，所有工业国家的工厂立法无论如何都必须通过国际协议作出统一的规定；大会注意到，许多国家的政府尚未执行1891年柏林表会议上他们正式作出的类似承诺，尤其是英国政府，它仍然允许11岁的儿童做工。

6. 为了真正保护和教育儿童，在各工业中心必须像对待在工厂进行的工作一样对在家进行的工作作出有效的规定和进行有效的监督；如果资本家雇主为了逃避工厂立法的规定，把工作派给工人在自己家完成，大会声明，这些雇主应负法律责任，保证这些工作在同自己的工厂一模一样的真正卫生的以及其他条件下完成。

组织委员会报告

报告人：查·A.吉布森

在向大会陈述其报告之际，委员会希望声明，在提交给委员会的决议案中，他们已经能把体现大多数决议案的草拟者想法的决议案写入报告。由于费用问题和许多现有的社会主义报刊中刊登了其他国家的报告这一事实，我们不推荐出版第7项和第8项决议所希望出版的国际性报刊。

一

1. 大会认为，应立即尽力成立国际的常设委员会，并设一名责任秘书；这个委员会应设在欧洲便于其活动的地方。

2. 本次代表大会任命一个小委员会，以便就执行第1条中提出的要求拟订建议，并向下次代表大会提交报告。

3. 授权上述委员会作为临时委员会，负责从现在起到下次代表大会之间的运动；凡是没有在本次代表大会被选入该委员会的国家，均可以在下次代表大会召开之前派一名代表参加委员会的工作。

二

4. 大会认识到对国际经济信息的日益迫切的需要，要求各国尽其最大努力实现在布鲁塞尔和苏黎世通过的关于成立国际资讯局的决议。

三

5. 鉴于大量移民从欧洲国家迁入美洲和其他大陆，使那些地方高度集中的资本主义获得了降低工资、全面压制工人对于压迫和屈辱的任何反抗的巨大机会；

其次，鉴于以前与各自国家的工人政党和工人组织有联系的许多移民普遍未能同他们所定居的国家的工人的战斗组织建立联系（主要是因为他们不懂英语），因此，国际运动完全失去了这些欧洲运动因移民而失去的力量；

大会建议在欧洲国家和大洋彼岸的大陆之间作出安排，在欧洲港口和移民船上向移民分发包含必要信息和指导的印刷宣传册；大会同样请求美洲和其他大陆的社会主义鼓动员进行这样的宣传，以把自己国家无产者中的外来移民真正地组织起来。

备注：由于大陆国家普遍存在反对国际联合的禁止性法律，建议的第1、2和3条在代表大会通过之后最终被放弃了。

综合委员会报告

报告人:约·布鲁斯·格莱西尔

1. 大会宣布,工人和社会其他各阶层的人民均享有信仰自由、言论自由和出版自由的基本权利,并享有为争取政治、工业和社会改革在地方和国际范围公开集会和结社的权利。

2. 大会号召工人在各自的国家尽最大努力争取赦免政治犯,并对警察阴谋挑衅的做法表示谴责,这些做法旨在败坏进步运动的名声,挑起镇压进步运动的措施;此外,大会要求立即揭露并调查所有被人们怀疑通过这种恶劣的做法定罪的案件。

3. 由于帮助工人就业的职业介绍机构是一种社会需要,这些机构不应被用于私人投机或者谋取利润,鉴于私人经营的职业介绍所常常滥用职权、营私舞弊,大会要求撤销这种职业介绍所,并设立由市政机关或真正的工会经营的免费职业介绍所或劳动局。

4. 由于德国、奥地利、西班牙和其他几个代表团没有派代表到本委员会,人们认为不宜提出任何有关国际使用的语言的报告;但是,委员会建议主席把这一问题提交大会,由各国决定他们愿意采用哪种语言,英语、法语还是德语;当本国语言提交会议表决时,讲该语言的国家不参加投票。

国际和平示威决议

1896年7月26日,星期日

"本次国际工人大会(认识到世界各国之间的和平是国际友爱和

人类进步的必要基础，相信战争并不是世界人民的期望，而是由统治阶级和特权阶级的贪婪与自私造成的，他们一厢情愿地想要控制世界市场，满足他们自己的利益，而牺牲工人的一切真正利益），特此宣布：不同国家的工人之间绝对没有争斗，他们的共同敌人是资产阶级和地主阶级，阻止战争、确保和平的唯一方式就是废除社会的资本主义制度和地主制度，而这是战争的根源，大会因此决心为唯一可能用来推翻这种制度的途径——生产、分配和交换手段的社会化——而努力奋斗；此外，大会宣布，在这个目标实现之前，国家之间的每一个争端都将通过谈判而不是野蛮的武力来解决；而且，大会认识到，为所有工人建立国际八小时工作制是实现最终解放的最迫切的步骤，它敦促所有国家的政府有必要通过立法来实现八小时工作制；并且，鉴于只有夺取掌握在资产阶级手中的政治机器，才能实现经济和社会的解放，鉴于在所有国家的千千万万男工和女工都没有投票权，不能参加政治行动，本次工人大会宣布并保证将尽一切努力争取普选权。"

各国的报告

根据组织委员会的愚蠢建议，英国代表团的**每个支部**都被要求准备一份报告。正如人们能够预料到的那样，其结果是每个支部都荒谬地试图颂扬其微不足道的进步。工联主义者没有提交报告。如下就是最终的报告，它们设法使英国社会主义运动成为世界的笑料，除非非常幸运，人们由于英国语言的相对晦涩而无法读懂：

社会民主联盟的报告

1880年底，自由党政府的不守信和违背对爱尔兰的承诺，导致农业波动补偿法案未获通过，该法案曾承诺对贫苦的佃户进行适当的救济。这一法案未获通过在整个大不列颠的激进派中引起了强烈反响。然而，促使这种不满达到激化的几次尝试都没有成功。当时，英国实际上还没有社会主义者。在伦敦索霍区的罗斯大街古老的外国人俱乐部集会的英国人的一个小团体，只是做了一些维持国际主义精神存在的事情；在伦敦东区的一个工人小团体，叫做劳工解放同盟，也只是在最沮丧的条件下偶尔进行一点宣传活动。在首都，我们曾作过一番努力，把反对政治派别欺骗权术的持进步意见的所有人汇集在一起。1881年1月和2月，举行了几次聚会，3月，在威斯敏斯特宫酒店召开了一个重要会议。约瑟夫·考恩先生为会议主席，比斯利教授和克拉克博士也出席了会议。这导致了民主联盟，即现在的社会民主联盟的成立。当时参加会议的这个团体的成员，现在仅剩下了赫伯特·伯罗斯、亨·迈·海德门和约·爱·威廉斯。

第一次会议于1881年6月8日在法灵顿大街的纪念馆大厅举行。会上，亨·迈·海德门给所有代表提供了一本小册子：《大家的英国》。接着，民主联盟对格莱斯顿政府在爱尔兰的"高压"政策进行了一系列的抨击。这种做法迅速导致所有尚存的激进俱乐部退出联盟，但它也获得了完全的成功。从这时起，联盟就成为一个公开承认社会主义的组织，这个组织不仅在伦敦，而且在各地都开展了拥护社会主义的积极宣传，并且使首都在追求言论自由的漫长而成功的斗争中充满了社会主义的战斗呼声。尽管直到1884年，这个组织才使用社会民主联盟这一名称。

社会民主联盟的早期，从1881年到1887年，或许是最积极、最成功的宣传年代。参加组织的人很少，财力很不足，又缺少有影响的支持者，但他们却使全国处于关于失业、劳工、移民、罢工等问题的持续鼓动之中。他们尽最大努力向工人证明，工人本身及其子女的自由与良好的生活条件只能存在于社会主义之中，从那时到现在，尽管反对现存社会形态的群众鼓动不可避免地有高潮和低潮，但运动还是坚定不移地前进了。可以满怀信心地说，社会民主联盟通过其讲演、著作、同著名对手进行公开辩论，以及在工厂车间和老工会当中坚定宣传，不断地抨击国家、市政和地方的公共机构，为在英国传播社会主义，它做的工作远比所有其他组织加在一起的总和还要多。从一开始，它的成员们就坚持科学社会主义的学说。这一学说无论在英国还是在欧洲大陆，都奠定了一切真正民主进步的基础。作为一种结果，在它已存在超过15年之后——比英国历史上任何一个致力于工人解放的组织存在的时间都要长，目前的社会民主联盟比它以往的任何时期都强大得多，而且组织纪律性更好，财力状况更坚实。伴随着对公众思想的教育，做工作的特点发生了改变。它的许多缓解措施都被采纳，诸如八小时工作日提案、免费抚养儿童的提案、由公共机构为民众建造合乎卫生的寓所的提案、制定所有行业的最低工资的法律的提案、在公共服务中取消"苦力"的提案，等等。这些可能会引起各政治派别争议、讨论，也可能被阻挠的措施，都被当做"切实可行的"措施采纳了。这使得坚持全面的社会民主纲领的要求比以往更加必要。在这些纲领的指导下，社会民主联盟的成员们非但没有变得逊色，反而从未像今天这样突出，在宣传中更具有彻底而科学的革命性；而且，在英国，人们有理由对这一事业的未来更加坚信不疑。

在过去的3年中，这个真正的英国社会民主党所进行的工作的详细情况，上述的这一简要总结限于篇幅不能完全说明。自从1893年以来，完全可以说，该团体已完成的工作总量和已取得的成功，尽管不是特别辉煌，然而却像自1881年运动开始以来的任何过去3年一样成果斐然。社会民主党人参加公共机构的选举，给了我们的同志参加管理的机会。同时，它也使他们能够运用地方行政机构作为手段，实行我们的缓解措施，倡导我们的理论。正像在首都和外地，许多平静而成功的工作已在这一方向上完成一样，随着下一代受过教育的社会民主党人开始充分利用我们先驱者为他们提供的机会，全部成果都将被感觉到。甚至统治阶级也已被迫承认，在坚持被压迫阶级主张的能力、忠诚和毅力方面，已被公众选举担任要职的社会民主联盟的男子和妇女，都已证明他们本身与他们所接触到的最优秀的人物并驾齐驱。结果，在一切政治动荡或社会困难的时期，人民群众日益期待社会民主党人的指导和领导。"你们社会民主党人将要干什么？"这个问题现在总是被提到我们面前，无论是在伦敦或是各郡都是如此。甚至连那些最近还在嘲笑我们是毫无希望的空想家和唯心主义者的人们，也向我们提出了这个问题。

去年大选的准备工作耗费了大量的资金，吸引了本组织的大部分注意力。即使这样,我们也仅仅能够提供4个候选人所用的经费;但是,这些候选人完全是由社会民主联盟资助的;而且,在4个选区中,真正的社会主义者的票数是3730票,与截至当时为止所做的任何事情相比,这是最令人称道的事情。很遗憾,在大不列颠,我们的政治形态与经济发展相比,至少落后100年。人民至今还未被给予完全的公民权。我们没有选举费用的报销,没有议员的报酬,没有普选权,没有决选投票。在这些条件下,投票人习惯于在划分成两部分的人群中投票选举被称做保守党或自由党的两派政治骗子。他们还不懂得,直到他们拥有自己的政党之前,他们将不能通过政治手段获得任何实质性的东西。因此,正如他们所说的,如果他们到投票站去把选票投给独立于公认的派系之外的社会主义者或劳工候选人,他们担心这样做是"白扔了自己的选票"。掠夺者和投机商的幕后操纵者都不遗余力地散布这种骗人的舆论,再加上上述退缩的人们,赞成社会民主的政治行动对下院的影响远比其他国家要少得多,而这些其他国家的经济状况和对社会主义变革的总的准备却要远远落后于大不列颠。然而,除了其他的组织之外,唯有社会民主联盟现在能够阻止自由党人再次执政,除非同意我们的条件。自由党的幕后操纵者是很明白这一事实的。随着我们在一切情况下所表现出的力量和热情,资本主义两大政治派别的更多的伪君子们也已充分相信了这一事实。在不远的将来,我们必须与这两大派别进行严肃的清算。这是否会使他们不再那么激烈地反对我们的方针,取决于国内总体经济状况的总趋势。当前,我们所有大工业的状况都格外不稳定,以至于昨天还被作为不现实的东西遭到蔑视的铁路国有化、矿山国有化和其他措施,现在却正在被广泛地讨论。这些措施仍未被着手实行。没有社会民主联盟提出的让政治家和公众进行考虑的提案和批评,这些措施是不可能受到讨论的。

大选一结束,萧条和停滞就笼罩着全体人民。唯有社会民主党人立即随机应变，国内一切大城市和伦敦的一系列大规模成功的群众集会向全世界证明：我们决不灰心丧气，我们有许多重要的工作要做而不会沮丧泄气。在过去的12个月里，我们已经在一切方面增强并恢复了我们的力量。那些在自己的受尊重的岗位上一直坚持工作的男女同志所表现出来的信心和热心，对于我们组织内的年长成员来说，是最令人精神振奋的，他们将铭记这些重大日子中一切细微的事情。

至于国际代表大会，不妨说，我们捐献的供大会开销的资金与那些比我们有钱得多的团体相比也要多得多，同样，我们在提交议案和处理琐细事宜方面所做的工作，远远超过了英国所有其他组织加在一起的总和。足以慰藉我们的是，大会现在肯定能够取得空前的成功，社会民主联盟在1896年满意地看到英国社会主义代表们相聚一堂，会见他们的外国同志；在15年前，即使是我们当中最乐观的人也决不会相信这种事实的可能性。

社会民主联盟执行委员会

1896年7月于伦敦斯特兰大街337号

独立工党：其历史和政策

作为全国组织的独立工党于1893年成立。

过去一段时间，失业工人的数量急剧增加，所有行业的工资都降低了，老人们发现一半的工人处于如此贫困的悲惨状态，除了进济贫院领取救济，别无选择。这种情况与那些严重的社会和经济灾难一起，使得工联主义者中有思想的分子相信，只有革命的工人组织，即使它包括全体工人而不是少数工人，尚不足以成功对付现代工业发展所产生的庞大的资本联合体。因此，除了大力开展工会运动之外，他们还把注意力转向众议院和市议会。他们清楚地看到，政府和行政机关的全部政治机器都被同一个阶级，被他们在自己的工业组织中常常与之对抗的相同的几个人所控制和操纵。迄今为止，政治大权的争夺通常都是在地主和资本家之间进行的，其目的在于摧毁世袭贵族限制商业发展的束缚。为打破阶级垄断，资本家必须求助于工人，屡次扩大选举权的范围，结果是政治自由在今天被赋予大众。政治自由包括在立法和行政机关中选举代表的权力。但是，随着政治民主的确立和资产阶级要求的满足，两个政党之间的分歧消失了；两个政党都变成实质上是资本家的、落后的政党，面对猛烈的社会立法的新要求，它们要么通过坚决抵抗的政策，要么通过设法再一次把工人的注意力转向政府更多的轮换来应付。

独立工人代表于1892年在布拉德福德**第一次表明了清晰的立场**。

开展罢工反对地方制造商的曼宁汉姆的工人举行了一场和平而有序的游行示威，这时，在由制造商组成的市议会的教唆下，他们突然地、没有任何原因地遭到了警察的袭击，集会被迫中止，许多无辜的人受重伤。暴行的影响是使罢工工人及其同情者确信，将财阀从政治权力中驱逐出去的绝对必要性是获得工业自由的第一步，因此，他们在1892年6月的大选中邀请港口、码头、河岸杂工联合会总书记本·蒂利特在西布拉德福德参加竞选，以对抗一位具有影响力的、持众所周知的反工人看法的财阀，此人已占据议席达18年之久。尽管在该选区有3名候选人，本·蒂利特获得了2749票，仅以558票之差而落败。

在同一次选举中，詹·基尔·哈第（后来当选为党的主席）被西南汉姆的工人再次选为他们在众议院的代表。

在格拉斯哥当年举行的**工联年度代表大会**之前，这些成功促使工联主义者把这件事带到了会议上，经过热烈的讨论，一份支持独立工人代表的决议以大多数人赞成而通过。不幸的是，工联代表大会的议会委员会是由这样一些人组成，他们因其作为组织者的认真和老路线的领导者而值得尊敬，然而，他们当中的大多数却通过政治纽带，并且在某些情况下通过财政纽带而与两个财阀政党之一有联系，因此，对他们只能采取消极的反对。在允许有一段相当长的时间以便他们离开之后，人们普遍认为进一步的拖延既无益又很危险，在布拉德福德人的倡议下，支持建立一个独立的工党的所有组织在那里召集了一次会议。会议于1893年1月13—14日召开，115名代表出席，其中大多数是由独立工人组织、社会民主联盟的工会委员会和支部选派参加的；费边社也出席了。

会议同意，地方各种独立的劳工组织应该联合起来，作为独立工党而为人所知，地方组织将是其支部。然而，会议强烈地感觉到，在议会里只有工人代表是没有用的，除非这一政党具有经济基础，因此，以下决议几乎被一致通过：

"独立工党的目标应是实现生产、分配和交换之全部手段的集体所有制。"

一部体现党当前要求的纲领被起草出来并获得通过。

因此，独立工党在其成立之际就明确宣布支持社会主义，而且从未从这一立场后退片刻。

不甘落后的工联代表大会赞同社会主义者的决议，并重申了它以前的决议，这一次，该决议以65票的大多数通过；但是，因为反动分子的再次当选，其行动再次陷入瘫痪。

同年，发生了一系列规模空前的**罢工和同盟歇业**，政府以引人注目和异乎寻常的速度派遣军队支持资本家（他们中许多人实际上是执政党的党员），其目的是引起动荡，以便为更多的强制措施提供借口；这种做法导致许多人受伤，两名矿工在约克郡的费瑟斯顿被枪杀。夺取资产阶级政权的必要性再次被有力地证明给组织起来的英国工人。

因此，独立工党是社会主义工联主义的政治表达和非正式的代言人。其党员都是坚定的工联主义者，其党纲中的每一条以及最终目标都再次得到了工联主义者代表大会的支持。虽然有许多领导人反对，但它仍然是准备拥护并为工联主义者所承诺的全部纲领而进行战斗的唯一政党。

独立工党目前主要**把它的注意力放在工业问题上**，并尽可能地避免工人的注意力由于那些诸如废除世袭法、政教分离及其他类似的枝节问题而从经济目标上转移。至于这些问题，当出现解决的时机时，党将准备好提出来，并采取果断行动。

党在议会中的立场由党的主席基尔·哈第清楚地阐明了。那就是坚决反对任何资产阶级政府，不屈不挠地推进工业方面的要求，而不论当今的政府部门是否方便。这样做的目标并不是去促使像目前这样组成的议会去处理这些没什么希望的事情，而是使公众的注意力集中在社会的经济弊病方面，坚持把社会主义作为唯一令人满意的解决良策。

虽然主要是为了政治目的而成立，但是，独立工党绝非仅限于此。它也致力于**合作社和工会运动**的自发行动，在罢工被认为可取并且组织有序的时候提议和支持罢工。事实上，它准备采取任何方法——除了暗杀和扔炸弹之外，这些留给其资产阶级对手去做——来进一步推进已经提出的目标。

迄今为止所实行的在选举中不提出社会主义候选人的**政策**是一种弃权政策。然而，党绝不支持这种政策，而是准备在议会中和议会外以最能促进社会主义事业的方法来利用其选票。不过，在其总方针方面，它相信社会主义团体与其他政党的联盟——正如在英国为人所知的那样——在所有方面都对社会主义事业有害。它更愿意建设一个工人和社会主义必要性的真正信仰者的组织，并愿意等到通过其候选人——无可争议的社会主义者——赢得选举，而不是为了获取表面上的暂时利益而放弃必要的原则。

独立工党在地方机构中大约有 90 名议员。在去年的大选中，33 名社会主义候选人中它的候选人为 28 名，平均得票为 1592 张。虽然没有一名候选人当选，但是，社会主义此前在英国政治中从未表现得如此出色。自此以后，支部开始增强其力量，并开展活动。1896 年 5 月 1 日，在北阿伯丁的补选中，总书记汤姆·曼获得 2749 票，与之对抗的自由党财阀得到 2909 票，在该选区占据优势的自由党多年来得票都超过 3000 张。

党由全国行政委员会负责管理。该委员会由主席、总书记、司库以及其他 6 名委员组成，均由各支部代表参加的年度全国代表大会选举产生。每名代表的投票根据其所代表的党员数量计算。

各支部都要遵守党纲，具有完全的地方自治权，规定自己支部的党员应缴纳的党费。每名党员必须每月向全国行政委员会缴纳 1 便士，这些党费用于实现党的目标。

独立工党永远支持所有工人不分种族和国籍的团结，虽然是在最近才成立，但是，其总书记却出席了苏黎世代表大会。它仔细地观察着其他所有民主国家的进步。它为他们的成功而感到高兴，为他们所遭受的苦难而鼓起勇气，与他们一同分享其悲伤，这也是他们自己的悲伤。它信心十足地期待着工人的国际组织，并重复这样的要求——它的实现意味着资本主义的完全覆灭和民主的最终胜利。

全世界无产者联合起来!

总部：伦敦东中央区舰队街 53 号

关于费边社政策的报告

一、费边社的使命

费边社的目的就是说服英国人民,使他们的政治制度彻底民主化,使他们的工业社会化,以使人民的生活完全摆脱私有制的资本主义的控制。

费边社力图将其社会主义和民主方面的目标作为自己唯一的目的。例如:

对于婚姻问题、宗教、艺术、抽象的经济学、历史的进化论、货币流通以及其他问题,费边社并没有独特的见解,它只是对自己的专门事业——实际的民主和社会主义发表意见。

费边社把一切派别都汇集于它的领导之下,以影响现存的力量。它不计较一个党派叫什么名称,也不注重一个党派宣称什么原则——是社会主义原则或其他什么原则,它只重视一个党派行动的倾向。费边社支持那些拥护社会主义和民主的人,反对那些反革命的人。

费边社并不认为通向社会民主的实际步骤应由本社去实行,或者由其他特定的有组织的社团或党派去实行。

费边社并不要求英国人民加入自己的组织。

二、费边社的选举策略

在选举中,费边社并不声称是英国人民甚或社会主义党派的代表。因此,它不采用提出费边社候选人的做法去寻求直接的政治代表权。但是,它不失时机地去影响选举,引导选民选举社会主义者做他们的候选人。那些只会重复几句行话的、自称为社会主义者或社会民主主义者的人，都不能得到费边社的支持，同时也休想逃脱费边社的抨击。由于英国没有"决选投票"，无聊的候选人身份极大地侵犯并败坏了他们所代表的那些党派的声誉。这是因为：缺少支持的第三位候选人不仅自己会被击败，而且还会因他的失败而牵累与之竞争的其他两位候选人中占优势的人。在这种情况下，费边社就要致力于反对第三位候选人，不管这位候选人是否自称为社会主义者。这样，就能够保证真正有竞争能力的两位候选人中的较优者获得胜利。但是，如果第三位候选人不仅是一名真正的社会主义的代表，而且能够很好地组织他的党派，还能获得有效的选票，使失败变成相当可观的实力示威，引起社会主义在选民中影响的扩大，在这种情况下，费边社就会毅然支持他，而反对所有其他的党派。

三、费边社的宽容

由于费边社与其他团体相差甚远，它鼓励其社员不失时机地联合一致，并尽可能地掌握费边社的思想主张。几乎所有的组织和运动都包含着倾向于社会主义的因素。不论这些组织和运动的创始人的同情心及意图与社会主义者相差多远，都将是如此。另一方面，在社会主义的团体中，也会一再不自觉地提出一些反革命的议案。因此，费边社员被鼓励去参加一切其他组织，包括社会主义的组织或非社会主义的组织，在这些组织中，费边社的工作都可以进行。

四、费边社的宪政

费边社的态度完全是宪政的；它的方法就是英国政治生活中通常使用的那些方法。

费边社接受由于人类本性和英国人的民族特点、政治环境造成的那些客观条件。它同情一般公民对于渐进、和平变革的要求，同时反对革命、反对同军队和警察冲突、反对殉道牺牲。它承认这样一种事实：社会民主并不是工人阶级纲领的全部，通向工业社会化的每一项单独的措施必将先于无数其他改革。因此，它不相信这样一种时刻会到来：那时，在两派无产阶级之间的整个社会主义事业将被系于某次大选的结局或下院的某个议案上。社会民主的每一步进展将仅仅是其他措施中的一种措施，它必将被富有生机的社会主义部分保持着活力。因此，费边社恳请那些期待发生触目惊心的历史性危机的社会主义者们，去参加其他的某些社团。

五、费边社的民主

费边社理解的民主显然意味着人民自由选举出的代表掌控行政权。费边社有力地批判所有把民主视为一种制度的观念。持这种观念的人认为，在那样一种制度下，政府行政管理的职能工作和公务官员的任命都将由公民投票或民众直接决定的其他形式进行。这种安排在一个村社也许是切实可行的；但是，在当今这种促使社会民主日益成熟的结构复杂的工业文明社会中，直接民主的安排就行不通了。当下院摆脱了上院否决权的控制，并且以有效的代表薪金制度和更加合理的选举方法对一切阶级的候选人开放的时候，在费边社看来，英国的议会制度将是民主政府的一种最上等的实用工具。

费边社认为，在男子和妇女之间，民主没有政治上的差别。

六、费边社的妥协

费边社从经验中已经认识到，社会主义者在一切事务中都不可能拥有超越其他人的自己的道路。它承认，在一个民主的共同体中，妥协是政治进步的一个必要条件。

七、费边社会主义

费边社认为，社会主义意味着：对国家必需工业的组织和引导、对一切形式的土地和资本经济租金的调拨，都要以国家为一个整体，通过最恰当的公共权力部门，诸如教区的、市政的、地方的或中央的权力部门来进行。

费边社主张的社会主义只是国家社会主义。费边社的国外友人们在翻译这一宣言时必须注意到这样一个事实，因为英国现在拥有整套精密的、民主的国家机构，它从教区参事会或教区会议逐渐发展到中央的议会，它根据公民权进行选举，而这种公民权使工人阶级能够投票推翻其他一切人。欧洲大陆上各个君主国家内存在的国家与人民的那种对立没有妨碍过英国的社会主义者。例如，德国的国家社会主义与社会民主之间的差别，在英国就不存在。德国的市政府和其他地方机构对工人阶级是关闭的。英国的困难并不是要为人民获得更多的政治权力，而是要劝说人民去明智地运用他们已经获得的权力。

八、费边社的个人主义

费边社并不主张国家垄断工业、排斥私人企业或个人的创造力，更不会认为人民的生活和生产资源的途径完全脱离私人企业或个人的创造力。检验新发明的社会价值；创造更好的生产方法；为适应新的社会需求而筹划并领导公共企事业；独立地践行一切艺术、技艺和专长，总之，通过增加私人活动的资源和对公共事务的判断力来完善社会组织——这些个人自由，以及与上述有关的一切内容，都如同言论自由、出版自由和公众自由的其他项目一样，得到费边社的高度重视。

九、费边社的思想自由

费边社努力保持思想自由——不仅鉴于其政敌的错误，而且也鉴于社会主义的作家、经济学家、领袖及政党的错误与过失。例如，费边社坚持有必要对马克思和拉萨尔保持一种批判的态度，因为他们的某些观点到了现今时代，肯定会由于错误或过时而被放弃。这也正像这两位杰出的社会主义者对待他们的前辈圣西门和罗伯特·欧文一样。

十、费边社的报刊

在费边社与出版界的关系方面，费边社不用"资本主义出版物"这个词来与之划清界限。在英国，一切政治报刊毫无例外都是由私人资本经营的，而这些私人资本又是在私人资本所有者们控制之下的。在它们当中，有些报刊持社会主义的主张，还有的持保守党的主张，其他则持自由党的主张和激进主义的主张等，不一而足。社会主义的报刊无法比其他报刊更多地摆脱社会压力。从社会主义观点来看，社会主义报纸是优秀的，正如从保守党的观点来看保守党的报纸是优秀的一样。为了保证在报刊上表达自己的主张，费边社除了追求最大发行量之外，别无他求。

十一、费边社与中产阶级

事实上，社会主义运动迄今一直是在中产阶级或"资产阶级"成员的鼓动、指导和领导之下的。费边社毫不惊奇地发现，这些中产阶级的领袖们极其严厉地抨击着他们本阶级内流行的狭隘的社会理想，他们也抗议被社会主义者谴责的本阶级的荒谬之处，社会主义就是源于对中产阶级的特殊敌意。费边社不从同样狭隘的理想去幻想无产阶级的自由。正像其他每一个社会主义团体那样,它只能用社会主义教育人民,使他们熟悉一切阶级的最进步的成员所得出的结论。因此,费边社不能理所当然地把"资产阶级"或"中产阶级"这些词语用做责备的词语。因为那样做将更为严重地谴责到费边社成员的大部分人。

十二、费边社的自然哲学

费边社致力于通过使公众觉悟到现存制度下的社会罪恶状况,唤起社会的反思。要做到这一点,就要收集并发表一些真实可信、公正无私的统计小册子,其材料的编撰,不是来自社会主义者的著作,而是来自官方的资料。卡尔·马克思的《资本论》第一卷包含了大量的已被认真核实了的关于现代资本主义文明的事实,实际上并没有关于社会主义的什么材料。在已发表的著作中,《资本论》大概要算是最成功的宣传著作。费边社要努力沿着马克思著作的这一方向继续进行他的工作。费边社已注意到,社会主义者们对人民状况的猜测几乎是一成不变地向现存制度献媚,而不是像人们期望的那样去夸大它的罪恶。因此,费边社断定,在社会主义的自然哲学中,光是比热更为重要的因素。

十三、费边社的否定

费边社抛弃了"废除工资制度"这样的提法,因为它只能误导公众偏离社会主义的目标。社会主义并不包含废除工资,而是要由共同体根据其自身的职能建立所有工人维持生活的标准津贴制,以代替那种由贫苦男女工人为私人雇用而竞争所确定的工资,从而也代替了商业利润、佣金以及其他一切投机性和竞争性的报酬形式。总之,费边社根本不是要废除工资,而是希望保证每个人的收入。

费边社坚决反对以平等的工资、平等的工时、平等的职位或每个人的平等权力来阻碍工业社会化的那些主张。因为，这些主张不仅是行不通的，而且与隶属于公共利益的平等相矛盾。而公共利益是现代社会主义中最根本的东西。

费边社坚决不赞成那些保证每一个人或一切个人的团体得到"他们劳动的全部产品"的方案。费边社认为，财富的来源是社会性的，财富的分配也必须是社会性的。因为，工业的演进已经使人不可能辨认出每个人对共同产品的特殊贡献，也不可能弄清楚每份贡献的价值。

费边社渴望为南美、非洲和其他偏远地区的乌托邦共同体的所有创始人和设计者提供辩护，为他们这种大胆的渴望作辩护。对于这些设计者们和一切开辟类似殖民地及国内车间方案的赞助者们，费边社要强调声明，它不相信这种依靠私人企业的社会主义设想。

十四、结束语

费边社不是把社会主义作为医治人类社会病症的灵丹妙药来提倡的，它只是为了救治有缺陷的工业组织和极坏的财富分配状况所导致的那些弊病。

总部：伦敦西中央区河滨路 276 号。

关于费边社政策的报告

利物浦费边社，在基本同意伦敦社的政策的同时，正如有关代表大会信息的小册子所宣布的那样，认为如上"费边社的选举策略"一段并没有忠实地把费边社的政策作为一个整体进行描述。因此，利物浦费边社一致决定在代表们面前提出自己选举策略的这份简要声明，它相信伦敦之外的大部分费边社也将会这样做。

利物浦费边社没有提出费边社的候选人，但却积极参加了所有的选举。它与独立工党、社会民主联盟和工会结成联盟，努力确保在所有管理机构中选举社会主义者；它协助把年轻但却正在成长的社会主义政党的这些成分组织并统一起来，在任何情况下都支持社会主义候选人；它阻挠采用不受欢迎的候选人，或者诸如不能得到工人信任的那些人，然而，一旦候选人及时得到了党的提名，费边社就忠实地力图确保其当选。因而，利物浦费边社认为建设一个社会主义的政治组织比微弱的暂时优势更重要，即使这种优势可能会保证两名非社会主义候选人中较好一人的当选。

在没有提出社会主义候选人的情况下，利物浦费边社努力争取两名候选人中的一人向本社作出让步，以此作为支持他的回报。

报告节选

代表大会希望每个国家都提交一份报告，说明他们国家的运动状况。以下是从翻译成英文的这类报告中节选出来的：

瑞 士

这份报告只是致力于详细解释一个流产的尝试，即瑞士工人联盟执委会要求召开一次国际代表大会，以专门考虑应该采取什么法律来保护工人的尝试。德国和奥地利明确拒绝参加大会，而其他组织则希望大会顺利召开，但没有提出派遣代表。报告的结尾如下：

英国同志们，出席国际社会主义工人和工会代表大会的瑞士代表，来到了你们气候宜人的海滨，向你们劳动保护法的先驱们表示热情问候。我们知道,你们为这一法律进行了最初的和最艰苦的斗争,因而请求你们给予支持,即使你们工会的民主章程不会授权你们给予我们一个明确的答复。但是,我们恳请你们,作为英国代表,提议支持国际代表大会赞成瑞士工人联盟提出的劳动保护法。通过这样做,你们将促使其他国家的工人加入我们。如果我们赢得了你们的团结,我们将一定会得到其他国家工人的支持。

你们的兄弟,代表瑞士代表团:

海尔曼·格罗伊利希

美 国

自从在苏黎世召开上一次国际工人代表大会以来的三年中,美国社会主义运动的进展是以稳健为其特点的,它所表现出的坚实基础不比蕴含永恒结果的希望少。

1893年,我们党有113个支部,主要分布于东部4个州。从那时起,纽约市的29个支部统一合并为1个支部,类似的合并也波及其他各地。虽然这样,到写这份报告时,支部的数目是200个,遍布于25个州。

官方数字提供了如下在我们拥有候选人的州或市社会主义者的最新得票数:

纽约(州)	21625
新泽西(州)	4138
马萨诸塞(州)	3249
俄亥俄(州)	1867
罗德岛(州)	1709
宾夕法尼亚(州)	1326
康涅狄格(州)	859

旧金山市（加利福尼亚州）	2104
芝加哥市（伊利诺斯州）	3375
丹佛市（科罗拉多州）	158
巴尔的摩（马里兰州）	433
圣路易斯市（密苏里州）	1537
底特律市（密歇根州）	358
其 他	237
总 计	42975

与前一年的官方统计相比，当时我们总得票数为33133票，以上的数字表明得票增长9821票，即36%。

8年前，我们政治活动的范围仅限于纽约市，在该市，我们的候选人仅获得2000张选票。去年（即1895年），在纽约和布鲁克林两市（现在这两市合并为一体，构成了"大纽约"），总共有16000张选票是投给我们的，与1894年相比增加了53%。

在纽约州，我们得票的一个重要特征就是稳健。在总数将近22000张选票中，我们两位主要候选人之间的得票数仅相差35票。

1894年春天，我们党在新泽西州的帕特森市取得了第一次胜利，马修·马奎尔同志以890票对民主党竞选对手的888票和共和党候选人的380票，当选为市参议员。1896年春天，他以1324票对民主党候选人的1112票再次当选。两个资产阶级的政党实际上联合起来支持民主党的候选人，共和党的傀儡候选人只是为了面子才被提出来的，仅得了113票。

马修·马奎尔
美国社会主义工人党代表
吕西安·萨尼亚尔
美国和加拿大社会主义行业和劳工联盟代表

荷兰社会主义者联盟的报告

同志们：

我们提交的报告讲述了一个斗争的时期，我们想，它甚至值得引起我们这个小国的疆域以外的同志的一些注意。

这场斗争并不是反对拥有财产的阶级及其政府。自从苏黎世代表大会以来的三年中，我们最痛苦的经历都应归因于这个阶级及其政府。这场斗争，即阶级斗争，现在仍被我们的组织以同样大无畏的精神继续进行着。但是，将赋予目前这份报告一种令人悲观的前景，同时使其值得引起所有组织起来的工人（他们的经验不同于我们的）的注意的是，有人企图把我们国家疆域以外的不和谐引入我们自己的队伍。尽管我们的组织取得胜利，但这种企图已造成深深的裂痕。

在叙述了1892年兹沃勒代表大会（在这次大会上，党迈出了放弃议会途径的第一步）的历史，警察随后的迫害以及一小撮反对者对他们进行了恶毒的人身攻击之后，报告讲述了1894年的格罗宁根代表大会，在那次大会上，以下决议以47票对40票（14票弃权）获得通过："代表大会决定，无论在任何条件下都不参加选举，即使是为了宣传的目的。"少数派并没有反对，没有退出，他们只是觉得这个决议更多的是对他们所遭受的对待感到愤怒的结果，而不是出于原则。然而，一个新党，即荷兰社会民主党成立了，54人参加了其第一次代表大会。

在持不同意见者的刊物上的一则简讯，详细说明了新"党"是在什么情况下成立的。

我们都知道，财政方面的考虑与此大为相关。当我们组织的成员听说，德国社会民主党的司库发给我们党的每位退党者75镑，以达到支持其组织的目的，我们的成员感到非常惊讶和受侮辱。由于这个消息是在持不同意见者的刊物上发表的，其真实性毋庸置疑。

现在，我党的执行委员会致信在美因河畔法兰克福召开的德国社会民主党代表大会（1894年10月21日至27日），抗议德国社会民主党帝国国会党团（社会民主党在帝国国会的议员）对另一个国家社会主义政党的内部组织进行的前所未闻的干涉。

我们的执行委员会在信中质问道："在哪一次国际代表大会上，德国社会民主党的帝国国会党团被任命为欧洲政党的法官？"

当这封信在那次代表大会上宣读之后，辛格尔宣布说，该"党团"从未有丝毫的去干涉国外任何政党的内部争论的意图。"党的委员会应荷兰一些同志的要求，仅仅是寄去了102镑10便士，以支持他们的刊物。那只是国际团结的一个证明，对此进行抗议是不可能的。"

但是，我们，遭到了德国社会民主党最深刻的仇恨；我们，在过去几年从未发现柏林《前进报》刊登过有关荷兰社会主义运动的真实信息，或者在它上面看到有关赞赏我党的任何一个词语；我们，在德国党的报刊上不断地被斥为"吹牛家"。我们感觉到完全有理由呼吁国际工人代表大会的与会代表们注意这种对我们组织事务所进行的不可宽恕的干涉，并对此提出抗议。甚至直到今天，德国仍在施加影响，以支持退党者，这是德国社会民主党的错误，是德国党报编辑们的错误，我们的同志视每一个德国社会民主党党员为荷兰社会主义运动的诽谤者、行贿人和阴谋家。产生这种结果的行为可能被认为是增进工人间的国际兄弟情谊吗？

由于兹沃勒决议被认为是太具束缚力的，并且遭到了误解，1895年在海牙召开的党的代表大会通过了以下决议，它对党仍具有约束力：

"鉴于制定只能在特定环境出现时处理所要解决的策略问题的具有约束力的规则是荒谬的；鉴于我们的宣传方式在很大程度上取决于我们对手的作为；鉴于参加投票或者弃权毕竟只是一个功利主义的问题；鉴于对社会主义运动成功的最大威胁在于所谓议会的建设性工作，因此，为此目的而参加选举是错误的；党的财库没有为了竞选活动目的而花费的钱。"

这份决议基于这样一种信念，即期待通过夺取政权来实现目前经济状况的改善是荒谬的，相反，经济状况决定并维持着政治。它强调工人阶级的经济解放是，而且必须仍然是，所有政治考虑都必须从属的伟大目的。

如果本次代表大会自称为"议会社会主义者和资产阶级激进派代表大会"的话，我们就不会来敲本次代表大会的门，尽管到目前为止我们出席了历次国际代表大会。但是，只要它被称为"国际社会主义者和工会代表大会"，我们就有权利出席。

我们应该得到完全与德国社会民主党部分报刊给我们的待遇完全不同的待遇。柏林《前进报》以如下的方式谈到我们在1895—1896年间所作出的努力：

"纽文胡斯式的荷兰无政府主义者千方百计地参加国际社会主义代表大会。对于这些绅士们，参会是一个生死攸关的问题。如果他们找不到制造一些噪声的机会，他们就会被人渐渐忘记。伦敦组织委员会没有丝毫的意图去满足这些声名狼藉的人的要求，只是认为他们与苏黎世通过的著名决议有关。现在，我们有一个机会来判断这些活动者的有名的胆量。目前，他们在一份邮寄给所有社会主义政党的通告中正式否认与无政府主义的一切联系。正是这些社会主义者，在过去的许多年里被他们用轻蔑和厌恶的言辞骂得狗血淋头。但是，最终必须对这一问题作出决定的代表大会，将理所当然地、毫不犹豫地作出判断。"

我们必须再次声明，我们没有必要"正式否认"无政府主义，因为，我们不是一个无政府主义的党，而是一个共产主义的党，是根据联盟的原则组织起来的。对于德国姊妹党官方机构与多年来的做法类似的行为，我们深表厌恶。

报告结束时声明，社会主义者联盟与荷兰许多工会保持友好关系，并列出了由该党发行的14份报刊。

法国代表团的分裂

代表大会在星期一推迟之后，法国代表团召开会议，考虑承认自愿主义者的紧迫问题，自愿主义者就是那些不相信国家行动的人。所有的领导人都出席了，普通成员即全部被通知到的113名成员也是如此。在法国，阿列曼派没有正式承认国家行动，而主要是依靠工联主义和市政行动。职业介绍所是这一派发挥影响的中心。另一方面，可能派就是机会主义者，他们运用目前所获得的任何武器去打击敌人。工人党主要是属于可能派。除了这些之外，还有革命党和马克思主义派。大家都知道，参加此次代表大会的代表几乎分为两个人数相等的部分，星期一上午，法国代表团分裂了，没有达成任何决定。晚上，当他们举行会议时，再次恢复了对非议会主义者是否应被驱逐这一问题的讨论。"我们已经到达，"盖得说，"道路的分界点，在本次代表大会上达成的决定必须是最终的。"代表们情绪高涨，讨论热烈。经举手投票表明，55人赞成苏黎世决议，53人反对。有人要求进行点名，结果，56人赞成苏黎世决议，57人反对。

在多数派中，下列人员是法国国民议院的议员：爱德华·瓦扬，马塞尔·桑巴，爱德华·图伊森，帕斯卡尔·法贝罗，阿尔蒂内·格鲁西埃，德热安。在多数派看来，如下的精彩声明足以回应那些向所有不赞同自己的人歇斯底里地大喊"无政府主义者"的人。

法国代表团对代表大会同志的声明

同志们：

作为正式委任的法国代表团72名代表的成员，我们简单地告诉在座各位，我们代表团委员会中所发生的真实情况。你们不知道真相，原因在于公民米勒兰是带着敌对的情绪描述这些真相的。公民王德威尔得只能讲原则问题。星期一会议一开始，主席团成员公民瓦扬、佩德龙和委托书审查委员会委员的任命被一致通过。随后，指派公民瓦扬和欧仁·盖拉尔在代表大会主席团任职的决定同样被一致通过。会议首次展开讨论的是公民加布里埃尔·德维尔的提案，该提案要求每一名代表，即使收到了某个工会的委托书，也应该在宣布其委托书合法之前质询其是否坚持政治行动。多数代表决定反对德维尔的提案，没有人退出会议。下午，在公民德洛里的提议下，同样的讨论被恢复了。他提出法国人应该在代表大会上投票支持第11条，应坚持苏黎世决议。但是，在这里，同志们，我们呼吁你们注意这场争论最重要的事实。公民加布里埃尔·德维尔和公民茹尔·盖得以最明确的立场宣布，苏黎世决议涉及驱逐代表大会的每一名拒绝坚持代表大会的公共权力的代表，即使他拥有某个工会的委托书。正是这个声明，导致了反对第11条的投票。这一投票只是意味着法国代表团的多数代表想要确保工会的完全自由。现在，在第二天（周二），得到公民王德威尔得支持的主席（辛格尔）以代表大会主席团的名义，正式宣布苏黎世决议从未想要限制工会的委托书，由工会正式委任的每位代表都被允许参加代表大会。因此，代表大会确认了法国代表团的真实的观点，法国代表团除此之外从未要求任何事情。由于翻译的错误，我们代表团进行了投票，因此，法国代表团的投票无效。在我们代表团于周一投票之后，多数派中的部分代表退出，宣布他们与多数派断绝关系；即将离职的书记由公民拉沃取代。少数派的一名代表企图用暴力抢走一捆委托书。鉴于对少数派的借口作出谴责的有关苏黎世决议意义的正式声明，做什么才是有诚意呢？那就是认识这部分人已被引向错误的泥潭，要求少数派回归。非但如此，坚持反抗多数派立场的少数派向代表大会要求，法国代表团应该分成两个支部，而不顾对第 11 条的投票决定，即反对议事程序的任何修改。代表大会对令多数派成为牺牲品的欺骗行为一无所知，甚至没有听取多数派任何一名代表的意见，就投票支持法国代表团分成两个支部。为了部分少数派领袖和德国社会民主党领袖的阴谋而准备的投票主要是由于后者的努力而得到支持，并得以通过。因此，我们看到像保加利亚、罗马尼亚和波西米亚等国家阻止了社会运动更加彻底和发达的国家，英国、法国、意大利、比利时、荷兰就是这样的国家，其代表不是十几名，而是上百名。

这就是事实。

同志们，代表大会的时间已经被一个以欺骗为开始的讨论浪费了，并且还在被浪费，或者以伤害代表自尊的方式，或者由于某些人的私心。

我们宣布：

1. 法国代表团从未要求什么，除了："绝对维护工会组织的权利，反对所有的政治高压。"

2. 当代表证分发完毕之后，代表团秘书长公民拉沃声称，没有代表证发给无政府主义团体的任何一名代表。

他们（少数派）希望确立这样的看法，即法国代表团的多数派是由无政府主义者或者无政府主义者的同盟组成。

这是绝对错误的。

多数派是由社会主义者政治团体的代表和工会团体的代表组成，这两个团体的代表已经声明，他们将严格遵守其组织授予他们的委托书的规定。

同志们，你们将作出判断。

以正式委任的法国全体代表的名义。

爱·瓦扬

欧仁·盖拉尔

正如事实表明的那样,法国多数派正确地表达了苏黎世决议,以下是由如下签名人在苏黎世提交并获一致通过的解释的一段:

此外我们声明,现在根据补充提案作出修改后的规定,**不会把真正具有工会性质的工人组织排除在这次代表大会和今后的代表大会之外,或者使这些组织在选择它们的代表时受到限制。**

(签名)倍倍尔、爱德华、考茨基、奥托·兰、阿德勒①

瑞典

社会民主工党(1893—1896年)

报告详述了党在政治方面取得的胜利。在比利时榜样的激励下,该党筹备进行了一场总罢工,迫使政府方面同意男公民的选举权,并削弱了贵族的权力。1895年,政府当局曾试图在地方自治问题上挑起与挪威的冲突,并一度受到战争的威胁。由于社会主义者果断而有力的行动,这场麻烦以任命了一个修订《联合法案》的委员会而告结束,虽然在此之前,两名社会主义者编辑和一名演讲者因为"不敬罪"而受到审判,后者被处以500克朗的罚款。1896年5月,社会主义者和激进主义者联合代表大会召开——这两个团体因挪威的麻烦而仓促地聚集起来,决定将来在选举权问题上采取联合行动。党还有52000克朗的资金可供安排,但是,经过投票,没有一分钱用于政治总罢工——这个"最重要的问题"以67票对63票而被否决。结果是"在所有涉及社会主义者和自由主义者之间的宣传方面出现公开的分裂"。社会主义者仍然继

---

① 见本书第16卷第70页。——编者注

续他们的宣传，党的势力不断增长，缴纳党费的党员从1895年的10230名增加到1896年的12203名。报告以少见的方式结束："我们怀着最美好的希望期待着未来，工作是艰苦的，但它正在前进！"

英国代表团

星期一上午，英国的代表们在圣马丁堂集会。詹姆斯·莫兹利和汤姆·曼被提名为主席人选，前者以10票的优势当选，社会民主联盟的代表一致投票支持他。詹·拉·麦克唐纳和亨·威·李被提名为书记人选，麦克唐纳获得156票，李获得90票。

以下是投票结果：社会民主联盟在任何情况下都只投票支持他们自己的提名人选，在对独立工党的候选人进行投票时就弃权。议事规程委员会——柯伦，英国工联；伯罗斯，英国工联。农业委员会——瓦特，独立工党；佩尔森，社会民主联盟。政治行动委员会——兰斯伯里，社会民主联盟；格莱西尔，独立工党。经济和工业行动委员会——海德门，社会民主联盟；曼，独立工党。战争委员会——巴威克，社会民主联盟；潘克赫斯特，独立工党。教育委员会——悉尼·韦伯，费边社；斯泰西，独立工党。组织委员会——默里，英国工联；吉布森，社会民主联盟。综合委员会——布鲁斯·格莱西尔，独立工党；弗兰克·斯密斯，独立工党。

基尔·哈第（独立工党）、海德门（社会民主联盟）、霍奇（议会委员会）、肖·马克斯韦尔（独立工党）、帕涅尔（独立工党）当选为副主席。伯罗斯（社会民主联盟）、潘克赫斯特（独立工党）、布罗克赫斯特（独立工党）在议事规程委员会任职。斯泰西小姐（独立工党）、李（社会民主联盟）、柯伦（独立工党）在委托书审查委员会任职。

以下来自《每日新闻》的表格非常有趣：

英国代表

工联主义者	177
社会民主联盟	118
独立工党	112
费边社	20
部分社会主义协会	5
工人教堂	3
	415

他们获得的大会职务如下：

	独立工党	社会民主联盟	其他
主席	—	—	英国工联
书记	1	—	—
副主席	3	1	英国工联
议事规程委员会	1	1	—
委托书审查委员会	2	1	—
议事规程委员会	1	1	—
农业委员会	1	1	—
政治委员会	1	1	—
经济委员会	1	1	—
战争委员会	1	1	—
教育委员会	1	—	费边社
组织委员会	1	1	—
综合委员会	2	—	—
	16	9	3

或者根据比例来说明，代表团任职代表的不均衡大致以如下方式表现出来：

	英国代表的比例	任职代表的比例
工联主义者	41%	7%
社会民主联盟	28%	33%
独立工党	25%	57%
费边社等	6%	3%

艾威林夫人和阿道夫·斯密斯被任命为英国的译员。在肖·马克斯韦尔的提议，阿瑟·菲德尔附议下，英国代表团以223票对104票同意支持苏黎世决议。

英国代表团在周二上午再次开会，审议各委员会的报告。基尔·哈第提议，在审议报告时，代表团应该在听取代表大会上其他国家所提出的论点后再决定投票。该提议被否决。会议决定支持农业委员会的多数派报告。悉尼·奥利弗提出了有关委托书审查的新议事规程，随后被代表大会通过。

当天下午1点，代表团再次开会。丹·亨尼西希望提出对政治行动报告的修正案。主席莫兹利先生将是否采纳该修正案的问题付诸投票表决。会议以绝大多数反对而拒绝采纳该修正案。对于教育报告，基尔·哈第提出修正案，并得到亨·迈·海德门的附议，随后该修正案被代表大会通过。亨尼希先生及其朋友大声抗议主席不公，在英国人的会议结束时，工联主义者开会考虑其立场。几个代表发了言，当主席威·查·斯特德曼正在使用主席的铃铛时，威廉·索恩抢走铃铛，引起了哄堂大笑。随后，他们召开会议。会上，主席支持社会主义者并怠慢工联主义者的行为受到严厉指责，但是，没有进一步的结果。第二天，莫兹利先生在上午的会议上担任主席，但是在下午，他暗示他已经辞职了，随即，英国代表团的工作实际上中止了。

在所有问题上都被对方投票击败的老工联主义者百感交集，他们在新闻界的朋友杜撰了种种荒谬的理由，有时甚至是丢脸的借口来对此进行解释，真正的解释是绝大多数工联主义者本身就是社会主义者和独立工党党员。

无政府主义—社会主义者代表会议

出席国际大会的无政府主义—社会主义者、自由共产主义者同那些被驱逐的代表决定,在代表大会休会时交换意见。他们从代表大会组织委员会那里征得同意使用圣马丁堂,起草了以下议程供讨论:(1)来自各国的报告;(2)无政府主义—社会主义与国家社会主义;(3)议会行动及其错误;(4)产业工人总罢工;(5)战争和军事罢工;(6)工联主义、合作主义与劳工立法;(7)渐进改良与革命;(8)在农业工人间的宣传;(9)犯罪和犯罪的阶级;(10)无政府主义与暴力。任何被提出的其他问题都将在议程解决之后进行讨论。

所有参加国际代表大会的代表都被欢迎出席,会议期间,出席人数一直很多。法国和阿尔及尔的联合工人职业介绍所书记费尔南·佩卢捷代表25万名工联主义者作报告。他说,他们不再相信政治,并更倾向于总罢工。为了征服工会,马克思主义者作出了非常巨大但却是徒劳的努力,因此,他们更激烈地反对工会。德勒萨勒随后发言,经过讨论,会议决定不再听取其他报告,因为代表大会没有时间。准备好报告的国家有英国、荷兰、德国、瑞士、意大利、西班牙、美国;特别报告有伯尔尼、日内瓦和洛桑(瑞士)、米兰(意大利)、罗马尼亚和瑞典。在第二次会议上,多梅拉·纽文胡斯提议就**农业问题**通过一份决议,宣布土地的耕种者与其他劳动者一样正遭受着来自同一个邪恶势力的不幸——土地和资本的私人所有制;法国、比利时和德国的马克思主义政党担心得罪自耕农选民,因为他们对其提出了特别的改革;自耕农不能靠自己与大地主进行竞争；像其他生产资料一样，土地必须成为共同的财产，因此，大会主张，把工会中的工人组织起来、使他们依靠自己来反对目前的雇主、并为将来社区的共同利益准备夺取土地的耕种是革命的共产主义者的职责。法国代表莱昂·帕森斯；社会民主联盟成员汉特·瓦茨提倡政治手段并把教区委员会作为一个典型的例子；J.托沙提回应了瓦茨。原在《悠闲的父亲》杂志、现在《社会》杂志工作的E.普热着重批评了多梅拉和帕森斯。必须教育农民，国家在所有方面现在和永远都是它的敌人。E.马拉泰斯塔同意埃米尔·普热的观点。他们要教育自耕农和农业工人使用每一种武器——不仅是工联主义，而且还有反对租金和税收的罢工。一旦获得理解，集体耕种就对农民具有强烈的吸引力，教育农民是他们的事业。柏林的兰道尔批评马克思主义者对于农业问题的处理。他反对大农场，相信集约农业将导致农民把自己组成自由的自治团体，这是他们提倡的方式；大农场只是国家社会主义的一种形式。他提议以下内容作为他们原则的总结：

无政府主义者拒绝宿命论的和虚伪的马克思主义者的理论。这种理论宣称资本主义的大规模扩散以及小生产者的消灭是实现社会主义的必要条件。在农业问题方面，他们主张如下：1. 我们拒绝国家的援助，不是因为我们希望在不得到小自耕农援助的情况下来实现革命，不是因为我们认为要帮助他们是不可能的，而是因为国家的每一个干预行为都导致国家的继续存在和国家的剥削；2. 我们要在工人和农民中间传播自由社会主义的原则；3. 我们希望自耕农通过在农业合作社里与工人——农业工人——联合起来，因而阻止地主所有制的增长并建立可以成为社会主义社会核心的组织，阻止无产阶级化；4. 在目前不可能实行上述措施的地方，我们建议工人、自耕农和农民联合起来，与剥削者进行积极的斗争。

在奇尼（意大利人）同志和纽文胡斯同志对讨论作总结之后，大会转而讨论**工业宣传**问题。D.尼科尔谈到英国矿工时，把它作为一个好的宣传阵地，总罢工的时机基本成熟；杰勒德说法国铁路工人的情况差不多相同。两人赞成工联主义。和 E.莱格特一样，在支持工联主义的同时，C.弗勒利希警告无政府主义者不要在具体的工作中忘记一般性的宣传。一名苏黎世代表描述了一种把个体合作与工联主义相结合的运动，他们希望这种运动很快发展成为富有成效的工作。通过这种方式，宣传资金得以募集，工人们远离了国家社会主义，学到了自由共产主义的原则。路易丝·米歇尔鼓吹总罢工。局部罢工失败了，局部反抗失败了，导致工人中的优秀分子成为大屠杀的牺牲品。总罢工意味着大反抗，它不可能被大屠杀镇压下去。他们的职责就是把贫困和受压迫的人民组织起来，为了自由而尽最后的努力。

以下决议由一位俄国同志提交并实际上得到大会的同意，虽然没有时间进行很长的讨论：

关于"总罢工"和"政治行动"的决议

鉴于所有的无政府主义—社会主义者都同意，在不系统地开展反对享有特权的国家的斗争的情况下，劳动人民的解放是完全不可能通过总罢工那样的有组织的反对资本的斗争实现的。

代表会议决定制定一份反对国家的长期、明确而切实可行的斗争计划。

此外，鉴于政治权力并不源于议会的大多数，而是源于组成国家的每一个成年人的自然的政治权利；在以投票选举其代理人的形式将这些自然权利让渡给政府的同时，选民自愿地放弃了直接监督腐败的国家机器的权利。

另外，如果没有从组成人民的每一个个人手中收取的钱，政府就不能行使由此获得的政治权力；

代表会议建议：

1. **所有成年公民**立即通过可资利用的各种宣传和施压方式向政府要求就此

进行强制性的全民公决，即由各个社区的群众大会决定政府赖以生存的所有重要**经济**资源，如**年度预算**、**战争特别借款**以及**所有税收措施**。

2. 拒绝缴纳未经人民直接同意、在道德上没有缴纳义务的税。

3. 劝说选民限制对他们在议会的代理人的授权（如果他们决定要把他们派出），以剥夺他们在这些**经济**法案上的最后表决权。

4. 组织所有已经在与资本作斗争的人参加反对由资产阶级垄断的国家的**政治总罢工**，直至人民获得直接和完全控制国家经济功能的权利。

他说，这意味着在产业罢工之外增加了一种通过拒绝纳税和拒绝服兵役而进行的反对国家的罢工，这是他们宣传的一部分。支持该建议的纽文胡斯说，正式的代表大会太多地限定了"政治行动"这一术语。

刺杀俄国沙皇和废除国家是政治行动——议会主义只是其中的一部分，而马克思主义者声称它是全部。J. C. 肯沃西就取消军队和用道德意义阐释运动的必要性大讲特讲。他在一份书面声明中指出："自由社会主义或者无政府主义的真正纲领就是征服工业组织。这必须通过自由社会主义者的合作和实行工业民主，通过人民大众退出国家从而摧毁国家来实现。这样一定会推翻依靠暴力的政府。我们的运动只有一种性质，并只能通过每一位男女的自我发展和提高他们在道德上的平等来进行，因为只有这样才能使自由人民的合作成为可能。"

贡普洛维奇博士提交了如下提议："政治意味着争夺统治。我们无政府主义者并不是为了争夺统治，不想以一种新的统治形式代替现存的统治：我们不寻求统治，因此，我们的行动只能是非政治的和反政治的，并且至少具有攻击性的军事特点。通过拒绝为国家服务并勉励后来者以相似的方式行事，我们能使国家权力逐渐瓦解，但是，我们不会以我们一方的攻击性的武力去反对施加在我们身上的攻击性的武力，因为这将导致新的武力统治，而不是自由。"

没有时间讨论这些问题，没有其他的意见进行回应。独立工党的

A. C. 伯恩和马赛工联主义者 L. 格罗斯讲了几句话，对他们已经听取的会议进程表示高兴。P. 戈里宣读了一封被意大利政府流放的许多无政府主义者写来的致以兄弟般问候的书信。它本来是给正式代表大会的，但是，戈里同志说，大会针对无政府主义者的每件事情所表现出的不宽容和偏见，使他决定不向他们宣读。来自亚美尼亚的一份呼吁也被分发给大家，呼吁书请求人员和武器，而不是廉价的、多愁善感的同情，这样的同情他们已经得到足够多的了。

随后，一个非常有意思的代表会议结束了。会议只是缺少时间，由于它只能在正式代表大会休会时才能举行，使得会议没有取得圆满成功。

一些著名的反议会主义者

在无政府主义—社会主义者反议会主义委员会的支持下，在代表大会召开那一周的星期二，举行了一次国际性群众大会，以欢迎代表们。组织者宣称闻名世界的演讲家们将进行演讲，其中有以下几位：

弗兰契斯科·萨韦里奥·梅利诺

那不勒斯人，40多岁，出身于高级法官家庭，自己也成为一名律师，但从一开始就是政治犯（1877年贝内文托城的政治犯，等等）的辩护律师，直到他成为一名无政府主义者和国际主义的宣传家。经过几次迫害之后，因为是第一国际的一员，他卷入了1883—1884年的大审判。在监狱蹲了很多个月之后，他逃跑了，随后被判处3年监禁。他长达10年的流亡生活开始了，在此期间，他不仅通过定期的文学投稿等支持意大利的宣传，而且帮助他所在国家的同志们自己的运动。他在英国、美国、法国（在那里，他逃脱了两年的监禁后就被驱逐了）、比利时（被驱逐）、德国（同上）就是这样做的。据说，他也勇敢地面对了更大的危险，1894年1月是马萨—卡拉拉省起义爆发之月，起义随即成为西西里岛和整个意大利一场著名的革命。他在那不勒斯被逮捕，不得不服完剩下的两年监禁（1896年2月被释放）。当局因为他在国外的"罪名"而炮制了一场针对他的新审判，但是，陪审团宣判他无罪（1895年，佛罗伦萨）。现在他住在意大利。

梅利诺博士向许多意大利和其他国家的无政府主义报刊投稿；也向布鲁塞尔的《新社会》等刊物投去更详细的文章；他的两本著作是《社会主义还是垄断主义》（那不勒斯1887年）和《意大利是什么样的》（巴黎1890年）。他是一名参加过1889年巴黎国际代表大会的代表，在大会上他受到刻薄的侮辱（伦敦《自由》杂志1896年6月号进行了详细报道）；他参加了1891年的布鲁塞尔代表大会，在那里，警察逮捕并驱逐了他。

古斯塔夫·兰道尔

柏林《社会主义》杂志编辑，一名独立的社会主义者，并逐渐成为无政府主义者，他曾在苏黎世代表大会上被驱逐出场。在服刑几个月（本来应该是大约18个月，该杂志编辑一个个被判了长期徒刑，直至杂志在几个月后最终屈服）之后，他又重新振作起来，一如既往地在德国大力传播无政府主义。

路易丝·米歇尔

弗龙人（上马恩省）。她在其回忆录中对自己的早期生活进行了叙述（巴黎，1889年）。她成为一名教师，向孩子们灌输共和主义和反宗教的思想；在帝国结束时参加了所有的社会主义运动，在巴黎公社达到顶峰。她是巴黎公社最勇敢的捍卫者之一，仍然是资产阶级的全部怒火似乎都要针对的那些妇女中的一位。她在受审时和监狱中的立场仍然使那些最卑鄙的施虐者们哑口无言。在新喀里多尼亚9年的流放生活中，她始终全心全意地帮助她的同志和难友。1880年回到巴黎后，她立即投身于无政府主义运动，不知疲倦地发表演讲和写作。

她在广场荣军院会议之后遭到逮捕，当时饥饿的失业人员从一个面包店拿走了面包。她被判处6年监禁（在1886年的一次大赦中被释放，她拒绝接受此次大赦）。她又为这项事业工作，孔斯旦政府仍然试图通过把她作为精神失常的人送进监狱来凌辱她，因为他们知道，对她来说，监狱完全吓不倒她。因此，在1890年的五一游行之后，她到英国生活，但仅仅几个月之后，她曾一度回到法国。

她的作品是小册子、小说、诗。最近，她在撰写《公社史》。但是，这些都比不上她那充满活力的声音的力量和她克己、助人和牺牲的一生所树立的榜样的力量。

阿米尔卡雷·契普里安尼

加里波第的拥护者，后来成了为自由而战的全体人民的一名战士。这使他到了克里特岛和埃及，最后到了巴黎公社。在巴黎，在一次突围中，与弗路朗斯（被杀害）并肩作战，他成为囚犯。在9年的监禁和流放之后，刚刚回到法国，他就被逮捕并被驱逐。被遣送到意大利后，他因捏造的谋杀罪名而再次被投入监狱，并被判处7年的苦役，经过人们不断的宣传，他最终被释放出狱，因为国王希望访问罗马涅地区，他不敢在未释放契普里安尼的情况下成行。他去到法国生活，但于1891年返回意大利，并积极进行五一鼓动。结果，他被捕了，经过将近一年的初步关押后，他和其他许多人在罗马遭受了残酷审判（审判时被关押在铁笼子里），在审判中，警察所有确保定罪的诡计都告落空，他和其他大多数人——不是全部——不久之后不得不被释放。从这以后，他又在法国生活，因为到处遭到反动部门的驱逐，他去英国寻求庇护并再次回来。

A. 哈莫

法国社会学家，工作方式严谨、认真，不偏不倚。这使他从实际的事实中得出的结论必须呈现资本主义和政府的最细微的影响，并因此成为无政府主义者。他在《痛苦的社会》（1889年）和两本法国公共生活年鉴（1890—1891年）中研究了现代的公共腐败，在《职业军人的心理学》（1893年）中研究了军国主义，在《犯罪的定义》中（1893年）研究了犯罪学理论。在无政府主义方面，他写了一本著名的小册子《人与无政府理论》（1893年）、一卷《无政府主义—社会主义者心理学》（1895年）；还有《国际主义的故乡》（1895年）和《无政府主义：社会主义的一个派别》（1896年）；刊登于《新社会》上的"无政府主义和社会主义相似的一份证明"，这篇文章经常遭到不怀好意或者无知对手的否认。他对法国工会运动怀有强烈的兴趣，而工会运动越来越使它自己与政治分开，并信奉自己的力量、总罢工和经济革命。

埃利泽·勒克律

1830年出生于一个牧师家庭（新教徒），后来他放弃了荒唐的神学改去研究科学，尤其是地理学。早在1851年波拿巴政变之后，他就被作为一名共和主义者起诉。他离开法国，在旅行中，主要是在南美度过了许多年。在帝国的后期，他再次参加了当时的社会运动，成为米哈伊尔·巴枯宁的朋友。在巴黎公社期间，他成为囚犯，当时公社的部分军队突围，但是被击败（1871年4月，杜瓦尔、弗路朗斯等人被害，契普里安尼被捕）。在布雷斯特港口的囚犯船上待了数月之后，他在科学家国际的呼吁下被释放。他被驱逐出法国，生活在瑞士。在最终的赦免之后,他于1881年返回巴黎。1893年12月,当局在法国各地搜捕无政府主义者。1894年最初的几个月,他离开了巴黎。他生活在布鲁塞尔,并在布鲁塞尔自由大学拥有地理学教授职位。

他的毕生之作是《普通地理学》,这部著作卷帙浩繁,他正在撰写最后一卷,其中包括了对他工作的**社会**结论。他的无政府主义著作不是很多,但是,这些著作非常有名,并被广为传播,例如《进化与革命》(1886年英文版等)、《无政府状态的无政府主义者》、《理想与青年》,还有《无政府状态》、《致我的兄弟、父母》、《合法的演变与无政府状态》等。这些著作都没有被翻译。

斐·多梅拉·纽文胡斯

一度是新教牧师,在已经能够辨别是非的成熟年龄,他成为一名自由思想家和一名正统的马克思主义社会民主党人。因此,多年来他是荷兰最重要的社会主义演讲家之一,重要报纸《大众权利报》的编辑。他也被选进荷兰下院。他的经验使他相信,议会的方法是靠不住的,像大多数荷兰社会主义者一样,他成为一名反议会的自由共产主义者。仅仅是因为一些细微的差别,他脱离了无政府主义者。顺便提一下,在过去多年,他在国内进行了独立的鼓动。从他自己经历的议会方法无效的经验中,他得出合乎逻辑的结论,放弃一切选举,将他的全部力量都集中于经济斗争。鉴于他在国际代表大会上(1891、1893年)关于军事罢工(在发生战争的情况下)和总罢工的主张只是遭到公认的社会民主党领袖的讥笑,他单独研究了这些选民的党的真实情况,并在如下3篇论文——气势逐渐加强的控诉书——中揭露了德国党的真实情况:《德国社会民主党的不同趋势》(1892年)、《危险中的社会主义》(1894年)和《自由和权威的社会主义》(1895年)。

贝尔纳·拉扎尔

法国年轻一代最著名的作家之一，放弃了艺术自由的要求的他很快就明白，在国家、教堂以及其他权威形式占主导地位的社会里，艺术是不可能的。因此，他公开支持无政府主义，并以最丰富的形式来捍卫其原则——散文和韵文、文章和小说、绘画和图片，发表在许多青年刊物中，但逐渐在一般的报刊和公众舆论中占据了一席之地。

彼得·克鲁泡特金

彼得·克鲁泡特金王子于1842年在莫斯科出生。经过军事教育和西伯利亚多年的旅行之后，他更喜欢军事生涯，离开部队后致力于科学研究（地质学等）。他从青年时代起就接受进步思想，并渴望不惜任何代价传播这些思想。他于70年代初参加了圣彼得堡的社会主义团体，在到瑞士、比利时的一些地方（在这些地方，他第一次见到了在活动的旧国际）进行旅行之后，成为一名活跃的宣传家，向工人团体秘密发表关于科学和政治经济学的演讲——这在俄国法律看来是大罪。他于1874年被捕，未经审判就在监狱关了两年半之后，被他的朋友们从彼得保罗要塞监狱营救出去（正如首先组织这次营救的斯捷普尼亚克在《地下俄国》中所说的那样）。他到了英国，随后去了日内瓦和汝拉。在此，他作为无政府主义国际宣传家的行动开始了。他是那些在1879和1880年从集体主义者发展到共产主义无政府主义者当中的一员。他在许多著作中详细论述的原则、目标和方法等被翻译成近20种文字。由于参加1881年的伦敦国际代表大会，他被驱逐出瑞士；1883年秋他在法国被捕，当局以加入一个国际组织为借口，在里昂对他进行审判

(1883年1月)。克鲁泡特金被判处了5年监禁，1886年初被释放。他离开法国，此后住在伦敦。当他去年3月到法国巴黎发表演讲时，资产阶级的激进社会主义内阁将他驱逐出境，以取悦沙皇和其他敌人。他在日内瓦和巴黎的《反抗者》上发表的部分文章被整理成为两本书：《一个反抗者的话》和《夺取面包》；其中包含了大量以英译文出版的小册子，如《向青少年呼吁》(1885年)、《法律和权威》(1886年)、《征用》(1886年)、《战争》(1886年)、《无政府主义在社会主义演变中的地位》(1887年)、《工资制度》(1889年)、《无政府主义—共产主义：其基础和原则》(1891年)、《巴黎公社》(1891年)、《革命政府》(1892年)、《革命研究》(1892年)、《无政府主义的道德观》(1892年)等。他最新的著作是《无政府主义：其哲学和思想》(巴黎，1896年)。此外，他对一些问题有详细的论述，例如：《监狱使人道德败坏的影响》(即《监狱篇》，1888年)和自己经历的记录《在俄国和法国的监狱中》；新农业(集约耕种)，这将导致农业生产的分散化，并与去分散化的工业相结合，成为无政府主义的经济基础；在互助原则影响下社会的发展(《自愿组织与为生活而斗争》，1890年9月到1896年6月在《19世纪》上发表的系列文章)，等等。

特别的文章

消极抵抗

阿尔弗勒德·拉塞尔·华莱士教授

回顾人类进步的漫长历史，没有什么是比努力实现圣贤梦想——真正的人类兄弟情谊以及所有所谓"文明"国家之间的和平——的国际工人运动更辉煌的亮点了。

但是，要实现这个时代的和平与博爱，需要的不仅仅是演讲和决议。行动的时刻已经到来，反对军国主义和王朝战争的现存制度的最好和最有效的行动形式就是消极抵抗。17和18世纪，英国整个贵族政府的力量都不能战胜教友会教徒这一微不足道的团体的消极抵抗。教友会教徒不仅拒绝任何形式的兵役，而且还拒绝宣誓、缴纳十一税或教堂税，或者拒绝遵守这样的仪式，通过它们，其他所有阶级承认那些是其统治者并声称比他们高一等的人。然而，拒绝军事训练并非是必要的或者明智的。在某个时候，这会有利于将来捍卫你自己的自由。所需要的就是所有组织起来的工人应当首先在这样一个庄严的誓言下联合起来，即从不利用自己的力量去反对和平地争取其政治或者社会权利的其他工友；其次，从不利用自己的力量去反对任何其工人参加了国际运动的国家，除非是在本国保卫自己的国家，或者在其他国家的工人呼吁帮助反对暴君和专制统治者的情况下。

我相信，德国的一些工人组织已经提出或采纳了一些这样的原则；在我看来，如果在目前的国际代表大会上英国工人利用他们的影响去通过一些这样经过讨论并最终采纳的原则，这对工人的利益与和平的贡献将远甚于慈善家和哲学家的所有努力，因为它将铲除造成王朝战争的外交权力和军国主义权力的根基。

现在，欧洲所有主要国家组织起来的工人的力量如此强大，并在如此迅速地成长，通过这种在军事上的消极抵抗方式，它将是绝对不可抗拒的。要使人立即看到，训练有素的士兵不会向聚集起来讨论或为捍卫自己的权利而联合起来的同胞开枪，政府干涉集会自由和自由讨论的一切企图将会终止。要使人进一步意识到，不会向自己的同胞开枪的人也同样被要求不要向其他国家的工友开枪，除非是在保卫自己的家庭和家园，或者是为了支持其他国家的被压迫者获得自由，侵略他国领土的事情将不会再出现，因为统治者不会去冒两支军队的士兵在战场上称兄道弟的风险。

任何强迫或者惩罚都将同样是不可能的。没有哪一个政府能够或者敢于惩罚组织为一个整体的工人，他们的成员构成了军队最大和最好的部分。即使试图进行一些强迫或者惩罚，相信今天的工人已在各地表明，为了捍卫自己的自由，他们并不害怕坐牢或者甚至是死亡，他们能够做教友会这个渺小且不得人心的团体在一个世纪之前所做的事情。

目前或许有些困难，因为在许多欧洲国家，新兵都非常年轻，而且通常都身处没有组织起来的工人之列，因此，不能指望他们加入工友的行动。但这是一件不久就能解决的事情——一旦这个原则被慎重并诚挚地接受了的话。因为每个工人都教育他们的孩子，把不要同自己的工友进行战斗这一原则作为构成自己自由的特征及其阶级的首要职责；与家庭教育相反，没有什么教堂、学校或者权威的影响是不能战胜的。

如果需要的话，我斗胆在这件事上给出建议的理由就是我毕生的兴趣都在于自由和进步。当我还是一个小男孩时，我曾是罗伯特·欧文的信徒和狂热的崇拜者；即使在中年时主要从事科学工作，但我仍深受赫伯特·斯宾塞个人主义学说的影响，我现在又回到我的初恋，坚定地提倡把合作社作为人类幸福的最好承诺，作为快速解决当前资本主义社会可怕罪恶的唯一期望。真诚地希望代表大会取得成功，并希望它求同存异，接受基本原则——其中与军国主义相关的当然是最重要的原则之一。

战争抑或和平？

克鲁泡特金王子

下周日，各国工人将要举行一次重要的和平示威，他们确信在这一活动中能够很好地代表世界各国工人的想法。

但是，谁是那些想要战争的人？谁的战争叫嚣声整天在我们的耳边回荡？谁将因为其缺席工人的国际和平集会而引人瞩目？统治阶级！

一直以来，**他们**都是过去时代的战争的煽动者，他们至今仍然如此。在过去的时代，就是国王们发动战争，以重新装满他们的钱柜，并在其"战争公司"当中分配新的省份，给予组成他们追随者的强盗团伙、酒鬼和赌徒以"职业"。就是那些假装与超自然力量直接沟通的男巫、女巫和大祭司——当他们看到战争将使其对人们的权力增加或者将使他们的财富增加时——就承诺上帝支持战争。就是那些土地的贵族领主——即较小的国王自己——使战争成为他们的职业，目的就是为了一直获得新的奴隶或农奴，更好地使他们从前所拥有的人成为奴隶。因此，他们——即那些时代的三角同盟——杀戮并掠夺自己国家境内外的农民和工匠。

另一方面，农民和工匠始终尽全力逃避战争义务，当他们被命令加入军队时待在家里。当统治者成功时，他们诅咒战争；当统治者失败、敌人占领他们的土地和房屋时，他们诅咒战争。他们开始建立广泛的秘密联盟，抵抗战争、阻止战争，一旦他们觉得有效，他们就包围战争的老巢——城堡，并在他们能够摧毁城堡时就将城堡摧毁；同时，工匠在他们的城镇周围建立城墙，禁止任何武装人员即盗贼、地主或者国王入内。他们参加众人的祈祷，以维持"上帝的和平"；后来，在宗教改革伊始，他们广泛地推广宗教运动，反对战争。当这些运动失败、农民遭到屠杀时，幸存者们在摩拉维亚以及其他成千上万的农民和工匠加入的社区，发誓永不拔剑；他们在这些社区取得了成功，直到这些公共的房屋被国王、教堂和地主的三角同盟所掠夺和摧毁。

战争往往来自以上所说的，即来自那些不靠自己的双手劳动而是靠体力劳动者的血汗来生活的人。因此，直到现在，唯一的不同点在于国王已经失去其重要性，战争真正的煽动者就是土地、工厂、矿山和股票交易市场的所有者。

是日本和中国的**人民**发动了最近那场可怕的战争吗？是国王吗？不，是资本家！在战争爆发之前的两年，有关日本不断增强的工业的一系列著作在德国出版；其结论就是日本大工业体制的突然发展不久**必然**会导致一场战争。"日本人太穷了，买不起大工厂生产的产品，日本必须向最近的邻国发动一场争夺市场的战争。"这就是作者的结论。

战争随之而来。日本已成为一个工业国家；它也成为一个现代**国家**，即从人民那里压榨金钱的完美组织，战争是不可避免的。欧洲资本家免费资助贷款；铁甲舰和成吨的枪炮由该国的军火工厂——被他们伪善的所有者假惺惺地描述为"保证和平的车间"——欣然提供；日本和中国数千万人因为日本的，尤其是欧洲的资本家的敛财而遭到屠杀；同时，欧洲的报人通过有滋有味地描述有数千人的运输船是如何被鱼雷击中而沉入海底，男人和女人是如何被屠，数千名伤员是如何陷入困境的等等来赚钱。

这岂不是与法德战争一样吗？现在流行把战争的错误推给拿破仑第三。但是，是谁给了这个想拦路抢劫的冒险家力量？是谁组成了在他那巴比伦式的宫殿中的队伍？是那些中产阶级，他向他们承诺自由致富，向他们承诺大力反对社会主义工人。德国和法国的中产阶级早就在为这场战争做准备。他们的文学作品中充斥着对两国之间仇恨的煽动。那个时代最好的小说家们都对这场邪恶的战争作出了贡献。谁将统治市场，法国还是德国？谁将可以自由地压榨工业落后的国家？这就是以数百万人的生命为代价、其阴影仍然笼罩着欧洲文明的可怕战争的主旨。

当时的情况就是那样。但是现在，情况是否又一次相同？工人们能读到多少中产阶级的报纸而未在其中发现对国家仇恨和战争的同样煽动，无论这种报纸是以何种语言书写的？

在这个国家，部分统治阶级最近已做了能够唤起对战争渴望的所有一切。在画报上，想象中的战争——以英国人夺取鹿特丹和英国战胜世界而结束——被描述得非常详细。

在出版物和雕塑上，铁甲舰沉没了，人口稠密的城市遭到轰炸，人们在空中的气球、地下的矿山、在潜水艇上作战——这些为了不是描述战争的恐怖，而是为了欺骗对战争一无所知的牧师和工人，使他们相信战争的宏大与壮丽，引起他们的仇恨情绪，培育他们的沙文主义的精神。拿破仑的神话重新流行，过去血腥的战役被重述和演绎，对"国家英雄"的崇拜——包括斯坦利和罗得斯——成为时尚，富裕的志愿者们投入数万英镑上演必须要拥有的"爱国主义的戏剧"。但是，这完全未产生预期的效果。

侵略比勒陀利亚和提议占领其首都不也是这样一个庞大的计划的一部分吗？这个计划的目的是在这个国家唤起战争的精神，并为建立一个从卡纳维拉尔角到印度的帝国做好准备。在这个帝国，淘金、猎捕黑奴和埃及的炎热天气都将给那些大声抱怨时代困境的"贫穷的富人们"提供"新话题"。

最恶劣的是整个新闻界都屈服于同一股势力。在某个专栏，我们发现对男人的尚武精神或者帽子上带有鹭毛的女士残忍的悲叹；而在下一个专栏，我们则看到"**我们的**大炮干得不错"、"叛军被**我们的**射手扫杀"等等的描写。这些没有武装的、可怜的男人，其"牛羊和女人"被暴兵夺走，其女人和孩子们没有得以幸免。年轻的英国冒险家这样描写他们："**射杀黑鬼、看到他们一个接一个地倒下，真是非常好玩！**"

英国冒险家在这个国家所做的一切，由所有那些下决心从劳苦大众的血汗中和战争冲突的血腥中捞钱的人在世界各地——在新闻界、在学校、在演讲中、在私人谈话中——重演。

对于这种战争的十字军，工人们一定要反对他们的联合行动。他们必须大声谴责正准备在不久的将来发动血流成河的战争的那种邪恶宣传；他们必须阻止它。

他们必须提高雄壮有力的声音，高声宣布他们将**不**允许以金钱为目的的写手在我们的孩子当中播种残忍，使他们习惯于完全轻视人的生命，认为它无论如何都没有价值；并且使他们相信为了国家或者个别阶级的利益，可以肆意杀戮人命。现代中产阶级文学作品中所弥漫的残忍和轻视人的生命的教育已经结出果实，如果这样的教育得以继续，它就可能消灭人类进步已经取得的文明，把下一代扔回一个世纪之前。

征服莱茵河两岸的省份，可能符合法国资本家的利益；吞并勃艮第或者波罗的海诸省，可能符合德国资本家的利益。分割亚美尼亚，或者在亚美尼亚人的尸体上进行战斗，可能会满足俄国和英国的生产商。通过战争准备，摧毁各国，并使它们陷入无休止的战争，对于国际银行家来说则可能是非常有利可图的。

但是，除了使上层阶级以无产阶级的劳动果实为生的时间得以延长，使现在各国工人间开始建立起来的国际团结像被1870年战争摧毁多年一样再次被摧毁，工人们不可能在战争中获得什么，也不期望从战争中获得什么。

与此同时，工人们面对和肩负一项重大的任务———一项对他们自己及其孩子们的重大责任。他们要赢得自己种种不同的战利品——不是在国外，而是在国内。他们必须赢得对于雇佣奴隶来说是一句空话的自由。他们必须赢得不可能存在于统治者和被统治者、宫殿的主人与贫民窟居民、大学生与矿工的孩子之间的平等。他们必须要树立只要国家组织赋予少数人驱使成千上万人相互残杀、同归于尽的工具，就将仍然仅仅是一种讽刺的博爱。

国际和平示威

格兰特·艾伦

我认为，一般来说，整个欧洲工人政党的党员之间的感情，大体上就像知识分子和进步工人之间的感情一样，远比在英格兰和英国其他地方要更明显地国际化、更加紧密地与对和平的渴望联系在一起，这是毋庸置疑的。在深刻影响工人利益的一个巨大而紧迫的问题方面，我们自己的国家相对落后，当然，这有几个充足的理由。首先，我们的岛国性质阻碍了我们随意地把外国人混同为一个民族。英国是一个岛国，因此，它没有边境，在这种地方，我们大多数人都能与相邻的民族进行直接的个人交往。确实，比较富裕的阶级可能比世界其他任何民族游历得更多一些；但是，跨越海洋的费用使大多数工人不可避免地满足于有限的熟人，满足于自己的家乡。其次，我们的语言可以说又是自足的。尽管我们从来没有把美国人真正看做是外国人——但愿我们不会如此，但是，我们没有同自己语言关系密切的异族，如法国有讲法语的瑞士人和讲法语的比利时人；德国有讲德语的瑞士人和讲德语的奥地利人。在大陆，边界线是随意和人为地划分的。对于普通的法国工人或者德国工人而言，认为自己的邻居刚好越过边界，把那些能用自己的语言熟练地与之进行交流的人看做是外国人和敌人，这几乎是不可能的。但是，在英格兰和英国其他地方，我们和那些不讲我们自己的英语的人被海洋分开；即使伦敦和其他一些城市挤满了各种大陆移民，但是，我们的人民迄今为止从来没有与外国人随意地混为一谈，或者克服不列颠人和外国人之间存在重大差异的强烈感觉。

另一方面，有充分的理由解释，为什么在大陆上工人阶级会非常清楚地感受到对和平秩序和国际主义的渴望，感受到战争的灾难，并且更加感受到扩军备战所蕴含的持续的戒备和紧张状态。首先，普遍的强制性的兵役以最直接的方式给每个家庭造成了灾难。大陆的军事专制统治——无论是公开的还是遮遮掩掩的，绝对都是以阻止或反对敌人入侵的假定需要为基础的。比如，看一看德国这个奇怪的例子。我相信，德国人本身，撇开环境不谈，是欧洲最自由和最爱自由的人之一。不必告诉社会主义者和工人政党的成员，德国思想家在多大程度上影响着社会主义思想，德国工人为了最高的社会主义理想做了多少工作和遭受了多大的痛苦。在党员人数方面，没有哪个地方的先进工人政党像德国那样如此强大。而且，普通的德国人一旦离开帝国，就定居在英国、法国或者美国，几乎往往成为一名优秀的激进主义者，至少常常成为一个理性的进步思想家和工人。然而，德国人迄今为止都在抱怨处于欧洲组织最为严明的军事专制统治之下。为什么？德国的贵族和资产阶级成功地使人民大众或者他们当中的大多数人相信，庞大的军队和对法国郁积的坚定的敌意对于保卫他们、阻止法国入侵是必要的。因此，甚至连那些可能天生就热爱自由的大陆民族都轻易地被环境所欺骗，转而平静地默许国家军队和外交欺骗这一怪兽般的现代制度。

作为一个自然的结论，大陆的工人政党通常都明确地把之视为定律，即军事和统治阶级恰恰因其构成而与其利益相悖；工人的目标是普遍的和平、裁军、国际间的相互谅解。巴黎或柏林的工人不想为了统治军事阶级或者操纵及控制金融市场的资本家而与柏林或巴黎的工人进行战斗。然而在英国，沙文主义者的似是而非的观点对工人阶级的影响要大得多。我们英国人有着比欧洲人要少的纠纷；我们所关心的是东方——埃及、君士坦丁堡、亚美尼亚、塞浦路斯，而不是刚好跨越海峡的我们的直接周边国家。包括军事计划和资本主义方案在内的"为英国贸易开放领土"的模糊言论经常被灌进给我国各阶层的人民耳中。甚至我们的领导人都太关注于内部改革的计划——选举权的政治问题或者资本和劳动的社会问题，而没有把更多的时间放在更为宽泛和更为基本的和平与国际主义问题。因此，我们或许在某种程度上没有认识到这一问题在世界范围对于工人所具有的重要性，没有充分理解全世界工人团结的事业——它隐含的真理就是：与在各方面都反对我们，其正确和错误的概念与我们对真理和公正的看法截然相反的英国的资产阶级和英国军队相比，拥有同样的理想并为同样的理想而奋斗的法国或德国工人在任何真正的意义上都是我们真正的同胞——工业共和国的公民。

然而，不难注意到，在英国，我们因国际主义与和平原则的胜利而获得了许多，就像任何其他民族一样。我们整个现存的社会制度——这一制度是我们希望改进和改善的——是以保卫"英国利益"这一假想的必要性为基础的。经过检验，其结果总是不符合英格兰人、苏格兰人、威尔士人和爱尔兰人的利益，而是符合一小撮资本家和投机家的利益。我们一定会在埃及或者苏丹问题上与法国严重对立，因为少数投机商人以过分的利率把钱以糟糕的担保借给一位后来的埃及暴君，还有几个人拥有苏伊士运河的股份。我们一定会在克里特岛或者印度边境与俄国严重对立，因为俄国被认为"对君士坦丁堡有计划"，我们臆想这个计划可能会稍稍影响到几个在孟买有工厂的纺织厂厂主以及在加尔各答有办事处的几个商人的利润。为了支持这些绅士们可能已经进行的不良投资，英国人民就会被厚颜无耻地要求采取两种不公正的做法。其一，他们被要求通过外交或者武力支持资本家的索赔，即在任何情况下都让他们承担维持没有无益的陆军和海军的费用；其二，他们实际上被要求支持土耳其的邪恶霸权。如果不是由于被荒唐地称为"欧洲的和谐"的居心不良的野蛮干涉，饱受其苦的省份的居民将能轻易地摆脱土耳其的统治。因此，军事制度对这样两个糟糕的结果负有直接的责任：一是我们为资本家的胡作非为买单的税收；二是我们国家不光彩地在促进"英国利益"——资本家、土地掠夺者和暴兵的利益——的卑鄙借口下支持对其他地区的不公正行为。

不仅如此，军国主义的存在，目的是在国内进步的道路上作为转移别人注意力的幌子。我们想对我们的矿井或者工厂做点什么吗？我们被告知不能，因为，议会正忙于争论我们如何能最地好阻止俄国调停的尝试，以支持在克里特岛或者亚美尼亚遭到迫害的文明人——由于担心俄国的行动可能有损统一公债的价格或印度铁路股票的价值。我们想寻求在荒谬的土地所有制方面做些改变、在拥挤的中心对人民的处境和住房做些改善吗？我们被告知"这次会议不可能做任何事情"，因为有人正在南非抢劫他人，或者"英国利益"需要在暹罗或委内瑞拉获得支持。多么明显的自相矛盾！有什么英国的利益同伦敦南部和东部数百万人的利益一样重要吗？同兰开夏郡、约克郡和达拉姆郡矿工的利益一样重要吗？同曼彻斯特和邓迪纺织工人的利益一样重要吗？同格拉斯哥、利物浦、加的夫和纽卡斯尔各种劳动者的利益一样重要吗？同苏格兰小农场佃户和爱尔兰工人的利益一样重要吗？同英国和殖民地工人的利益一样重要吗？然而，什么时候人们才能听到如上所说的这些英国利益是对苏伊士运河不管不问，让南非的投机者自食其果，让委内瑞拉矿井掠夺者照顾自己的矿井和自己的特许权的充足的理由？通常是，少数几千人的利益非常重要，而数百万人的利益却不值得考虑。

因此，国际主义与和平问题不只是抽象的理想，不只是虔诚的愿望。不止战争的直接灾难是非常深重的，战争的间接灾难更加深重。战争和民族猜忌是巧妙的陷阱，资本家、土地掠夺者和统治阶级以我们的方式进行传播，以使我们的注意力——如果可能的话——从每个国家的内部和社会改革上移开。人民必须做的就是大胆地站出来，抛弃这些错误的理想。我们英国人绝对不需要这样一些人强加给我们的外交政策，他们自己冒着风险选择在墨西哥、南非、印度、埃及进行投资，然后要求我们其他人花费数百万英镑派陆军和海军去保证他们投错了地方的几千英镑。劳动者——所有不加区别的劳动者，无论是脑力劳动者还是体力劳动者——的利益，在全世界都是绝对相同的。资本、土地、教堂、特权者、陆军、海军、普通官员一直联合起来使我们相信这是不同的。他们还存在正是因为迄今为止他们都成功地欺骗了我们。他们总是设法使我们避开这些离我们最近的问题，即矿井爆炸、怀特查珀尔的过度拥挤、高原地区的灾难、康尼马拉的贫困、这里的苦工、那里的加班、那边的缴付不足，以讨论更加遥远的和人为的问题，即马塔贝莱兰或索科特拉岛、德兰士瓦或栋古拉、英属圭亚那在属于荷兰时的明确边界、俄国向中国或阿富汗的推进、在暹罗的法国人、在东非的德国人。我们的整个行政体系、我们的上院、我们的公务员、我们的印度纠纷、我们的埃及、我们的亚丁、我们的马耳他、我们的直布罗陀、我们的塞浦路斯、我们的香港、我们庞大的海军、我们不断做好的准备,所有的一切都取决于这个单一的枢纽。我们在国内忍受任何事情,目的是"英国的利益",即少数几个赌徒的利益,可以在乌干达或斐济、在危地马拉或新几内亚不遭受损失。为了打破民族猜忌和国际纷争,我们应该举行国际和平示威;我们呼吁所有能够参加活动的所有工人数以千计地参加,向资本家和投机阶级表明我们将不再支持他们在非正义借口下的这种似是而非的保护。一旦我们能够废除军队以及它所带来的恐慌、生产和分配的紊乱,我们就能够从容不迫地把社会重新建立在对每个人都公正的平等基础之上。

国际代表大会中的妇女

玛丽·A. 福斯特

代表大会议程中大量有关妇女工作和利益的决议体现在以下政治行动和经济及工业的报告中:

1. 大会宣布,妇女的政治解放是与工人的解放不可分割的,因此号召各国妇女在政治上组织起来,并与工人联合在一起。

2. 工会应该允许女工加入他们的行列,保证女工们同工同酬。

前一个委员会的报告人指出:"我们设法从政治立场的角度归纳那些涉及妇女问题的条款,并认为我们的工作不是要干涉工会行动。我们的报告只涉及妇女的政治解放。"

第二个委员会的报告人并没有像如上引述的报告那样进一步详述决议,并且,这两条都很简短,看来,英国,尤其是大陆妇女之间在观点上的普遍一致似乎使它们已足以令人理解了。

与我在代表大会交谈的少数妇女代表对妇女问题的其他方面很有兴趣，并就有关方面进行了详述。其中一个生活在巴黎的俄国妇女科恩小姐给我讲了大约在30年前开始的俄国妇女运动。她特别希望能像男子那样继续进行高等医学和其他方面的研究。但是，这一运动必然是限定于受过教育的阶级。在工人之间，没有这一运动，也不存在这一运动。政府在妇女的教育方面设置了各种障碍，这就是为什么如此多的俄国妇女不得不到国外学习的原因。目前可以说，像这样的妇女运动并不存在。总之，妇女希望像男子一样进行学习。妇女的解放发生在——至少就生活习惯而言——更加开明的阶级，但是，俄国没有妇女的社团。至于政治权利，妇女和男子都没有。在公民权利方面，俄国的法典通常比法国的更自由。比如，已婚妇女对她自己的财产拥有绝对的权利。

科恩这个名字，并不是消息提供人的真实姓名，作为一名俄国人，取一个化名对她来说是有必要的。她代表着伊斯尼的职业介绍所，有着最具魅力和同情心的举动和面容。

一位代表着4个波兰组织的、非常有趣的妇女代表是罗莎·卢森堡。她生活在苏黎世，并在这里获得了法律博士学位。她正在同一所大学攻读理学博士学位，编辑一份在波兰免费发行的名为《工人事业》的月刊。这份月刊是俄属波兰社会民主党的党报。该出版物从4页到8页不等，能在瑞士和其他国家以每年4法郎订阅。她说，在她的祖国不存在妇女运动。整个国家都被奴役，就没有政治权利的问题，几乎没有工会组织起来，无论是妇女还是男子的。

在大陆国家，妇女成立自己单独的工会以保护女工的利益，并不是一种通行的做法，而是例外。

克拉拉·蔡特金夫人是斯图加特的一份每月出版两期的女工报

纸——《平等报》——的编辑。她告诉我，德国妇女每周缴纳一小笔会费就能加入男工的工会；人们承认，当妇女的工资比男子低的时候，要她们缴纳同样多的会费是不公平的。她说，德国的中产阶级妇女没有进步运动。她们通常接受并支持贵族和君主制传统，并不否认法律给她们规定的下等地位。具有先进思想的妇女不得不加入女工的行列，并支持她们。蔡特金本人是德国社会主义者的"夫人"（妇女）代表，也是男成衣工人、女成衣工人和女裁缝的代表。为了代表后者，她必须在一个与她们的组织没有正式联系的社会党的会议上当选，因为工会在德国不允许进行任何政治行动：如果它们冒险向国际代表大会这样的集会派遣正式代表，它们将被立即解散。

在法国，没有社会主义的妇女运动。与其他地方一样，在法国的各社会主义政党中，女性和男子一起工作，要求两性的彻底的选举权。妇女没有单独的组织，并认识到她们必须通过与男子采取联合行动来获得政治权利。在与社会主义运动相关的妇女之中，没有特别有趣的，除了路易丝·米歇尔。在她之后，可能是波勒·曼克（布朗基主义者）和阿利纳·瓦莱特（盖得主义者）。

资产阶级的妇女运动声势浩大，但是，其领袖仅仅要求治标的措施，如女商人参加商业论坛的权利、女性的高等教育权等。一般来说，她们不知道社会主义意味着什么，只认为它意味着流血和暴力。

只要有机会与其他国家的妇女代表讨论这个话题，有关如上引述的条文方面就几乎不会什么不同意见。各国现有的资产阶级妇女运动非常有趣，并有助于开启广大妇女的思想，使她们去研究与她们性别特别相关的问题，但它的重要性和意义不能同英国和大陆现有的女工组织相提并论，不能同女性个人为了促进工人和政治自由的事业与男子一起在社会主义阵营而进行的努力奋斗相比。

劳工与教育

马克斯·丰滕

各国工人在有关其子女教育方面都同意两个主要原则，一是从小学到大学全部免费；二是在任何教育机构期间都免除生活费，由国家资助。

现在，虽然许多国家的小学都免费，但中学、技术学校和大学却并非如此，欧洲只有少数几个国家的当局承认免除生活费的原则。

法国的小学是免费的，但是其他所有学校都是收费的。在大多数情况下，这种收费对于工人子弟来说过高。

免生活费的原则被几个法国大城市——如鲁贝和波尔多所承认，由法国政府提供一定的游学奖学金。

在法国，理学或艺术学位能够以较少的费用获得，但是，法学或医学的培训是昂贵的。

在瑞士，上学是义务。所有小学都免费。一些城市为家离学校较远的孩子提供食物，而其他城市则提供衣服或鞋子。

巴塞尔市在必要时提供食物和衣服，日内瓦提供食物，苏黎世提供食物和靴子。这些城市只是众多城市中的一些例子。瑞士的中学免费到16岁，大学对奖学金获得者免费。

师范学院——教师的职业学院——是免费的，接受培训的学生由国家资助。

女性参加所有的教育委员会。

意大利所有的小学都是免费的、世俗的，大学免费向奖学金获得者开放。

免除生活费在意大利没有得到承认，受此困扰的孩子们依靠慈善。

联邦宪法规定所有的教育都必须是世俗的。

波兰的教育处于危险的状况。旧波兰王国现在分为俄属、普属和奥属波兰，在任何一个国家的教育都不是义务性的或免费的。所教授的语言就是占领国的语言。占领国把国立学校当做在知名的爱国分子制造不和的手段。像其他地方一样，国家为中学提供一些资金，但是，国家不给或者只给小学提供很少的资金，而小学本质上在各地都是工人的学校。

技术学校大量缺乏。在俄属波兰，城市不允许民间办学，私人无论如何都不允许开办学校。当然，免除生活费是闻所未闻的。

波兰人的最大悲哀就是1800万人民的语言不能在这个国家的小学里讲授。

荷兰的小学和中学都不是免费的，工人也没有机会上大学。

给予上小学的孩子们的任何资助都是由私人慈善机构提供的。孩子们在6岁上学，并在他们想离开时随时离校。

那些盲、聋、哑或者其他残疾儿童部分由国家、部分由慈善机构来关心、照顾。

在意大利，6岁至9岁之间的教育是义务的。在西西里岛，法律处于暂缓搁置状态，这里的孩子们实际上是奴隶，父母把他们卖给矿主做数年童工。

德国的一些小学是免费的，但是，中学和大学的大门则需要一把金钥匙来开启。在德国的一些地方，6岁至14岁之间的孩子，上学是强制性的。在巴伐利亚，奖学金获得者可以在13岁时离校。

政府拨出一部分资金作为残疾儿童的生活费。剩下的部分由慈善机构补足。

在丹麦，每年上学120天是强制性的，但是在城镇，则要求每天上学。

所有的小学都是免费的，但除了奖学金外并不提供其他资助。

私人慈善机构在为一些遭受重大灾难的地方的孩子提供帮助。孩子们可以每年从哥本哈根的一个团体得到 30 份食物，但仅此而已。政府无所作为。上学年龄为 7 岁至 14 岁。

国家为所有的残疾儿童提供帮助。

挪威和瑞典的教育制度非常相似；挪威可能领先。只有 10% 的居民是全文盲。所有的小学都免费，中学和大学也基本如此。挪威的大学不再教授希腊文和拉丁文。

大城市在免除生活费方面的作为非常有限。学校的宗教教义是路德教。从 7 岁起，孩子们必须待在学校，直至他们能通过特定的考试。

政府每年为瑞典式手工艺教育提供 20 万克朗的补助金。

残疾儿童部分由国家、部分由慈善机构来关心、照顾。

注：以上事实是在与参加后来的国际工人代表大会的代表的交谈中收集到的，任何一个工人代表都没有在单独的谈话中对本国的教育制度感到满足或者满意。不变的呼声是："我国的教育制度是支持资本主义制度的。"即使是粗略看看本文详述的事实就可以看出，这是真的。每个国家的教育制度都被用来向资本家及其中产阶级附庸说明，他们如何最轻易地剥削工人以达到自己的目的。

采 访

让·阿塔纳西奥是比亚里茨的一名律师,在代表大会上代表罗马尼亚。如果他是其种族的普通类型,那么,他没有我们通常将之与东方类型的男子——土耳其就是一个这样的好例子——联系起来的那种柔弱。他个子高大、肌肉发达、体格健美、精力充沛,然而却具有忧郁的魅力,行为举止非常潇洒,气宇轩昂,证明他是一名完美的绅士。

他说,罗马尼亚的社会主义运动是两方面的——工会方面和议会方面。罗马尼亚与俄国领土接壤的事实,使得罗马尼亚害怕与无政府运动有任何的联系。更重要的是,罗马尼亚名义上是一个独立的国家,而事实上,俄国的影响却无处不在,任何被怀疑是支持俄国虚无主义运动的人要么被处死,要么被驱逐。名义上,罗马尼亚的政治自由与英国的一样多。事实上,现在的政权——尤其是在农村地区的政权——使得言论自由或行动自由成为不可能。在农业地区,一名社会主义宣传者可能会在地方市长的教唆下被人们用石头砸死。当然,没有人为此承担责任。在这一方面,罗马尼亚似乎类似于人们在南美对待黑人的做法。罗马尼亚处于英国上世纪末和本世纪初经历过的工业发展阶段,即从农业和家庭工业向重商主义过渡阶段。到目前为止,谷类自由地出口。但是现在,随着美国和俄国竞争,出口逐年下降。为反抗这种恶劣的状况,农民发动起义。政府的组成包括两个众议院和一个参议院。参议院位于罗马尼亚的首都布加勒斯特。众议院议员的选举形式在某种程度上类似比利时最近采取的形式,有钱人虽然是小部分人,但却与广大人民拥有同样多的权利。

木匠、排字工人、工程师都很好地组织起来了,尽管当局——罔顾法律允许结社自由的事实——为阻挠们而进行了很多努力。还有一个全国工人和社会主义者大会,有3名常务书记,每两个月在布加勒斯特开一次会,以组织社会主义宣传。外国人不允许参与政治事务或产业工会。这一禁令使当局几乎排除掉任何有能力教育其追随者的人,无论他是什么国籍。这在最近发生的伐木工人罢工中表现得尤为明显,其中许多担任领袖的人被控为外国人,并被驱逐出境。矿区——包括石油、铜矿、铁矿和盐矿——仍在迅速发展,并不断地请求英国资本给予支持。

阿塔纳西奥先生对罗马尼亚运动的未来寄予高度希望。社会主义工人党已把2.5万名工人组织起来了,而且还有成千上万没有加入组织的工人在选举中支持他们。在问到亚美尼亚大屠杀的原因是什么时,他耸了耸肩,回答道:

"人民由于食利者盘剥而陷入贫困而即将起来造反,在资本家的煽动下,土耳其想通过动用大屠杀等恐怖主义行径进行阻止。"

阿塔纳西奥先生对代表大会非常满意,他说,他将返回他在远东的工作,在这里所见所闻的一切使他备受激励和鼓舞。

* * *

在记者们看来,没有任何一个参加代表大会的代表受到的喜爱和关注能够与多梅拉·纽文胡斯相比。记者们普遍评论说,他与乔治·梅雷迪斯极其相似,冷静,每个动作都威风凛凛,确实会给即使是最漫不经心的观察者都留下深刻印象。

在这一场合,多梅拉成了特别受到关注的中心,是因为在上次国际代表大会举行时,他和荷兰社会主义者联盟放弃了议会行动,众所周知的事实是在代表大会的最初两天,马克思主义者的主要目标就是驱逐多梅拉及其同事。幸运的是,他们失败了,代表大会使因社会主义运动而遭受最多苦难的人之一免受耻辱。然而,多梅拉不会半途而废,同时,他不是无政府主义者,他坚持认为所有致力于社会主义运动各项工作的人都应该自由地参加国际社会主义者代表大会;当这一观点没有被承认时,他和他的同事们在发表了一份有关他们为什么这么做的简短声明之后就退出了代表大会。

在谈话过程中,他相当详尽地解释了他的立场。1889年,他出席了巴黎马克思主义者代表大会,利用其职务相当成功地使马克思主义者代表大会和同时召开的可能派代表大会达成和解。当时,他是荷兰的一名下院议员,于1888年当选。他在1891年的下届选举中失利。当问到为什么他改变自己的观点时,他微笑着回答:

"对于一个当了3年议员的人不需要问这样一个问题。我的经验使我对政治失去信心。'议会'这个词本身足以去追寻本质。它源于两个词,即parler(说)和mertir(撒谎)。"

由于多梅拉不会说谎话,他就退出了政治。

1893年,当荷兰社会主义者在格罗兰德召开会议时,就决定在未来该党——作为一个政党——不应当参加竞选议员的活动,但是,每一名愿意参选的党员可以自由地参加。就他所知,这种行为并没有影响到党员人数,而且,他们现在和作出这一改变之前同样强大。几乎全部的工联主义者都支持社会主义者联盟——他们组织的名称。当问到他打算如何实现从资本主义制度到共产主义制度的改变,他回答说:

"我们的事业就是要教育人民,使他们对这种改变做好准备。这个改变将自行到来,因为目前的制度烂透了,将土崩瓦解。为了支持议会制度,在各地几乎都没有尝试和进行细小的改革,只是倾向于修修补补，因此就使这个我们希望看到其改变的制度得以保持。"

"你是一名无政府主义者吗，多梅拉，或者你曾经自称为无政府主义者吗？"

"不，我不是无政府主义者，而是一名自由共产主义者，与国家社会主义者相反。我完全赞成自由，担心在国家社会主义之下个人会被剥夺——我如此看重的——自由。还有，"他继续说，"我们许多党员继续相信并且支持议会制度，我们不寻求以任何方式去干涉他们的行动自由，并渴望给予他们我们希望在未来的自由共产主义里人人享有的那种自由。"

在交谈中探出的事实是，在荷兰旧的选举制之下，只有30万公民具有选举权，但是现在，几乎所有成年男子的选举权都得到承认，选民数量翻倍。

* * *

这一周，一些行业的代表——如玻璃工人、伐木工人及其他行业的工人——举行了几次分会议，同时，市政机构和帝国机构的当选议员也举行了会议并且交换了意见。

简短的笔记

下次代表大会将于 1899 年在柏林举行；或者，如果警察禁止，就将于 1990 年在巴黎举行。

* * *

"我不轻视工会。"饶勒斯在周二上午的演讲中说，随即，经验丰富的丹尼尔·霍姆斯晃了晃头并笑了起来，仿佛听到了一个精彩的笑话。

* * *

在代表大会期间，发行了两份特别的日报：《正义》和《代表大会记录》。日报《正义》编辑得出乎意料地好，得知其销售超出预期是一件非常令人高兴的事。

* * *

两名代表来自根特的一个合作社"前进"。他们是马克思主义者，因此，没有人反对他们。兰道尔是反马克思主义者，由柏林的一个合作社派出。他的委托书遭到质疑。不用说，这为人们理解所有的争执提供了一条线索。

回　顾

对代表大会的新闻报道与英国报界享有的信誉并不相符。就我所看到的报纸而言，《每日新闻》提供了最为公正的记录；另一方面，《记事报》因其故意歪曲和偏执的恶意而轻松地占据了最不公正的位置。代表大会既不是闹市，也不是战场。除了德勒萨勒被人从讲台上推下去这个不幸的事件之外——布尔昂后来为此道歉了，没有什么暴力行为。即使是英国下议院也有争吵，我清楚地记得。我重述我从前讲过的一句话：无论如何，过激行为有时完全是由误解而引起的。德国的大佬们不能容忍和同情他们的对手，而其对手相应地认为自己遭受了不公正的待遇，结果就表现出一些自然的不满情绪。然而，"无政府主义者"一旦发现自己并不是单枪匹马地进行战斗，而是至少有一部分英国代表决心公平地对待他们，于是他们就成为代表大会中最有秩序的部分之一。

* * *

在"无政府主义"这一问题上似乎存在着许多误解。基尔·哈第和汤姆·曼由于他们对这一问题的态度而遭到大肆污蔑，这个词汇随意地在那些大陆代表党中传开——他们根本不懂我们的语言，却乐于相信他们所听到的——这两位绅士是伪装的无政府主义者。这一印象因以下文件的发表而得到加强：

先生们：

独立工党的某些代表希望大家知道基尔·哈第和汤姆·曼关于苏黎世决议的立场与演讲决不是官方的，不能代表独立工党的总体政策，而且这一问题并没有被提交支部进行审议。出席大会的许多代表都反对基尔·哈第和汤姆·曼所主张的政策，因为它不符合独立工党的政策。他们因主席的裁定而不能表达不同意见，于是他们就利用向公正的新闻办公室提出请求的机会让大家知道这些异见。

（签名）

阿瑟·菲尔德	莱斯尔·A. 托克
罗布特·亚历克·佩迪尔	伊妮德·斯泰西
爱德华·艾威林	F. 布罗克赫斯特
托·M. 瓦特	L. M. 拜尔斯
约瑟夫·伯吉斯	约翰·李斯特
肖·马克斯韦尔	M. E. 格莱斯顿
A. 希克蒙德	W. H. 德鲁
J. 弗雷德·格林	萨姆·布赖尔利
A. 比克尔-卡尔滕	E. J. 内维尔
R. 霍沃思	R. A. 芒西
J. A. 迪舍	F. 列斯纳
H. B. 塞缪尔斯	J. 惠特尔

现在，这一事情的真相是什么？大约在代表大会之前的两周，在于曼彻斯特举行的全国行政委员会的会议上，全部问题都得到充分讨论，最后通过了一份支持所有赞同政治或经济组织的**社会主义者**代表参加代表大会的决议。在周日晚上代表大会召开之前，独立工党的代表们召开会议，经过充分讨论之后，以大多数人赞同的结果否决了约·伯吉斯的决议案，其意思——我手边没有确切的原话——是只有那些信奉议会行

动的社会主义者才被允许参加大会。因此，全国行政委员会及其代表认为，所有社会主义者，无论其对议会行动的立场如何，都应该被允许参加大会。从始至终，承认无政府主义者的问题就没有争议，且从未被提出过。全部的问题是，是否应该允许那些更倾向于工会和合作行动而不是议会的社会主义者参加大会。基尔·哈第和汤姆·曼以及大多数全国行政委员会和独立工党的大会代表说是，反对者则说不。这将由党在下次代表会议上来决定哪一方是正确的。

* * *

问题就这样产生了。大陆有两个社会主义流派。他们的目标是相同的——即将一切形式的财产社会化。然而，他们的方法有所不同。一方，主要是德国人，相信国家行动；另一方，如多梅拉·纽文胡斯，则倾向于一种自由的合作共产主义。多梅拉在其他地方接受的采访，他解释了其立场。而德国人则事先通过他们的报纸《前进报》并在其他地方宣布，多梅拉是无政府主义者，因而应禁止他参加大会。当代表大会召开时，人们发现荷兰派了20名代表，其中15名是自由共产主义者，只有5名是议会主义者；法国派了113名代表，其中57名（大多是工联主义者）支持允许自由共产主义者参加大会，56名反对。比利时一致同意，承认非议会主义者。如果德国人对苏黎世决议的解释被接受，法国和比利时的大多数代表将从代表大会上被驱逐出去。基尔·哈第和汤姆·曼单枪匹马地阻止了这种不公正的做法。

* * *

除了以上这些，有些工会还派出了一些著名的无政府主义者作为它们的代表。这也得到了证明。现在，我再次重申我已经说过几次的话。无政府主义团体，**本身**，并没有资格出席代表大会。在这一点上没有任何争议。但是，如果一个真正的工会的会员们希望选举具有无政府主义思想的人作为他们的代表，那就是他们的事情，要代表大会本身去调查所有寻求参加大会的代表的观点，简直难以想象。但这样的建议仍然被提出来了。在认识到这种建议无法实行之后，德国人及其盟友艾威林博士和夫人想出了一个新的方法。那就是拒绝讨论一切有关允许反议会主义者参加大会的问题，以此来激怒他们，然后要么**以武力**驱逐他们，要么使代表大会失败。独立工党的主席和书记再次成功地进行了干预，确保正反两方各有一名代表能发言 10 分钟。结果，投票得以有条不紊地进行，备受非议的"无政府主义者"的行为从那一刻起就是代表大会其他各代表团也许应该学习的榜样。

＊　＊　＊

在考虑这个问题时，我们必须记住在大陆盛行的状况。在我国，无政府主义运动没有使任何人害怕。然而在法国、意大利和西班牙，对各种先进思想的野蛮镇压使人们产生了相应的情绪，与无政府主义政党联系在一起的爆炸和暴行使宪政社会主义者应当清晰地阐明与之相关的立场，否则政府就会将他们与遭人痛恨和害怕的无政府主义者归于一类。不过，与社会主义宣传相比，扔炸弹和暴行不再是无政府主义者的一项必要的行动，无政府主义运动的领袖们不能对其疯狂的追随者的行为负责。比如，如果工联主义者认为社会民主联盟因其组织成员的所做作为而有罪，那么，某个题为《让工联主义者见鬼去吧》的小册子就颇能成为工联主义者不与社会民主联盟盟员交谈的重要原因。然而，我非常理解为什么大陆的社会主义者希望肃清自己对无政府主义运动的所有同情。但是，当他继续把所有不赞同议会行动的人都划为无政府主义者时，就如德国所做的那样，就必须表明立场。1889年，出席巴黎代表大会的威廉·莫里斯及其同伴是反议会主义者，如果不是德国关于苏黎世决议的解释仍然有效，他将遭到驱逐。多梅拉·纽文胡斯及其荷兰社会主义者联盟的同伴如今恰恰处于威廉·莫里斯及该国社会主义者联盟的同伴在1889年所处的同样的地位。通过与其他人进行会面和交谈，莫里斯发现将自己与他们区别开来的分歧是话语的问题而不是原则的问题，同样地，当今似乎在方法上有所不同的社会主义者必须见面并面对面地了解双方所想的，以发现他们的不同点在缩小、共同点在增加。把多梅拉·纽文胡斯这样的人当做敌人，禁止他们参加我们的委员会，对他们发表强硬和激烈的看法，只会在不应该出现裂痕的地方制造裂痕，并且使一个必须在成功之前保持统一的运动分裂成敌对的派系。

* * *

我不是无政府主义者，也不是一名坚定的国家社会主义者。我们需要双方保持一个合理的平衡。在德国，自由从未存在过，就我所看到的而言，德国社会主义运动的领袖们把社会主义设想为一种李卜克内西和辛格尔将取代威廉皇帝和俾斯麦的制度。掌权的他们将不能容忍所有不赞同他们的人，就像今天他们的官员对手对待他们一样。只有他们——他们确信——握有社会主义运动所有智慧的钥匙。那些与他们意见不同的人在最近的代表大会上几乎都不可能出席；那些支持他们的人——在必要时——拥有不正当的特权，以使他们能够出席大会，就像法国少数派的例子一样，为了满足他们的要求，不顾周二的投票，议事规程遭到粗暴的破坏。当辛格尔和李卜克内西不能出席大会时，就不允许举行会议——正如周三上午那样。对我而言，所有这些都是反民主的和对社会主义运动的真正危险而令人无法忍受。自由只能从自由中产生，不公正只能产生不公正。这些观点可能不——不，我知道——符合革命秩序，但是，它们是我的观点；如果独立工党在这个国家有任何明确的使命，就会发现我的这些观点也成会为他们的观点。工人运动声势如此浩大，不能为了部分人的利益而被某一派所掌控。

* * *

按照目前的做法，代表大会基本上是一场闹剧，这是不言而喻的。大约1000名代表聚集在一起，发现大会安排使他们不可能讨论重大问题。就我而言，理想的安排如下：在代表大会的第一天，代表们召开会议，就接下来的3天举行的一系列分组大会达成一致意见。然后，工联主义者将在自己的大厅内召开会议，讨论自己的问题；社会民主党在另外的大厅也是如此；自由共产主义者（包括合作主义者）在第三大厅；无政府主义者在第四大厅。第五天，举行全体代表的会议，接受并审议每个小组的报告。按照这个办法，就会避免摩擦，集会将在各个方面都将是国际性的，我相信，这样的集会会使整个工人运动协调一致，形成一个对敌的坚固前线。只要每个人为其旁人所束缚，毫无偏见地讨论彼此的观点就是不可能的，个人的纠葛就会取代公平的讨论。

* * *

我相信，下次代表大会将在这方面表现出极大的进步。悉尼·奥利弗支持让所有委托书都提交给一个委员会的提议非常好，这将从代表大会的发言中去除最有争议的主题之一。此外，委员会能够，如果它愿意的话，公正处理，并在委托书发生争议时查明真相，而仅仅只是代表大会本身是不够的。随后，再次迫切需要对投票制度进行一些改革。不能再根据国家投票了。艾威林博士出示了一封来自新南威尔士某个人的书信。他被允许参加大会和投票，因此，他获得了与全部472名英国代表相同的权利。将来还必须坚决支持**官方的**译员。艾威林夫妇具有强烈的党派倾向，阿道夫·斯密斯也是，他们通过改变措辞、强调或忽略重点实际上可以在翻译的时候说他们想说的话。独立工党的成员可能有兴趣知道，他们的组织被艾威林夫妇及其朋友所怀疑。因此，在周四于皇后大厅举行的会议中，詹姆斯·莫兹利为工联主义者的主席，亨·迈·海德门代表社会民主联盟，J. H. 威尔逊大概代表工人选举协会，而会议却没有要求独立工党的成员参加。会议的这些安排是在代表大会召开之前就做出的。因此，在大会发生的任何事情都不能解释这种疏忽。

* * *

想要说话的有很多，但是，时间和篇幅都不允许。社会民主联盟的纪律是完美的，就连那些信仰坚定的人也不得不对此表示佩服。我公开宣称不相信这种纪律，并确信它最终将造成伤害。在代表大会期间，独立工党和社会民主联盟几度友好交往，相比之前，更能认识和理解对方。我必须还要补充一件事：我们社会民主联盟的朋友应该对独立工党在无政府主义问题上的分裂没有什么误解。当然，问题要讨论，不过，讨论可以进行，个人仍然可以自由地坚持自己的观点。独立工党太大，因此分裂是可能的——它太大了。一些党员或许会离开，如果我苛刻无情的话——现在我并不如此，我会说，如果他们这样做，这对独立工党是一件好事。(基尔，载《工人领袖》)

图书在版编目（CIP）数据

第二国际第四次（伦敦）代表大会文献. 1 / 张文红主编. —北京：中央编译出版社，2015.12
（国际共产主义运动历史文献 / 王学东主编；17）
ISBN 978-7-5117-2905-7

Ⅰ. ①第…
Ⅱ. ①张…
Ⅲ. ①第二国际－会议文献－汇编
Ⅳ. ①D145

中国版本图书馆 CIP 数据核字（2015）第 304390 号

第二国际第四次（伦敦）代表大会文献（1）

出 版 人：	刘明清
责任编辑：	苗永姝
责任印制：	尹　珺
出版发行：	中央编译出版社
地　　址：	北京西城区车公庄大街乙 5 号鸿儒大厦 B 座（100044）
电　　话：	（010）52612345（总编室）　　（010）52612335（编辑室） （010）52612316（发行部）　　（010）52612317（网络销售） （010）52612346（馆配部）　　（010）55626985（读者服务部）
传　　真：	（010）66515838
经　　销：	全国新华书店
印　　刷：	北京印刷一厂
开　　本：	787 毫米×1092 毫米　1/16
字　　数：	275 千字
印　　张：	21.5
版　　次：	2015 年 12 月第 1 版第 1 次印刷
定　　价：	150.00 元

网　　址：	www.cctphome.com　　邮　箱：cctp@cctphome.com
新浪微博：	@中央编译出版社　　　微　信：中央编译出版社(ID: cctphome)
淘宝店铺：	中央编译出版社直销店(http://shop108367160.taobao.com)　（010）52612349

本社常年法律顾问：北京嘉润律师事务所律师　李敬伟　问小牛
凡有印装质量问题，本社负责调换，电话：（010）55626985